战略性新兴产业新材料报告

Report on Advanced Materials of Strategic Emerging Industries

钟永恒 主编

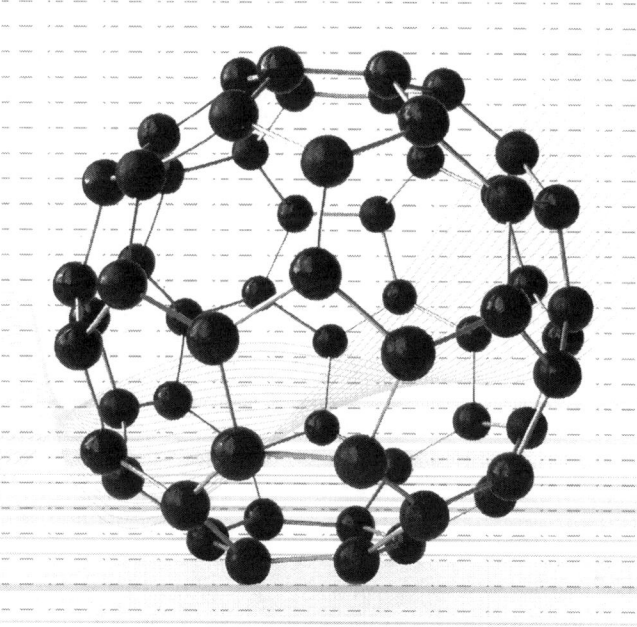

科学出版社
北京

图书在版编目(CIP)数据

战略性新兴产业新材料报告/钟永恒主编.—北京：科学出版社，2012
ISBN 978-7-03-034805-0

Ⅰ.①战… Ⅱ.①钟… Ⅲ.①新材料应用-新兴产业-研究报告-中国
Ⅳ.①F279.244.4

中国版本图书馆 CIP 数据核字（2012）第 124859 号

责任编辑：侯俊琳　李　敉　程　凤/责任校对：张怡君
责任印制：赵　博／封面设计：楠竹文化
编辑部电话：010-64035853
E-mail：houjunlin@mail.sciencep.com

科学出版社 出版
北京东黄城根北街16号
邮政编码：100717
http://www.sciencep.com
北京凌奇印刷有限责任公司印刷
科学出版社发行　各地新华书店经销
*
2012年8月第　一　版　开本：720×1000　1/16
2025年2月第八次印刷　印张：13 1/2
字数：218 000
定价：59.00元
（如有印装质量问题，我社负责调换）

《战略性新兴产业新材料报告》编委会

主　编　　　　　钟永恒

副主编　　　　　江　洪　叶　茂

编　委　　　　　新一代信息技术产业关键材料研究组
　　　　　　　　　叶　茂　沈振兴　刘　佳

　　　　　　　　高端装备制造产业关键材料研究组
　　　　　　　　　刘　震　黄　健　马廷灿　姜　山

　　　　　　　　生物产业关键材料研究组
　　　　　　　　　梁慧刚　王桂芳　郭文娟　肖宇峰

　　　　　　　　节能环保产业关键材料研究组
　　　　　　　　　张慧婧　冯瑞华　董　克

　　　　　　　　新能源产业关键材料研究组
　　　　　　　　　金　波　陈　伟　王　辉　柯丹倩

　　　　　　　　新能源汽车产业关键材料研究组
　　　　　　　　　陆　科　曹　晨　万　勇

　　　　　　　　科技文献、专利标准分析组
　　　　　　　　　魏　凤　吕鹏辉　曹　晨　马廷灿
　　　　　　　　　潘　懿　董　克　刘　佳　肖宇峰　柯丹倩

专家顾问　　　　刘桂菊　曹红梅　唐　清　刘　新

序言

2010年，《国务院关于加快培育和发展战略性新兴产业的决定》颁布，明确提出选择节能环保产业、新一代信息技术产业、生物产业、高端装备制造产业、新能源产业、新能源汽车产业和新材料产业作为战略新兴产业加以重点培育发展。战略性新兴产业是以重大技术突破和重大发展需求为基础，对经济社会全局和长远发展具有重大引领带动作用，知识技术密集、物质资源消耗少、成长潜力大、综合效益好的产业。培育和发展战略性新兴产业是贯彻科学发展观、转变经济发展方式的重要举措。目前，全国各地都在大力培育和发展战略性新兴产业。战略性新兴产业培育发展必然对新材料发展与材料科技创新提出巨大需求，同时新材料产业也面临巨大的发展空间。新材料产业是战略性新兴产业的基础产业。材料科技在新材料发展中起着基础和先导的作用，没有强大的材料科技，就不会有强大的新材料产业，更不会有先进的产业技术，必将严重制约战略性新兴产业的培育和发展。因此，培育和发展战略性新兴产业，需要为战略性新兴产业培养发展提供新材料支撑和科技供给，使得新材料科技和新材料产业走在其他产业前列。

在节能环保产业领域，全球资源紧缺已成为人类经济社会继续发展的瓶颈，发展节能环保产业是解决这一问题的关键。在各国追求低碳与经济协同发展的背景下，节能环保产业无疑具有巨大的发展前景。在节能环保产业技术领域，重点要加强节能技术、环保技术和可再生资源循环利用技术等方面的研发。在节能技术方面，要发展高效节能技术及节能服务产业；在环保技术方面，要全面预防和治理环境污染，需要发展污水处理技术、固废处理技术、大气污染处理技术、煤炭清洁利用技术及海水综合利用技术等；在可再生资源循环利用技术方面，要发展共伴生矿产资源，大宗工业固体废物综合利用，汽车零部件及机电产品再制造，可再生资源回收利用，餐厨废弃物、建筑废弃物、道路沥青和农林废弃物资源化利用，重点解决共性关键技术的示范推广。

在新一代信息技术产业领域，自20世纪40年代开始的以电子信息业的突破和迅猛发展为标志的第三次科技革命引领人类走向了信息时代。世界上各主要国家自行制定了一系列政策大力发展信息技术来抢占信息科技制高点。信息时代不断前进，新的技术不断涌现，以下一代通信网络、物联网、云计算等前沿技术为代表的新一代信息技术正引领信息时代新一轮的发展，表现出强劲的发展动力和巨大的发展潜力。这些新技术，必将改变现有的产业链和技术链，创造新的产业模式，给社会带来空前的产业价值。随着相关政策的细化和完善，信息产业正表现出朝气蓬勃的可喜状况，新的发展模式正在逐步形成，全国各地接连涌现出一个又一个相关科研机构和产业基地。我国新一代信息技术产业蓄势待发，力争在全球信息潮流新一轮的竞争中立于不败之地。

在生物产业领域，当前生物技术的发展，已彻底改变了世界科技、经济和军事竞争格局。生物技术与计算机信息、组合化学合成、纳米技术等高技术领域迅速融合，产业发展空间日益广阔。生物技术已是世界各国谋求战略性技术储备和发展的制高点，各国纷纷从生物国防和生物安全角度开展研究，国家安全的思维也从传统的基于武器的战略，转向现代基于技术能力的战略。生物产业在资源替代、环境改善、人类健康等方面具有独特优势，已成为现代社会经济发展的支柱产业之一。发展生物产业，关键是生物技术的创新，包括创新药物、医疗器械、生物农业、生物制造、海洋生物等方面，突破功能基因组和蛋白质组学、克隆技术与干细胞、转基因技术、微生物制造等领域的核心技术问题，推动生物产业的发展，加速绿色制造技术的革命。

高端装备制造产业是衡量一个国家制造业发展水平和整体经济综合竞争实力的重要领域，航空、航天、高速铁路、海洋工程和智能装备制造具有技术密集、附加值高、成长空间大、带动作用强等特点。世界各国纷纷提出振兴高端装备制造的政策，将改变工业化未来的关键技术列为国家重点研究领域，重点发展航空航天、材料设计、纳米制造、高技术工程、新生产技术、下一代智能机器人及信息物理系统等技术。在高端装备制造产业领域，要大力发展系列支线飞机、通用飞机和直升机，突破发动机、重要机载系统和关键设备的技术瓶颈；加快航天产业化进程，实现关键技术、体制和核心竞争力的提升；重点研发高速列车、中转列车、城际和城市快捷轨道车辆列车运行控制系统；扶持海洋可再生能源利用装备、海底矿产资源装备、海洋监测设备的研发和创新；推进精密和智能仪器仪表与试验设备、智能控制系统、关键基础零部件、高档数控机床与智能专用装备的生产研发能力。

在新能源产业领域，随着传统能源日益紧缺，新能源的开发与利用得到世界各国的广泛关注，越来越多的国家采取鼓励新能源发展的政策和措施，新能源的生产规模和使用范围正在不断扩大。2012年《京都议定书》到期后新的温室气体减排机制将进一步促进绿色经济及可持续发展模式的全面进行，新能源将迎来一个发展的黄金年代。能源短缺和环境问题迫使全球在考虑经济发展的同时关注新兴能源，培育和发展新能源产业已经成为各国经济发展规划的重中之重。新能源发展的核心在于开发绿色清洁电力，关键是开发风能、太阳能光伏、新一代生物质能源、海洋能、地热能、氢能、新一代核能等绿色清洁能源和可再生能源，突破并网与储能难题，实现国家能源结构的多元化。

在新能源汽车产业领域，作为"低碳经济"重要着力点和新的经济增长点，新能源汽车产业受到诸多国家的重视，在全球范围内掀起了产业化热潮。在国际市场，以政府为主导、各大企业组成联盟来集中资源、人力、财力开发新能源汽车的模式较为广泛。美国、日本、欧洲等发达国家和地区从汽车技术变革和产业升级的战略出发，颁布了一系列政策措施。国际上各类新能源汽车技术不断发展，混合动力汽车、纯电动汽车、燃料电池汽车作为主要的新能源汽车类别，其技术发展受到诸多关注。一系列关键技术成为发展重点：①混合动力汽车相关技术，包括混合动力单元技术、控制策略技术、能量存储技术；②纯电动汽车相关技术，包括动力蓄电池技术、超快充电技术、电池与电容相结合技术、车载充电技术、电动轮技术；③燃料电池汽车相关技术，包括燃料电池开发、电动机控制、车身和底盘设计、测试技术及系统优化等。

在新材料产业领域，能源、信息、环境等产业的大力发展，对材料提出了越来越高的要求。为了满足这种持续增长的需求，新材料将朝环境友好、高效化及智能化方向发展。全球在电子信息材料、先进金属材料、电池材料、磁性材料、新型高分子材料、高性能陶瓷材料和复合材料等方面已形成了一批高技术新材料核心产业。各国为抢占未来科技强国制高点，急需突破一批满足国家建设需要并引领未来发展的关键共性技术。关键新材料的研发是突破关键共性技术的核心所在。因此要重点发展新型功能材料、先进结构材料、高性能纤维及其复合材料、纳米材料；要大力发展稀土功能材料、高性能膜材料、特种玻璃、功能陶瓷、半导体照明材料等新型功能材料；积极发展高品质特殊钢、新型合金材料、工程塑料等先进结构材料；提升碳纤维、芳纶、超高分子量聚乙烯纤维等高性能纤维及其复合材料发展水平；开展纳米、超导、智能等共性基础材料研究。

一代材料，一代产业。培育和发展战略性新兴产业必须研究和掌握战略性新兴产业的关键材料问题及其关键技术方向。中国科学院武汉文献情报中心一直开展对高新科技产业的监测和情报研究，专门设立了产业技术分析中心，长期跟踪分析相关高新科技产业领域的科技发展态势、产业发展进展，为科技决策和科技创新提供支撑服务。本书就是其中的一个成果。本书面向国家战略性新兴产业的关键材料科学技术问题，开展产业技术分析和情报研究，形成了节能环保产业、新一代信息技术产业、生物产业、高端装备制造产业、新能源产业、新能源汽车产业等六大产业之关键材料分析报告，包含了产业概述及市场容量、产业链、技术链、关键材料分析、产业 SWOT 分析等部分，较全面地分析了战略新兴产业发展面临的关键材料与技术问题，对政府和企业应对新形势下的挑战，抓住机遇，明确方向，突出重点，培育和发展战略性新兴产业具有很高的参考价值。

钟永恒
2011 年 9 月

前言

温家宝总理指出：战略性新兴产业是新兴科技和新兴产业的深度融合，既代表着科技创新的方向，也代表着产业发展的方向，完全可能推动新一轮产业革命。《国务院关于加快培育和发展战略性新兴产业的决定》中，明确选择节能环保产业、新一代信息技术产业、生物产业、高端装备制造产业、新能源产业、新能源汽车产业和新材料产业作为战略性新兴产业加以重点培育发展。

材料发展是人类文明进步的重要基础。新材料产业是战略性新兴产业的基础产业。战略性新兴产业培育发展必然对材料科技创新与新材料发展提出巨大需求，同时新材料产业也面临巨大的发展空间。中国科学院武汉文献情报中心（国家科学图书馆武汉分馆）一直开展高新科技产业的监测和情报研究，设立了产业技术分析中心、专利分析研究中心、标准分析研究中心、新材料与先进制造情报研究中心、新能源研究中心、生物安全与生物产业情报研究中心等，组织专业团队进行新材料与先进制造、新能源、生物产业等领域的科技发展态势监测与情报研究、产业技术分析，为科技决策和科技创新提供支撑服务。为了研究战略性新兴产业的战略性科技问题及其关键技术方向，支撑战略性新兴产业的发展，中国科学院武汉文献情报中心组建研究组专门"面向国家战略性新兴产业的关键科学技术"开展产业技术分析和情报研究，形成了节能环保产业、新一代信息技术产业、生物产业、高端装备制造产业、新能源产业、新能源汽车产业等六个产业的技术分析报告，并聚焦上述六个战略性新兴产业的关键材料问题进行分析，形成了六个战略性新兴产业之关键材料分析报告，包括节能

战略性新兴产业新材料报告

环保产业之关键材料分析报告、新一代信息技术产业之关键材料分析报告、生物产业之关键材料分析报告、高端装备制造产业之关键材料分析报告、新能源产业之关键材料分析报告、新能源汽车产业之关键材料分析报告。每个报告包含产业概述及市场容量、产业链、技术链、关键材料分析、产业 SWOT 分析等部分，比较全面地分析了战略性新兴产业发展面临的关键材料与技术问题。

　　本书由中国科学院副院长施尔畏策划，得到了中国科学院高技术研究与发展局副局长刘桂菊及该局材料化工处处长曹红梅、副处长唐清，中国科学院湖北产业技术创新与育成中心主任刘新，以及众多材料专家的悉心指导和大力支持，在此表示衷心的感谢。

　　在编写本书的过程中，我们深切地认识到战略性新兴产业及其关键科学技术问题具有的复杂性和前瞻性，这也使得战略性新兴产业及其关键科学技术问题的研究和凝练非常复杂，又由于时间和水平所限，书中难免存在不足之处，敬请读者不吝指正。

中国科学院武汉文献情报中心产业技术分析中心
2011 年 9 月

目 录

序言 ··· i

前言 ··· v

第 1 章 节能环保产业之关键材料分析 ·· 1

    1.1 节能环保产业概述 ··· 3

    1.2 节能环保产业的产业链与技术链分析 ··· 5

    1.3 节能环保产业中的关键材料分析 ··· 7

    1.4 节能环保产业及其关键材料技术的 SWOT 分析 ····························· 33

    1.5 结论 ··· 36

    参考文献 ··· 37

第 2 章 新一代信息技术产业之关键材料分析 ··· 41

    2.1 新一代信息技术产业概述 ··· 43

    2.2 新一代信息技术产业的产业链与技术链分析 ································· 44

    2.3 新一代信息技术产业中的关键材料分析 ······································· 50

    2.4 新一代信息技术产业及其关键材料技术的 SWOT 分析 ···················· 62

    2.5 结论 ··· 68

    参考文献 ··· 68

第3章 生物产业之关键材料分析 … 71

 3.1 生物产业概述 … 73

 3.2 生物产业的产业链和技术链分析 … 74

 3.3 生物产业及其材料发展分析 … 74

 3.4 生物医学工程材料产业的SWOT分析 … 87

 3.5 结论 … 89

 参考文献 … 90

第4章 高端装备制造产业之关键材料分析 … 93

 4.1 高端装备制造产业概述 … 95

 4.2 高端装备制造产业的产业链分析 … 96

 4.3 高端装备制造产业中的关键材料分析 … 99

 4.4 高端装备制造产业及其关键材料技术的SWOT分析 … 117

 4.5 结论 … 129

 参考文献 … 130

第5章 新能源产业之关键材料分析 … 137

 5.1 新能源产业概述 … 139

 5.2 新能源产业的产业链与技术链分析 … 141

 5.3 新能源产业中的关键材料分析 … 147

 5.4 新能源产业及其关键材料技术的SWOT分析 … 156

 5.5 结论 … 163

 参考文献 … 164

第6章 新能源汽车产业之关键材料分析 … 167

 6.1 新能源汽车产业概述 … 169

 6.2 新能源汽车产业的产业链分析 … 171

6.3 新能源汽车产业中的关键材料分析 …………………………………… 172
6.4 新能源汽车产业及其关键材料技术的 SWOT 分析 ……………… 191
6.5 结论 …………………………………………………………………… 195
参考文献 …………………………………………………………………… 195

第 1 章

节能环保产业之关键材料分析

1.1 节能环保产业概述

1.1.1 节能环保产业的概念和分类

"节能环保产业是指为节约资源、保护环境提供技术、装备和服务保障的产业,是先进制造业和生产服务业紧密结合并极具发展潜力的新兴产业。"[1] 2010年10月,国务院颁布了《国务院关于加快培育和发展战略性新兴产业的决定》,该决定指出需"重点开发推广高效节能技术装备及产品,实现重点领域关键技术突破,带动能效整体水平的提高;加快资源循环利用关键共性技术研发和产业化示范,提高资源循环综合利用水平和再制造产业化水平;示范推广先进环保技术装备及产品,提升污染防治水平;推进市场化节能环保服务体系建设;加快建立以先进技术为支撑的废旧商品回收利用体系,积极推进煤炭清洁利用、海水综合利用"[2]。2010年11月,国务院批准通过了《节能环保产业发展规划》,从具体结构上将节能环保产业分为三个方面:高效节能产业、环境保护产业和资源循环利用产业(图1-1),并提出了具体的发展方向。

1.1.2 节能环保产业市场容量

在高效节能领域,若考虑GDP(国内生产总值)和CPI(消费者物价指数)的增速,2015年节能产业产值将是2010年的3.5倍,2020年将是2010年的13倍。如果维持节能产业的比重不变,预计2015年节能产业产值将不少于1.65万亿元,2020年产值将达到6.11万亿元[3](图1-2)。

在"十一五"环境治理投资的强劲驱动下,环保产业得到了迅猛的发展,我国1991~2008年环保投资和环保产业的发展情况如图1-3所示。2008年环保产业(包括资源综合利用)收入总额达到8200亿元,增加了4.85倍,已经占GDP的2.76%,从业人员达到300多万人。根据环境保护部环境规划院《国家"十二五"环保产业预测及政策分析》,以2008年为基准年,按环保产业产值年均增长率为15%计算,环保产业产值到2012年将达到8400亿元,2015年将达到1.28万亿元,"十二五"期间环保产业产值约为4.92万亿元[4]。

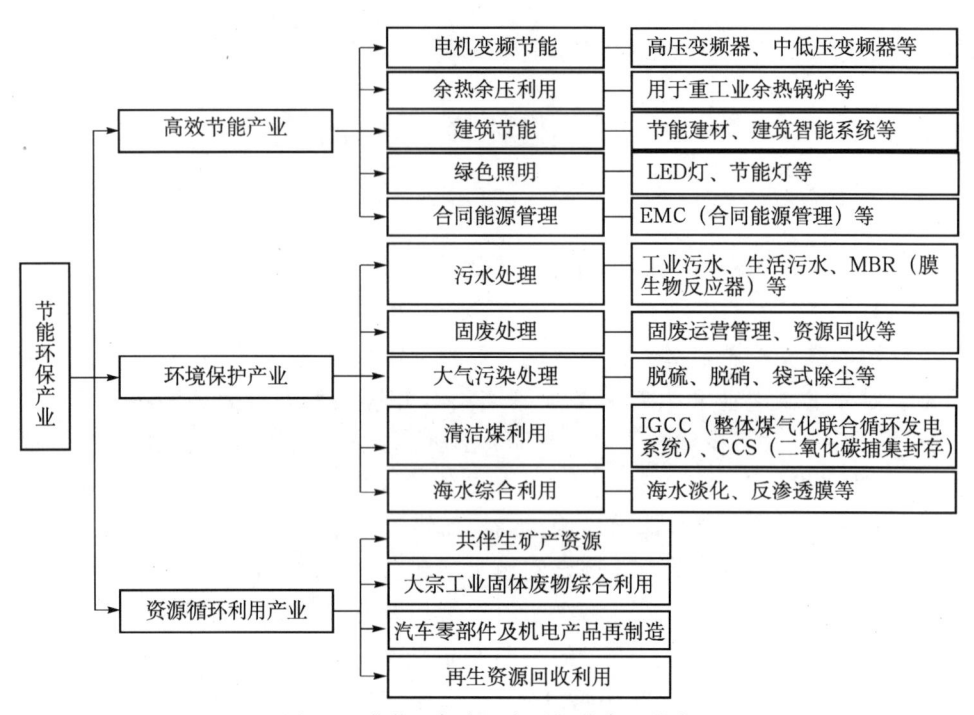

```
节能环保产业 ─┬─ 高效节能产业 ─┬─ 电机变频节能 ── 高压变频器、中低压变频器等
              │                  ├─ 余热余压利用 ── 用于重工业余热锅炉等
              │                  ├─ 建筑节能 ──── 节能建材、建筑智能系统等
              │                  ├─ 绿色照明 ──── LED灯、节能灯等
              │                  └─ 合同能源管理 ── EMC（合同能源管理）等
              │
              ├─ 环境保护产业 ─┬─ 污水处理 ──── 工业污水、生活污水、MBR（膜生物反应器）等
              │                ├─ 固废处理 ──── 固废运营管理、资源回收等
              │                ├─ 大气污染处理 ── 脱硫、脱硝、袋式除尘等
              │                ├─ 清洁煤利用 ── IGCC（整体煤气化联合循环发电系统）、CCS（二氧化碳捕集封存）
              │                └─ 海水综合利用 ── 海水淡化、反渗透膜等
              │
              └─ 资源循环利用产业 ─┬─ 共伴生矿产资源
                                    ├─ 大宗工业固体废物综合利用
                                    ├─ 汽车零部件及机电产品再制造
                                    └─ 再生资源回收利用
```

图 1-1　节能环保产业主要细分产业分类

资料来源：根据国务院《节能环保产业发展规划》整理。

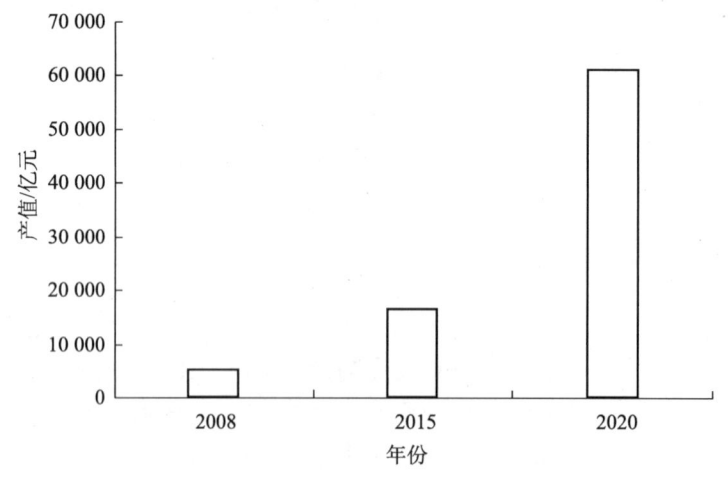

图 1-2　中国节能产业市场规模

资料来源：华创证券研究所内部资料。

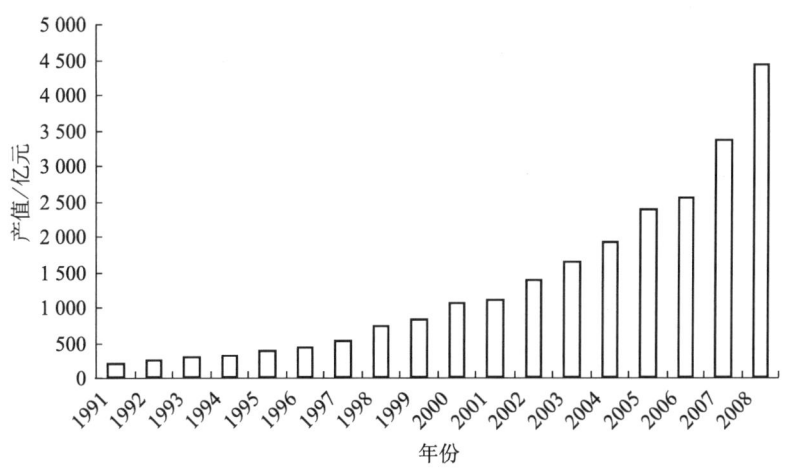

图 1-3 中国环保产业市场规模

资料来源：环境保护部环境规划院。

在资源循环利用领域，中国再生资源产业技术创新战略联盟于2009年10月成立后，计划通过3~5年将我国再生资源行业整体利用效率提高10%以上，产值年均增长25%，到2015年力争再生资源产业产值达1.5万亿元[5]。

1.2 节能环保产业的产业链与技术链分析

节能环保产业被列为七大战略性新兴产业之首，彰显了其重要地位。节能环保产业的发展，攻关的重点在那些研发链长，攻关难度大，科技支撑配套门槛高，具有基础性、前瞻性价值的关键技术的研发上。节能环保产业主要细分产业的产业链分析如表1-1所示。

表1-1 节能环保产业链分析

节能环保产业分类	子行业	上游	中游	下游
高效节能产业	电机变频节能	（变压器制造）绝缘栅双极型晶体管（IGBT）、电容、电阻等电力电子元件、机柜、散热器等	（变频电机制造）定制咨询、产品设计、生产制造、装配调试、售后服务	（终端客户）电力、冶金、煤炭、石油石化、水泥、造纸、市政、交通等行业
	余热余压利用	工业锅炉、窑炉的生产运行	系统集成与项目管理	（能效能源利用）发电、制冷等

续表

节能环保产业分类	子行业	上游	中游	下游
高效节能产业	建筑节能	（关键材料、设备制造）节能建材（镀膜玻璃、型材、保温材料、防火材料、石膏板等），供暖、制冷、通风设备，采光照明设备	（系统集成）建筑智能控制系统、光伏建筑一体化	开发商施工及后期运营
	LED照明	LED外延片生长与技术、衬底材料	芯片制造	芯片封装及应用
环境保护产业	污水处理	污水处理设备制造、污水处理技术升级、材料制备（膜材料、膜组件等）、水环境监测技术	市政污水处理、工业废水处理	污泥处理处置
	固废处理	固废处理设备制造	固废处理工程	固废运营
	大气污染处理	脱硫、除尘设备制造，材料制备，空气监测技术	脱硫、脱硝、除尘工程	脱硫、脱硝、除尘运营
	清洁煤利用	煤炭的开采	煤炭的加工、运输	（煤炭的转化和利用）、发电、新兴煤化工产业等
	海水淡化	海水淡化设备制造、海水淡化技术	苦卤加工、溴素加工	（开发利用）农田耕种、氯碱化工等
资源循环利用产业	废钢铁、有色金属、非金属、电子/车船/机电设备等再生资源循环利用	可降解材料、废弃物回收	（资源化加工）分散个体加工户、中小加工企业、大型加工企业	（再利用）居民，生产企业、商业企业，行政事业单位等

图1-4 反映的是LED照明产业技术链。

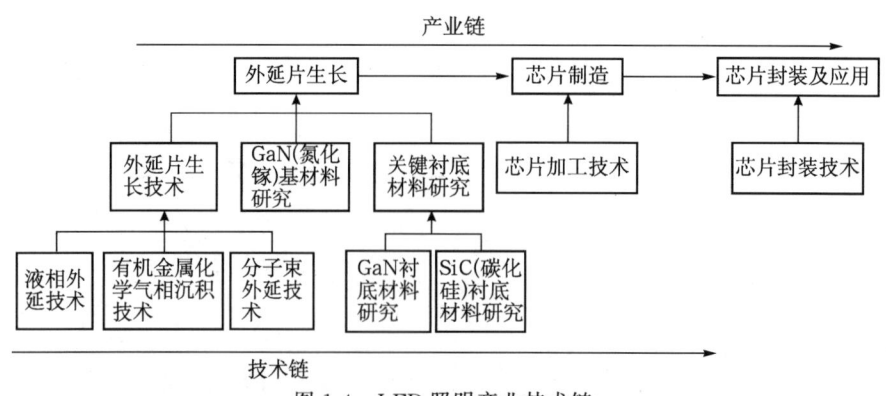

图1-4 LED照明产业技术链

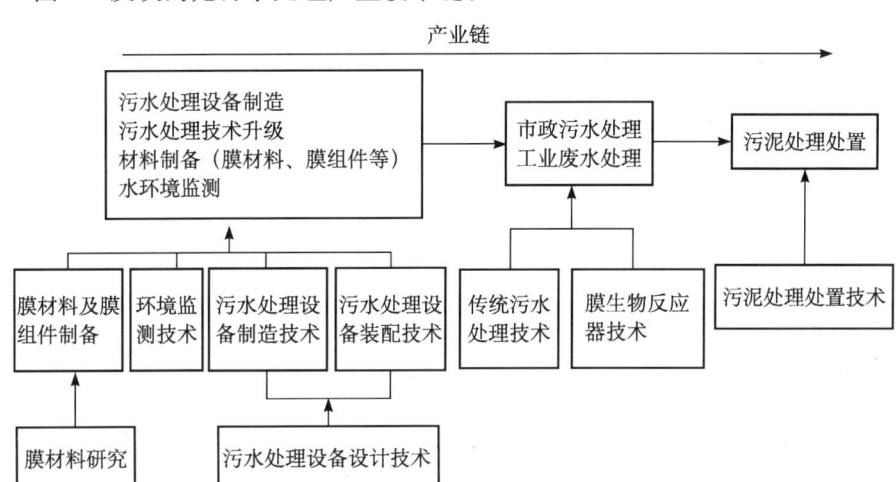

图 1-5 反映的是污水处理产业技术链。

图 1-5 污水处理产业技术链

通过对节能环保产业三个领域的主要子行业及其上中下游产业链（表 1-1），以及 LED 照明产业技术链（图 1-4）和污水处理产业技术链（图 1-5）的分析，可知 LED 技术及其衬底材料制备，水处理用膜材料、膜组件，节能建筑材料，海水淡化材料，可降解材料等都处于节能环保产业链的上游，对整个产业的发展具有重要的推动作用。

1.3 节能环保产业中的关键材料分析

1.3.1 节能环保战略性新兴产业发展重点分析

新材料是节能环保新兴产业技术发展的基石，材料科技创新在新材料的发展中起着先导作用。2009 年 11 月，温家宝总理在《让科技引领中国可持续发展》讲话中指出，"新材料产业发展对中国成为世界制造强国至关重要。目前，中国许多基础原材料以及工业产业的产量位居世界前列，但是高性能的材料、核心部件和重大装备严重依赖于进口，关键技术受制于人，'中国制造'总体水平处在国际产业链低端","无论是推进大飞机、高速列车、电动汽车等重点工程,还是发展电子信息、节能环保等重点产业,都面临着一系列关键材料技术突破问题。必须加快微电子和光电子等领域的科技攻关,尽快形成具有世界先进水平的新材料与智能绿色制造体系"[6]。

基于《节能环保产业发展规划》、《"十二五"节能环保装备专项规划》等,我们提炼出我国需要重点发展的节能环保产业方向和所需的关键材料技术,如表1-2所示。

表1-2 节能环保战略性新兴产业重点发展方向和所需材料技术

产业分类	重点发展方向	所需关键材料技术
高效节能产业	高效节能技术和装备,如锅炉窑炉、电机、余热余压利用、节能监测技术、稀土永磁电机等;高效节能产品,如家用和商用电器、照明产品、建材产品、汽车等;工业节能,如钢铁工业、石化工业、煤炭工业等;节能服务	稀土永磁材料技术、固态高效照明材料技术、柔性显示材料、高效催化材料、高性能钢铁材料
环境保护产业	先进环保技术和装备,如污水、垃圾处理,脱硫脱硝,高浓度有机废水治理,土壤修复,重点攻克膜生物反应器、反硝化除磷、湖泊蓝藻治理和污泥无害化处理技术装备等;环保产品,如环保材料、环保药剂,重点研发和产业化示范膜材料、高性能防渗材料、脱硝催化剂、固废处理固化剂和稳定剂、持久性有机污染物替代产品等;环保服务	污水处理膜材料技术、脱硫脱硝催化剂、高性能防渗材料、固废处理固化剂和稳定剂、持久性有机污染物替代材料、膜生物反应器、环保材料、环境降解材料、环保药剂
资源循环利用产业	共伴生矿产资源、大宗工业固体废物综合利用、汽车零部件及机电产品再制造、再生资源回收利用	资源回收利用技术、生物降解材料

资料来源:根据《节能环保产业发展规划》、《"十二五"节能环保装备专项规划》等整理。

1.3.2 节能环保产业关键材料分析

由于节能环保新兴产业需要突破的关键材料较多,本书仅对节能环保产业涉及的物质转化材料、水处理膜材料、生物基碳中性材料和LED照明材料的国内外研究进展、专利及科技成果等方面进行具体分析。

1.3.2.1 物质转化材料分析

催化剂是物质创造和转化的关键材料。高效、高选择性和环境友好的新型催化材料及相关技术的研究发展不仅能为新物质的创制提供科学基础和技术保障，同时也可从源头上解决化工生产过程中的污染和资源综合利用问题。

1. 发展趋势及亟待解决的关键问题分析

随着工业的迅速发展、资源消费的不断膨胀、人口的不断增长，环境污染越来越严重，地球的负荷也越来越重。为满足社会的可持续发展要求，环境保护需要从"先污染、后治理"改变为"从源头上根除污染"。"绿色化学"（green chemistry）的提出为从源头上治理环境污染提供了新的思路。绿色化学，又称环境无害化学（environmentally benign chemistry），是一门从源头上阻止污染的化学，利用化学方法或技术手段减少或者消灭那些对生态环境以及人类健康有害的原材料、催化剂、溶剂、产物和副产物等的生产和使用[7]。

在由合成化学工业提供的化学产品中，约85%是通过催化过程生产的。因此，绿色催化材料的发展为促进工业的健康发展起到了至关重要的作用。对催化剂组成、结构、多重相态与催化行为之间的关系及其规律的研究，为发展绿色物质转化材料提供了新的知识技术基础。

2. 关键材料研究进展分析

1) 聚烯烃催化材料[8-10]

目前，聚烯烃催化剂已形成齐格勒纳塔催化剂（Z-N催化剂）、茂金属催化剂、非茂单活性中心催化剂等多种催化剂共同发展的格局。

(1) Z-N催化剂。由于Z-N催化剂具有效率高、生产的聚合物综合性能好、成本低等优点，所以其在聚烯烃生产中仍然占主导地位。大多数Z-N催化剂开发的重点旨在提高催化剂的共聚能力，如住友化学株式会社、埃奎斯塔化学公司、亨斯迈有限公司、诺瓦化学公司等众多公司就在从事该领域的研究。

(2) 茂金属催化剂。茂金属催化剂具有共聚能力强、单一活性中心、活性高等优点，可精确控制聚合物的分子结构，用于定制满足最终用途的产品。世界每年用于烯烃聚合催化剂开发的基金的70%~80%用于茂金属催化剂的开发。目前埃克森美孚公司、陶氏化学公司、美国联合碳化物公司、英国石油公司及日本三井化学株式会社等在该领域的研究开发处于世界领先地位。

(3) 非茂单活性中心催化剂。非茂单活性中心催化剂的某些性能已达到或超过茂金属催化剂，近年来在该领域的开发较为活跃。镍钯系催化剂、铁钴系催化剂，以及诺瓦化学公司、三井化学株式会社和埃奎斯塔化学公司等开发的其他类型的单中心催化剂已成为有竞争力的新一代非茂单活性中心催化剂。

2) 过渡金属催化材料

由于过渡金属配合物的自身特性，过渡金属配合物的重要作用不仅表现在惰性小分子固定的催化过程中，还表现在 CO_2 的生物固定过程中。过渡金属配合物作为催化剂应用，对有机化合物的合成具有重要催化作用，是最有前途的催化固定 CO_2 的途径。

(1) Fe 基催化剂。Lee 等[11]在 Fe-K/Al_2O_3 中加入 Ru 助剂，将 CO_2 的转化率提高至 41%，同时促进了 α-烯烃的再吸附，增加了固体烃类的产量。Niemela 和 Nokkosmaki[12]、Prasad 等[13]研究了助剂对 Fe 基催化剂催化效果的影响。

(2) Cu 基催化剂。Kieffer 等[14]将 Cu–Zn–Al_2O_3 作为催化剂，在压力为 5 兆帕（MPa）和温度为 275~300℃的条件下，研究了 CO_2 的转化率问题。Toyir 等[15]在压力为 2 兆帕和温度为 250~270℃的条件下，将 Ga/Cu 催化剂固载在 ZnO 和 SiO_2 上。以 ZnO 和 SiO_2 为载体的催化剂都具有很高的活性和选择性。

(3) Rh 和 Ru 的配合物。Dietrich 和 Schindler[16]用［Rh（COD）$_\mu$ Cl］$_2$（COD 为环辛二烯）作为催化剂，在 DMSO-NEt_3（DMSO 为二甲基亚砜）混合液中，合成甲酸的转化率得到很大提高；将［Rh（Pe_2Ph）$_3$（nbd）（BF_4）］（nbd 为降冰片二烯）作为 CO_2 加氢催化剂，在四氢呋喃（THF）溶液中，合成甲酸的速率为 64 mol/d（摩尔/天）。

3) 手性催化材料

(1) 金属配合物手性催化体系。Shibasaki 和 Matsunaga[17]发展了手性联二萘酚及其衍生物的杂双金属配合物催化剂、含有稀土金属的多金属中心配合物催化剂，并在多类手性催化反应中取得了十分优异的对映选择性。Fatatsugi 和 Yamamoto[18]将金属配合物作为路易斯酸催化剂应用于手性催化反应中，取得了很好的结果,同时提出了组合酸催化剂的概念。Du 等[19]基于 N—N 键活化策略建立了全新的双氨化方法。

(2) 生物手性催化体系。十几年来,生物手性催化剂的研究在生物催化的氧化还原、羰基化合物的氰醇化、环氧化合物的开环、腈的水解等反应方面取得了重要进展,并且在工业应用上也获得了很大的成功[20-23]。

(3) 有机小分子手性催化体系。有机小分子手性催化剂成为手性催化研究的又一新热点,近年来得到了很大发展。在设计合成新型有机小分子催化剂的基础上,已成功实现了多种类型的手性催化反应,包括 Adol、Diels-Alder、Friedel-Crafts、Baylis-Hillman、Mannich、Michael 加成、硅氰化、卤化、胺化、胺氧化、环氧化、Biginelli 反应及膦氢化等[24]。

4) 贵金属催化材料

(1) 稀土含钯催化剂。Kim 等以钒和锆为助剂制备出的单钯催化剂具有很高的低温活性、热稳定性和抗 SO_2 毒性。美国福特汽车公司与昆明贵金属研究所合作开发的一种创新型稀土催化剂,具有明显的环境效益和经济效益。该催化剂已在美国申请了专利[26]。

(2) 低含量贵金属钙钛矿结构催化剂。日本大发汽车株式会社在 2002 年开发出一种"智能催化剂",该催化剂使钯(Pd)具有了自再生功能;在此基础上,2005 年又开发出一种"超智能催化剂",使铂(Pt)和铑(Rh)也具有了自再生功能[27]。此外,该公司还开发了在特殊的钙钛矿型晶体中让铂、锗(Ge)、钯以离子形式按原子级规则排列的技术。

(3) 纳米结构催化剂。催化活性与贵金属粒径大小呈线性关系,贵金属微粒越小,催化活性越高。Bonet 等[28]合成的含有纳米级活性组分的三效催化剂表现出了较高的净化效率与稳定的催化活性,其催化性能优于同类活性组分制备的非纳米催化剂。

物质转化材料的国内外研究进展如表 1-3 和表 1-4 所示。

表 1-3 国外物质转化材料研究进展

机构(企业)	所属国家	研究进展	技术性能	产业化情况
陶氏化学公司	美国	Insite 催化剂体系	能在连续工艺中把高熔点的硬段聚合物与韧性聚合物的软段在单一链段上结合	已于 2007 年第四季度开始大规模工业化生产

续表

机构（企业）	所属国家	研究进展	技术性能	产业化情况
福特汽车公司（与昆明贵金属研究所合作）	美国	稀土催化剂	可降低催化剂转化器中昂贵的贵金属用量约75%，同时也保持了较高转化效率	
埃克森美孚公司	美国	双茂金属催化剂	克服了单峰茂金属聚丙烯的树脂加工温度范围窄的缺点；在生产聚丙烯薄膜时拉伸更均匀，不易破裂	
马普协会煤化所	德国	人造金属酶催化体系	融合与组合了酶和金属催化的优点	
诺瓦化学公司	加拿大	Sclairtech Z-N 催化剂	可大大提高反应器处理量	
		Novacat 系列（与 BP 公司合作）	具有单一活性中心的 Z-N 催化剂	用于气相 PE 装置生产线形低密度聚乙烯
巴塞尔公司（已被美国 Access 工业公司收购）	荷兰	将琥珀酸酯作为给电子体的第五代新型 Z-N 负载催化剂	该催化剂通过相对分子质量分布变宽而极大地扩展了聚丙烯均聚物和共聚物的性能	于 2003 年 6 月开始向市场提供这种催化剂系列产品
		将二醚作为给电子体的第五代新型 Z-N 催化剂	催化活性高达 90 千克/克（以 1 克催化剂生产的聚丙烯质量计）；在较高温度和较高压力下，可使聚丙烯抗冲共聚物中的聚丙烯段有较高的等规度，提高了结晶度	
		Avant M 单活性中心催化体系	为茂金属聚丙烯组合提供产品附加性能	
巴塞尔公司（已被美国 Access 工业公司收购）	荷兰	Adrent C	一步法生产宽相对分子质量分布的高密度聚乙烯	一条生产 Adrent C 催化剂的生产线已运行
		茂金属催化剂（商品名 Metocene）	合成的产品具有优异的抗冲击强度、透明性及柔软性	
北欧化工公司	奥地利	BCI 催化剂、BCI 10 催化剂	BCI 催化剂既能生产单峰产品，也能生产双峰产品	BCI 催化剂已经在北欧化工公司现有的聚丙烯装置上得到工业化应用
VTT 过程技术研究所	芬兰	研究了助剂 K、Zr 和 Ru 对 Fe 基催化剂催化 CO_2 加氢合成烃类的影响	制备的 Fe 基催化剂对 CO_2 加氢反应均有催化作用（反应 24 小时时 CO_2 的转化率为 15%～30%）	
大发汽车株式会社	日本	智能催化剂	使性能最易降低的钯具有了自再生功能	
		超智能催化剂	使铂和铑具有了自再生功能	
		三元催化剂	可保持更优异的净化活性和耐久性；贵金属的消耗量可减少 75%	

续表

机构（企业）	所属国家	研究进展	技术性能	产业化情况
住友化学株式会社	日本	"SN4 Catalyst"催化剂	可一定程度上控制产物相对分子质量并阻止低相对分子质量聚合物形成	
韩国研究院化学技术替代化学/燃料研究中心	韩国	研究了助剂V、Cr、Mn和Zn对Fe基催化剂催化效果的影响	Zn为助剂的Fe基催化剂具有最高的C_2~C_4烯烃选择性	
庆熙大学环境应用化学学院	韩国	研究了助剂Ru对Fe基催化剂催化CO_2加氢合成烃类的影响	将CO_2的转化率提高至41%；同时促进了α-烯烃的再吸附	

表1-4 国内物质转化材料研究进展

机构（企业）	研究进展	技术性能	产业化情况
大庆化工研究中心	聚丙烯球形催化剂	催化剂具有工艺控制稳定，活性释放平稳，生产的聚合物形态好、细粉含量低、堆积密度高等优点	工业试产成功
中国石油化工集团公司科技开发部	茂金属催化剂	工业化生产的茂金属聚乙烯产品具有相对分子质量分布窄、组成均匀等特点，具有很好的成膜性	2006年9月，该催化剂在齐鲁分公司直径400毫米气相流化床上进行了长达60余天的连续应用试验，装置运行平稳，制备了数十吨产品
扬子石化公司、上海化工研究院、上海立得催化剂有限公司和中国科学院上海有机化学研究所等	SLC-S聚乙烯高效催化剂	该催化剂性能与同类进口催化剂相当，较好地满足Unipol聚合工艺的要求	已建成40吨/年的催化剂生产装置，实现了工业化生产
中国科学院大连化学物理研究所	选择性氧化还原（SCR）脱硝催化剂	脱硝率稳定，保持在93%，催化剂性能完全满足要求	在电厂成功进行了1500标准立方米/小时工业侧线试验运行
	纳米金催化剂		
	乙醛-甲醛-氨合成吡啶高性能新型催化剂（与南京第一农药集团有限公司合作）	催化剂活性高、选择性好、稳定性和再生性能优异	于2008年3月成功投产于安徽国星生物化学公司新建的25千吨/年吡啶的生产，满负荷稳定运行达18个月
江苏万德电力环保有限公司	脱硝陶瓷催化剂	该脱硝催化剂的各项参数、性能和指标均达国外同类产品水平	一期工程将建设两条现代化生产线，预计年产1.2万立方米。二期工程计划于2013年实施，投产后年产能再增加1万立方米

续表

机构（企业）	研究进展	技术性能	产业化情况
中国科学院金属研究所	纳米碳催化剂	催化活性大约为工业氧化铁催化剂的3倍，反应过程中没有积碳产生且金刚石催化剂表面保持清洁	
中国科学院上海硅酸盐研究所	介孔纳米催化剂	催化剂粉体经500℃煅烧后比表面积高于100平方米/克，介孔孔径为20~30纳米；孔容量大于0.2立方厘米/克；经过900℃老化处理后比表面积仍保持35平方米/克以上	
厦门大学化学化工学院与美国佐治亚理工学院	铂纳米材料	催化剂的催化活性是目前商业铂纳米催化剂的2~4倍	
中国科学院化学研究所	非手性的离子液型Baylis-Hillman催化剂	很高的催化活性，催化剂重复利用6次以上没有明显的活性降低；而且还可以利用离子液本身的特性达到循环利用的目的	
	手性的离子液型有机小分子催化剂	催化剂能高效催化不对称Michael加成反应，产率高达100%，非对映选择性可达99：1，对映选择性最好可至99%	
中国科学院上海有机化学研究所	一系列手性催化剂体系	催化体系具有高效、高选择性	实现了两个催化剂体系在手性药物关键中间体工业生产中的应用
中国科学院长春应用化学研究所	非贵金属三元催化剂	性能已接近贵金属催化剂	
	均相稀土催化剂	突破了合成顺丁橡胶的稀土催化剂非均相易生成宽相对分子质量分布（分布指数在5~20）聚合物的局限	已在锦州石化公司的千吨级聚合装置上进行了验证，并进行了产品性能评价和应用技术开发
中国科学院理化技术研究所	碳载铂催化剂	成功突破了批量生产催化剂时，铂在载体上的小粒度（2~4纳米）均匀分布和产品性能一致性两大技术难关	选用智能化先进的反应装置和自动控制，实现了催化剂的准产业化规模

3. 物质转化材料的专利、科技成果计量分析

本部分的专利和科技成果计量分析将围绕上述物质转化关键材料展开。

基于DII（德温特世界专利创新索引）数据库分析，通过检索侧重于关键材料研究的专利，得到世界物质转化材料专利发展趋势，如图1-6所示。可以

看出，在物质转化材料的研究方面，虽然某些年份专利数量略有波动，但从1999年起进入了一个较为明显的快速发展时期。基于国家知识产权局中外专利数据库分析，表1-5是中国物质转化材料专利申请数量在15件以上的机构，共11个。其中中国科学院专利数量为113件，排在第一位，专利数量优势较为明显。

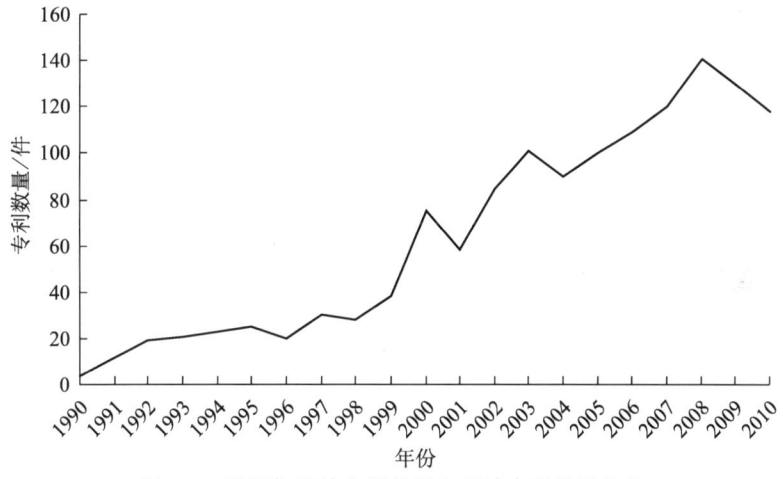

图1-6 世界物质转化材料研究领域专利发展趋势

资料来源：DII数据库。

基于国家科技成果数据库分析，物质转化材料研究领域主要科技成果的完成机构如图1-7所示，中国科学院39件，位居全国第一。其中，中国科学院金属研究所、中国科学院长春应用化学研究所、中国科学院兰州化学物理研究所和中国科学院物理研究所是物质转化材料领域科技成果产出的主要机构。

表1-5 中国物质转化材料主要专利申请机构分布

序号	机构	专利数量/件
1	中国科学院	113
2	中国石油化工股份有限公司	101
3	中国石油天然气股份有限公司	23
4	浙江工业大学	22
5	北京化工大学	21
6	弗纳科技股份有限公司	18
7	浙江大学	17

续表

序号	机构	专利数量/件
8	上海交通大学	16
9	LG化学株式会社	15
10	华东理工大学	15
11	巴斯夫股份公司	15

资料来源：国家知识产权局中外专利数据库。

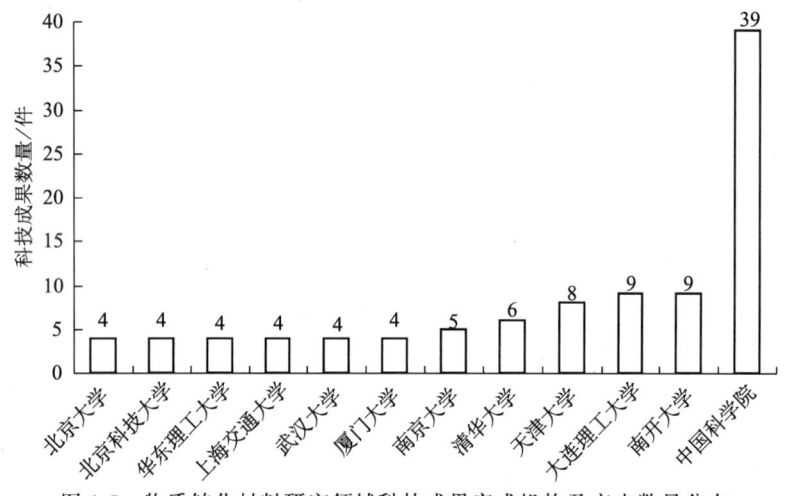

图1-7 物质转化材料研究领域科技成果完成机构及产出数量分布

资料来源：国家科技成果数据库。

1.3.2.2 水处理膜材料分析

国家环境保护部环境规划院一项预测显示，"我国'十二五'和'十三五'时期废水治理投入将分别达1.05万亿元和1.39万亿元，其中工业和城镇生活污水的治理投资将分别达4355亿元和4590亿元。在上述政策背景下，我国膜产业将迎来'黄金十年'，战略机遇凸显"[29]。

1. 发展趋势及亟待解决的关键问题分析

按照孔从大到小的顺序，水处理膜的种类依次分成反渗透（RO）膜、纳滤（NF）膜、超滤（UF）膜、微滤（MF）膜，用途包括净水处理、海水淡化、污水废水循环利用等。膜生物反应器等膜法水处理技术是近年发展起来的新技术，与传统水处理方法相比，该技术具有出水水质优良、装置占地面积小等特点，在净水和污水处理与回用中有很好的应用前景。膜法水处理逐渐成为中国市场的发展趋势（图1-8）。

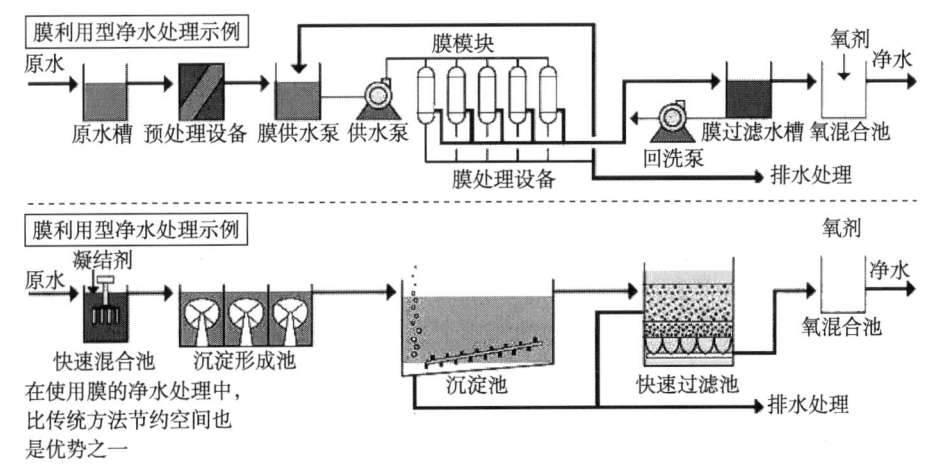

图1-8 传统方法与膜法的区别（以净水处理为例）

资料来源：日本膜分离技术协会（2007）。

根据《分离膜"十二五"规划》，"中国在'十二五'期间将大举提高分离膜的自给率，其中涉及水处理的超滤和微滤膜年产能就将达到4500万～5000万平方米"；"电驱动膜年产能将达到100万～130万平方米"；"反渗透膜年产能要达到1000万平方米，国产反渗透膜份额将上升至25%～30%"；"氯碱工业用全氟离子膜将实现规模化生产，年产能达到20万平方米，到'十二五'末争取替代进口率达60%"[29]。

2. 关键材料研究进展分析

水处理膜材料的研究起始于1970年前后；为了生产半导体工厂使用的高纯度"超纯水"，水处理膜大约从1980年开始全面投产；随后，水处理膜材料又应用到了饮用水和工业用水的生产之中。进入21世纪后，水处理膜材料技术迅速扩大，膜材料的全球累积供货量在2006年已达到3200万平方米/天（图1-9）。

在海水淡化用RO膜领域，东丽工业株式会社、日东电工株式会社、东洋纺株式会社三家公司拥有全球份额的70%。东丽工业株式会社使用"交联芳聚酰胺"（微孔约为0.7纳米）作为RO膜，结合UF膜和聚酯无纺布

图 1-9 水处理膜全球累积供货量

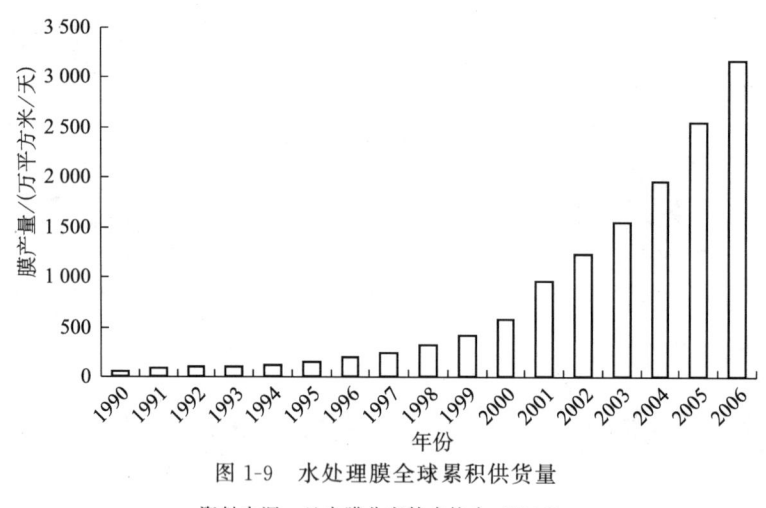

资料来源：日本膜分离技术协会（2007）。

生产层状平膜。该平膜构成的形似蛋糕卷的 RO 膜单元在海水淡化应用中的耐用年限为 7 年左右。该公司除了为阿尔及利亚、特立尼达和多巴哥等国的大规模海水淡化厂提供 RO 膜外，还为科威特、新加坡的污水废水循环利用厂提供 RO 膜。

在 UF 膜和 MF 膜领域，日本旭化成株式会社、东丽工业株式会社、三菱丽阳株式会社等日本企业拥有全球 43% 的份额。随着中国和韩国等企业的纷纷加入，该领域的竞争日趋激烈。

在膜生物反应器领域，随着并购（西门子股份公司并购美国美净公司、通用电气公司并购美国泽能环境工程有限公司、美国陶氏化学公司并购欧美环境工程有限公司等）、联盟及许可协议等，膜生物反应器市场变化迅速而复杂。通用电气公司、久保田株式会社、三菱丽阳株式会社、东丽工业株式会社、旭化成株式会社、新加坡凯发集团和诺芮特公司占据绝大多数海外市场份额。通用电气公司能够提供从膜片、膜元件、膜处理整机设备到各种过滤器等全系列产品。美国陶氏化学公司的 FILMTEC™ RO 膜和 NF 膜在处理天然苦咸水或海水上，都被认为是最有效能和最经济的关键部件。FILMTEC™ 膜元件为螺旋卷式结构，与其他元件结构（如管式、板式、中空纤维式）相比，具有水流分布均匀、耐污染程度高、更换费用低、外部管路简单、易于清洗维护保养和设计自由度大等优点。新加坡凯发集团是一家被认可的亚洲领先的水和流体处理公司，并在新加坡拥有一所除日本以外亚洲最大的膜及材料研究中心，该集团利用研究中心的研发技术，开发出了一系列的膜材料，并成功用于药剂、生物科技、化学及化工业等众多领域。

国外水处理膜材料研究进展如表 1-6 所示。

表 1-6　国外水处理膜材料研究进展

机构（企业）	所属国家	研究进展	备注
泽能环境工程有限公司	美国	ZeeWeed 膜生物反应器、ZeeWeed 浸没式超滤膜（中空纤维膜）	全球最大的海水淡化、工业废水处理、中水回用、纯水处理、循环水处理、锅炉水处理及工艺生产过程处理供应商
美国陶氏化学公司	美国	FILMTEC 反渗透和纳滤膜元件、DOWEX 离子交换膜［聚偏氟乙烯（PVDF）中空膜丝］	复合膜技术世界领先，拥有干膜技术
西门子股份公司	德国	西门子 MEMCOR® 膜技术（中空聚丙烯纤维膜）、浸入式连续膜过滤（CMF-S）系统	西门子股份公司并购美国美净公司成立了水技术部，又收购北京赛恩斯特水公司 70% 的股份，竞争获得北京北小河污水处理厂的改扩建工程
诺芮特公司	荷兰	气浮式膜生物反应器、X-FLOW［该膜采用标准的 8 英寸（1 英寸＝2.54 厘米）设计，其平均孔径为 0.02～0.025 微米，最大孔径不超过 0.025 微米］	
久保田株式会社	日本	久宝田膜生物反应器（浸没式平板式膜）、久保田液中膜技术（薄膜层材料为聚氯乙烯）	至今在全世界已经有 2200 家市政污水用户和工业污水用户
东丽工业株式会社	日本	低压脱盐型反渗透复合膜、超低压大通量型反渗透复合膜、极超低压节能型反渗透复合膜、低污染高脱盐率反渗透复合膜、高脱盐海水淡化反渗透复合膜、节能型海水淡化反渗透复合膜、超高压海水淡化反渗透复合膜、超低压大通量纳滤复合膜、浸没式平板型膜生物反应器、基于精密分子设计和纳米技高脱硼海水淡化膜、融合有机与无机材料的综合特性能耐氧化剂的新型膜材料	具有 RO、NF、UF、MF、纤维滤布系列膜技术。在海水淡化领域，目前在世界各地已达到累计 54 万平方米/天以上的使用业绩
三菱丽阳株式会社	日本	中空纤维膜 SteraporeSADF™ 系列、SteraporeSUN™ 系列等	
旭化成株式会社	日本	UF 膜、MF 膜	Microza™ 膜系列生产线总计 300 种膜组件产品
新加坡凯发集团	新加坡	FerroCep 不锈钢膜、Kristal 中空纤维超滤膜、CeraCep 陶瓷中空纤维膜、PoroCep 聚烯烃中空纤维膜、ECOSORB 多功能复合吸附剂等	

"中国膜产业也已经进入快速增长期，2004 年我国膜产业市场额度为 75 亿元，2008 年增加到 200 亿元，膜产业发展前景十分广阔。"[30] 国内水处理膜材料研究进展如表 1-7 所示。

表 1-7　国内水处理膜材料研究进展

机构（企业）	研究进展	产业化情况
中国科学院大连化学物理研究所	膜材料研究与开发，聚合物膜成膜过程及新型分离膜研究，膜分离过程中传质机理研究，膜分离应用及集成技术研究	"中空纤维氮氢膜分离器"荣获国家科学技术进步奖；超滤膜技术在医药、生化和食品工业的产品分离、超纯水制备和工业废水处理等方面得到了广泛应用；微孔滤膜、纳滤膜及其成套设备已用于工业生产
台湾工业技术研究院	平板式膜组件（无纺布膜材料）	
北京碧水源科技股份有限公司	中空纤维高强度 PVDF 膜，湿法、热法高品质多种超滤膜	PVDF 中空纤维微滤膜 200 万平方米/年，中空纤维超滤膜 100 万平方米/年
南方汇通股份有限公司	反渗透膜	产能 300 万平方米/年
天津膜天膜科技股份有限公司	中空纤维膜、连续膜过滤系统、膜生物反应器、浸没式膜过滤技术、双向流膜过滤技术	生产各种规格的内压型和外压型中空纤维超滤、微滤膜组件，中空纤维膜的年生产能力达到 300 万平方米；承建日处理量超过万吨的工程近 30 个
上海斯纳普膜分离科技有限公司	SINAP 第三代平板膜元件及组件（PVDF）	高性能平板膜组件已经成功应用于钢厂乳化油废水、垃圾渗滤液、洗衣废水、生化制药废水及城市生活污水等多个领域，其中最大单项应用规模达 13 500 平方米
北京立升净水技术有限公司	立升浸入式膜（采用 PVDF 材质，属于毛细管式超滤膜，且具有不对称结构，膜孔径仅为 0.02 微米）	300 万平方米/年
上海德宏生物医学科技发展有限公司	中空纤维 MBR（主要膜种有聚醚砜 PES、聚丙烯腈 PAN、聚偏氟乙烯 PVDF、聚砜 PS 等材料）	5 条中空纤膜生产线，生产能力每年可达数十万平方米
苏州新能膜材料科技有限公司	第三代 PP 膜、MBR	
伊乐科环保科技（上海）有限公司	电除盐（EDI）离子膜	EDI 离子膜的使用寿命长达 8 年以上

随着美国、日本等国家的污水处理企业逐渐向中国渗透，国内外企业各种形式的战略合作也越来越多。2009 年 5 月，日本 NOK 株式会社与同方股份有限公司成立同方 NOK（无锡）膜技术有限公司，以提高同方股份有限公司水处理产品的品质。2011 年 3 月，日本久保田株式会社与安徽国祯环保科技股份有限公司实行战略合作，成立久保田国祯环保工程科技（安徽）有限公司，该公

司引进久保田株式会社膜设备的生产制造技术，专门从事 MBR 膜设备和工艺的生产、研发、销售以及污水工程总包等。2011 年 4 月，日本东丽工业株式会社联合中国蓝星（集团）股份有限公司，共同投资组建蓝星东丽膜科技（北京）有限公司（TBMC）。该公司引进东丽工业株式会社先进的从制膜到卷膜的生产技术以及全套自动化生产线，建立了反渗透全套产品的生产基地。目前，TBMC 的反渗透工厂已建设完成并正式投产。

3. 水处理膜材料的专利、科技成果计量分析

本部分的专利和科技成果计量分析将围绕上述水处理膜材料的关键材料展开。

基于 DII 数据库分析，通过检索侧重于关键材料研究的专利，得到世界水处理膜材料研究领域专利的年度申请趋势，如图 1-10 所示，可以看出，自 1999 年以来水处理膜材料研究的专利申请数量呈明显上升趋势，表明相关研究正处于快速发展过程。

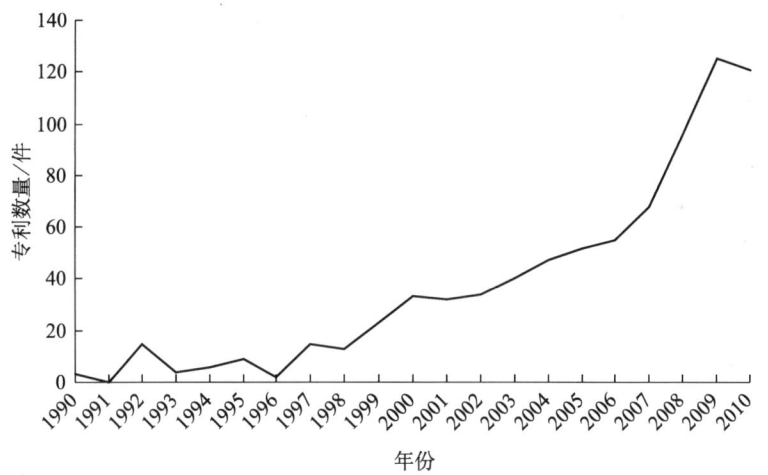

图 1-10 水处理膜材料研究领域世界专利发展趋势

资料来源：DII 数据库。

基于国家知识产权局中外专利数据库分析，表 1-8 显示的是中国水处理膜材料研究领域专利申请数量在 6 件以上的申请机构，其中大多数是高校。中国科学院水处理膜材料相关专利总量为 25 件，涉及中国科学院院属相关研究所共 7 个。

战略性新兴产业新材料报告

基于国家科技成果数据库分析，1990~2010年的科技成果登记量增长较为显著，这显示出中国在水处理膜材料研究上的科研投入主要集中在近10年，而且呈现良好的发展态势。中国科学院是水处理膜材料研究领域主要科技成果的完成机构，达到39件（图1-11），主要研究机构包括中国科学院生态环境研究中心、中国科学院上海应用物理研究所、中国科学院长春应用化学研究所等；其次是清华大学为18件；其余机构为15件以下。

表1-8 中国水处理膜材料研究领域主要专利申请机构分布

序号	机构	专利数量/件
1	中国科学院	25
2	哈尔滨工业大学	20
3	清华大学	13
4	中国石油化工股份有限公司	11
5	天津大学	10
6	同济大学	8
7	北京汉青天朗水处理科技有限公司	8
8	浙江大学	7
9	北京碧水源科技股份有限公司	7
10	大连理工大学	6

资料来源：国家知识产权局中外专利数据库。

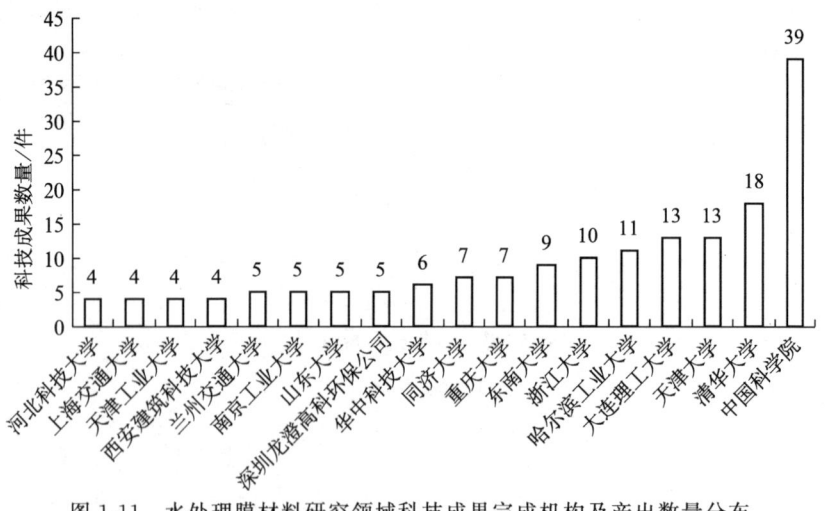

图1-11 水处理膜材料研究领域科技成果完成机构及产出数量分布

资料来源：国家科技成果数据库。

1.3.2.3 生物基碳中性材料分析

我国面临的"白色污染"问题越来越严重，而且这类垃圾不易降解，处理起来非常困难。由于石油资源供给日趋紧张，非石油基高分子材料已引起广泛关注，逐步上升到国家战略层面。生物基碳中性材料制备生产过程无污染，产品可以生物降解，实现在自然界中循环，最终生成二氧化碳和水，对保护环境非常有利。这类环境友好型材料已逐渐成为未来事关国计民生的战略新兴材料。

1. 发展趋势及亟待解决的关键问题分析

降低生物基碳中性材料制造成本是亟待解决的重要议题。控制材料的降解速度，提高材料未降解时的物理化学性能，开发安全的生物降解材料添加剂及不需要添加剂的降解性高分子材料也是未来重要的发展方向。尽管国内在该领域已经有一定的研究基础，但相关制造产业还处于雏形阶段，我国应通过基于物理/化学的技术创新，改进材料性能，解决制约其规模生产的低性价比问题，在材料制备、加工与应用技术上尽快实现产业化，加快形成具有核心竞争力的生物基碳中性材料产业。

2. 关键材料研究进展分析

目前全球研发的生物基碳中性材料已达几十种，可工业化生产的品种如下：微生物发酵合成的聚羟基脂肪酸（PHA）；化学合成的聚乳酸（PLA）、聚己内酯（PCL）、聚丁二酸丁二醇酯（PBS）、脂肪族/芳香族共聚酯、二氧化碳/环氧化合物共聚物（APC）、聚乙烯醇（PVA）等；可降解塑料与淀粉的共混物，如淀粉/PVA、淀粉/PCL、淀粉/PLA等。国外生物基碳材料研究进展如表1-9所示。

美国杜邦公司、伊士曼化学公司开发的商品名分别为"Biomax"和"EastarBio"的脂肪族/芳香族共聚酯生产规模已达年产万吨级；美国卡吉尔道公司的商品名为"EcoPLA"的聚乳酸也已经商品化；美国奈琪沃克公司的聚乳酸达到了工业级规模，2010年产能扩建至14万吨。德国已商品化的产品有巴斯夫公司开发出的名为"Ecoflex"的脂肪族/芳香族共聚酯；拜尔公司已成功研发出淀粉/聚氨酯共混型生物降解塑料。日本消费市场消费的生物降解塑料主要有

PLA、PBS 和淀粉基塑料等，PLA 产品也已经商品化，如油墨与化学工业株式会社的 CPLA、岛津制作所的 LACTY 及三井化学株式会社的 LACEA。

二氧化碳基塑料的研究起始于 1969 年，1994 年美国通过改进催化剂生产出二氧化碳可降解共聚物。国外开展该项工作的研究单位主要有美国匹兹堡大学、美国得克萨斯大学、美国埃克森研究公司、日本东京大学、日本京都大学和波兰理工大学等。

表 1-9 国外主要生物基碳中性材料产业化现状

机构（企业）	所属国家	研究进展	产业化规模
杜邦公司	美国	脂肪族/芳香族共聚酯	万吨级
伊士曼化学公司	美国	脂肪族/芳香族共聚酯	万吨级
奈琪沃克公司	美国	聚乳酸	14 万吨
卡吉尔道公司	美国	聚乳酸	10 万吨以上
巴斯夫公司	德国	脂肪族/芳香族共聚酯	
拜尔公司	德国	淀粉/聚氨酯共混型生物降解塑料	
油墨与化学工业株式会社	日本	聚乳酸	
岛津制作所	日本	聚乳酸	
三井化学株式会社	日本	聚乳酸	

我国在生物基碳中性材料产业化方面也取得了一定的进展，特别是在脂肪族/芳香族共聚酯、聚乳酸、二氧化碳基塑料方面（表 1-10）。中国科学院长春应用化学研究所、同济大学、中国科学院广州化学有限公司、中山大学等研究机构开展了生物基碳中性材料的研究，并与企业合作，成功实现了相关成果的转移转化。

表 1-10 我国生物基碳中性材料产业化现状

机构（企业）	生产线	产业规模	备注
深圳市意可曼生物科技有限公司	山东邹城市聚羟基烷酸酯生产线	5000 吨	
深圳市奥贝尔科技有限公司	聚羟基烷酸酯生产线	5000 吨以上	
浙江海正集团有限公司	聚乳酸生产线	5000 吨	与中国科学院长春应用化学研究所合作
成都有机化学研究所	聚乳酸中试生产线	2000 吨	
江苏九鼎集团有限公司	聚乳酸中试生产线	1000 吨	
上海同杰良生物材料有限公司	聚乳酸中试生产线	1000 吨	与同济大学合作
江苏金龙公司	二氧化碳塑料中试生产线	2000 吨	与中国科学院广州化学有限公司合作
	二氧化碳塑料生产线	2 万吨	

续表

机构（企业）	生产线	产业规模	备注
广州广重企业集团公司	二氧化碳塑料中试生产线	5000 吨	与中国科学院广州化学有限公司合作
蒙西高新技术公司	二氧化碳基全降解塑料母粒工业示范生产线	3000 吨	与中国科学院长春应用化学研究所合作
	二氧化碳塑料生产线	3 万吨	与中国科学院长春应用化学研究所合作
中国海洋石油总公司	二氧化碳共聚物生产线	3000 吨	与中国科学院长春应用化学研究所合作
广州市合诚化学有限公司、广州天赐三和环保工程有限公司	二氧化碳塑料生产线	1 万吨	与中山大学合作
中兴恒和投资集团有限公司	吉林省松原市二氧化碳塑料生产线	5 万吨	

3. 生物基碳中性材料的专利、科技成果计量分析

本部分的专利和科技成果计量分析将围绕上述生物基碳中性材料的关键材料展开。

基于 DII 数据库分析，通过检索侧重于关键材料研究的专利，得到世界生物基碳中性材料研究专利发展趋势如图 1-12 所示，可以看出，生物基碳中性材料世界专利申请主要是从 1998 年开始的，其后呈现出十分明显的上升趋势，且增长幅度较大。基于国家知识产权局中外专利数据库分析，表 1-11 是中国生物基

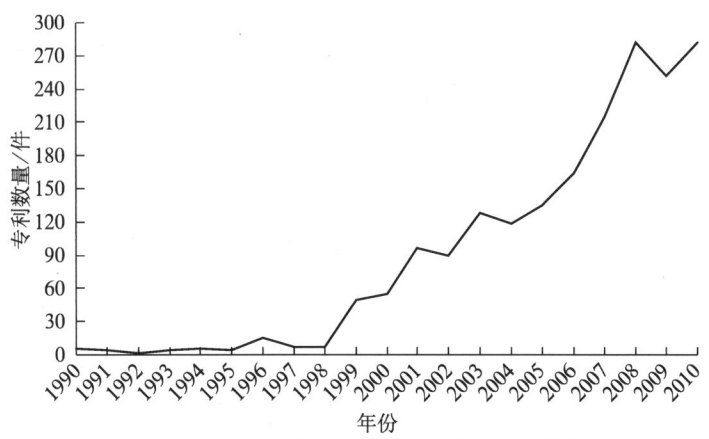

图 1-12　生物基碳中性材料世界专利发展趋势

资料来源：DII 数据库。

战略性新兴产业新材料报告

碳中性材料专利申请数量在 9 件以上的主要机构。在中国国内申请生物基碳中性材料专利最多的机构是东丽工业株式会社，专利数量达到了 65 件。中国科学院在国内的申请机构中排名第一，共有专利 35 件。

表 1-11 中国生物基碳中性材料研究领域主要专利申请机构分布

序号	机构	专利数量/件
1	东丽工业株式会社	65
2	纳幕尔杜邦公司	47
3	中国科学院	35
4	旭化成株式会社	34
5	东华大学	30
6	江苏鹰翔化纤股份有限公司	44
7	吴江鹰翔万信化纤有限公司	18
8	株式会社钟化	11
9	四川大学	10
10	上海昌明实业有限公司	9

资料来源：国家知识产权局中外专利数据库。

基于国家科技成果数据库分析，生物基碳中性材料研究领域主要科技成果的完成机构如图 1-13 所示。中国科学院科技成果达 30 件，位居全国第一。

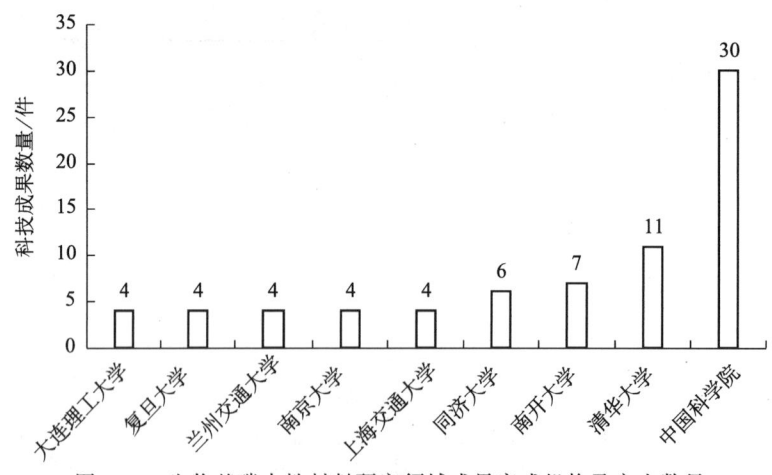

图 1-13 生物基碳中性材料研究领域成果完成机构及产出数量

资料来源：国家科技成果数据库。

1.3.2.4 LED照明材料分析

半导体白光LED的发光效率大于200流明/瓦,寿命大于10万小时,分别是普通日光灯和白炽灯的10倍与100倍,其耗电量仅相当于白炽灯的1/10、荧光灯的1/2,而且无汞污染,具有显著的高效节能和环保优势[31]。

1. 发展趋势及亟待解决的关键问题分析

如图1-14所示,2001～2009年我国年发电总量持续增长,年平均增长率为12.79%。预测到2020年,中国总发电量将达到5万亿～8万亿千瓦时,照明用电将达到6500亿～10 000亿千瓦时,并且我国照明用电呈现逐年增长的趋势[32]。照明用电的猛增、发电能源消耗的加剧,将导致我国的供电态势、环境与生态现状更加严峻。随着"低碳经济"的全面推动,绿色节能照明已成为焦点。LED照明产业具有巨大的市场价值,各国政府高度重视LED技术的发展,相继推出了各自的半导体照明计划,如美国的下一代照明计划、欧盟的彩虹计划、日本的21世纪照明计划、韩国的固态照明计划及中国台湾地区的次世纪照明光源开发计划等,已形成了世界性的半导体照明技术合围突破态势[33]。

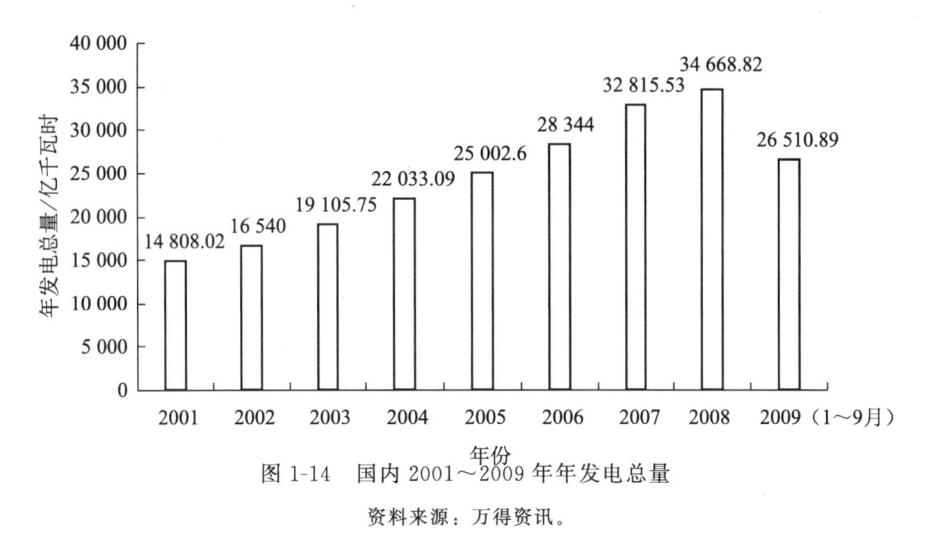

图1-14 国内2001～2009年年发电总量

资料来源:万得资讯。

目前,中国LED照明产业正快速发展,但核心器件的研发与生产还处于中、低层级,产业重心集中在下游封装和应用领域。大力发展LED照明技术不仅能促进绿色照明产业的迅速发展，而且对提高中国能源使用率和减缓全球变暖具有十分积极的推动作用，同时也是实现"节能减排"的重要举措。

2. 关键材料研究进展分析

1）GaN基材料

GaN属第三代半导体材料，六角纤锌矿结构，具有禁带宽度大、热导率高、耐高温、抗辐射、耐酸碱、高强度和高硬度等特性。GaN基材料主要包括GaN及其与InN、AlN的合金，其禁带宽度覆盖整个可见光及紫外光谱范围[34]。从表1-12可知，GaN是一种非常有应用前景的材料，各项优值远大于Si、GaAs等常用半导体材料，也大于β-SiC材料，仅次于金刚石薄膜。但金刚石薄膜因为难以掺杂，其研究和应用还没有突破性进展。

表1-12 主要半导体材料优越性比较[35]

指数	Si	GaAs	β-SiC	GaN	Diamond
Keyes优值指数/（瓦·厘米$^{-1}$·秒$^{-1}$·摄氏度）	1380	630	9030	11 800	44 400
Johnson优值指数/（10^{23}·瓦·欧姆·秒$^{-2}$）	9.0	62.5	2533	15 670	73 856
Baliga优值指数（相对）	1	15.7	4.4	24.6	101

注：Keyes优值指数表明材料适合制造集成电路的程度；Johnson优值指数表明材料适合制造高温大功率器件的程度；Baliga优值指数指适合制造功率开关的指标。优值指数越大，表明材料越适合制造相应器件。

GaN基材料的研究与开发已引起了各国的极大重视。目前，荷兰皇家飞利浦电子公司、通用电气公司等跨国公司正积极开发白光照明和汽车用GaN基LED产品。涉足GaN基电子器件开发最为活跃的企业包括美国克里公司、威讯联合半导体有限公司等。

目前，美国、日本等国家纷纷进行应用于照明GaN基白光LED的产业开发，并计划于2015～2020年取代白炽灯和日光灯，这将引发新的照明革命。2011年11月1日，国家发展和改革委员会（简称国家发改委）、商务部、海关总署、国家工商行政管理总局及国家质量监督检验检疫总局联合印发《关于逐步禁止进口和销售普通照明白炽灯的公告》，决定从2012年10月1日起，按功率大小分阶段逐步禁止进口和销售普通照明白炽灯[36]，预示着LED照明产业的巨大市场前景。国内GaN基材料研究亦已开始，主要体现在基础研究方面。中国科学院半导体研究所是国内最早开展GaN基微电子材料研究的机构，该所可小批量提供 AlGaN/GaN HEM 结构材料。

2）衬底材料

（1）GaN 衬底材料。全球许多大公司和研究机构都非常重视在 GaN 衬底技术方面的投入和研究[37~39]。在商用 GaN 衬底的供应方面，目前有日本的住友电气工业株式会社、三菱化学株式会社、古河机械金属株式会社，美国的克里公司、Kyma 公司，法国的 Lumilog 公司等可提供。由于公司的生产规模都很小，且产品的价格也高达几千美元/片，所以 GaN 衬底材料主要用于激光二极管的生产。只有当 GaN 衬底的价格接近蓝宝石衬底价格时，才有可能用于大规模生产制造 LED。

（2）SiC 衬底材料。在商业化 LED 衬底领域，SiC（碳化硅）的市场占有率处于第二位。但是由于 SiC 晶体制备成本高，目前主要为美国克里公司所采用，且该公司拥有大量专利，使得其他公司进入这个领域存在极高的门槛。国内外已有众多学者在从事该领域的研究工作[40-43]。

LED 照明材料国内外研究进展如表 1-13、表 1-14 所示。

表 1-13　国外 LED 照明材料研究进展

机构（企业）	所属国家	研究进展	技术性能	产业化情况
飞利浦流明公司	美国	暖白和中性白光 LUXEON K2 发光器	新白光具有 3000 开尔文和 4100 开尔文典型相对色温，显色性分别达到 80 和 75，相对色温范围现在可以达到 2670~10 000 开尔文	
克里公司	美国	SiC、GaN 材料的生产，以及 LED 芯片封装技术	Cree 460 纳米 LED 外部量子效率为 47%，白色发光效率为 80 流明/瓦	
通用电气照明有限公司	美国	Tetra 系列 LED 标志照明系统	该系统额定寿命达 50 000 小时，是标准 T12 HO（高输出）荧光系统的 4 倍，在每天 12 小时运行的情况下，可维持 11 年的稳定输出	
		Vio 高功率白光 LED	该芯片在 50 000 小时的额定寿命后，产生的色移不足 100 开尔文，解决了标准蓝光与三基色 LED 许多的内在颜色控制问题	
日亚化学工业株式会社	日本	DUV LED 器件	由 26 个 DUV LED 组成的发光系统在驱动电流是 1.85 安时的输出功率是 223 兆瓦，发光波长为 281 纳米	

续表

机构（企业）	所属国家	研究进展	技术性能	产业化情况
东京农业大学	日本	GaN衬底	由于采用多孔网状TiN掩模，位错集中于微空洞并使GaN横向生长，降低了位错密度，也容易剥离	
首尔半导体公司	韩国	"Acriche" LED系列	该系列无须使用AC-DC转换器即可点亮	
		无极性GaN结晶的高效率LED		产品将尽可能争取于2012年量产

表1-14 国内LED照明材料研究进展

机构（企业）	研究进展	技术性能	产业化情况
江西联创光电科技股份有限公司	新型半导体发光材料、半导体照明用大尺寸（1毫米×1毫米）高亮度LED芯片、大功率LED器件、半导体照明光源、灯具、LED汽车灯等产品的研究与开发		已经形成了LED外延、芯片、器件、背光源及半导体照明光源等较完整的产业链和规模化生产
三安光电股份有限公司	全色系超高亮度LED外延及芯片		现拥有1000～10 000级的现代化洁净厂房，数百台国内外最先进的LED外延生长和芯片制造设备，其中数十台MOCVD（金属有机化合物化学气相沉淀）设备为目前国际最为先进的外延生长设备
同方股份有限公司	LED芯片、液晶电视LED背光源		2010年8月清华同方南通LED半导体产业基地总投资30亿元；公司未来3年在LED光电产业的投资规模将高达30亿元，主要集中在芯片领域
杭州士兰微电子股份有限公司	LED芯片		2010年，该公司建成了功率模块封装线。2011年3月，芯片的月产达到12.8万片
中国科学院半导体研究所	LED材料及芯片技术		与北京朗波尔光电股份有限公司成立联合实验室，合作打造半导体照明应用技术
中国科学院苏州纳米技术与纳米仿生研究所	蓝光LED	该产品亮度高、寿命长，波长455～460纳米（背光源用），发光功率超过22兆瓦，正向电压>3.2伏	目前已开始批量生产

续表

机构（企业）	研究进展	技术性能	产业化情况
中国科学院苏州纳米技术与纳米仿生研究所	高亮 GaN 外延片、芯片、蓝光激光器		已与海外技术团队联合创办了一家从事 GaN 基蓝光、绿光超高亮度 LED 及激光器（LD）的研发与生产的公司
中国科学院长春应用化学所	高效率叠层型 OLED	该 OLED 只需要单发光层就能实现高效率	
中国科学院物理研究所	LED 衬底外延与芯片生产		2011 年 3 月，与厦门以晴集团有限公司合作建设"中国科学院物理所 LED 半导体生产试验基地"，计划 5 年内投入 50 亿元，建 100 条生产线

3) 固态照明材料的专利、科技成果计量分析

本部分的专利和科技成果计量分析将围绕上述 LED 照明关键材料展开。

基于 DII 数据库分析，通过检索侧重于关键材料研究的专利，得到世界固态照明材料的相关专利数量发展趋势，如图 1-15 所示，可以看出，专利的数量呈现明显的上升趋势，尤其是 2001 年以来，专利数量急剧上升，2006 年达到最高点，其后进入高速且较为平稳的发展阶段。

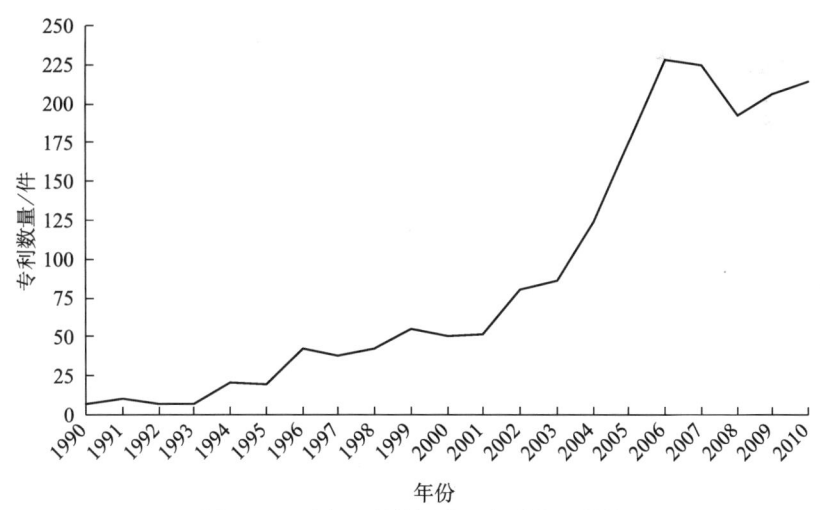

图 1-15 固态照明材料世界专利发展趋势

资料来源：DII 数据库。

基于国家知识产权局中外专利数据库分析，表 1-15 给出了中国 LED 照明材料专利申请数量在 7 件以上的申请机构，共 14 家。中国科学院院属各研究所的专利数量为 34 件，排在第一位。与国内其他机构相比，中国科学院的优势比较明显，而且仅中国科学院半导体研究所一个所的相关专利数量就达到了 20 件。

表 1-15 中国固态照明材料相关申请机构分布

序号	机构	专利数量/件
1	中国科学院	34
2	北京大学	21
3	上海蓝光科技有限公司	15
4	厦门市三安光电科技有限公司	15
5	山东华光光电子有限公司	13
6	三星电机株式会社	11
7	LG 伊诺特有限公司	10
8	克里公司	10
9	西安电子科技大学	8
10	丰田合成株式会社	8
11	南京大学	8
12	中山大学	8
13	杭州士兰明芯科技有限公司	7
14	方大集团股份有限公司	7

资料来源：国家知识产权局中外专利数据库。

基于国家科技成果数据库分析，LED 照明材料研究领域中主要成果完成机构的科技成果登记总量（总量大于 3）及其机构分布如图 1-16 所示。从科技成果登记总量来看，中国科学院在该领域主要科技成果达 57 件，以中国科学院长春光学精密机械与物理研究所和中国科学院半导体研究所为主。

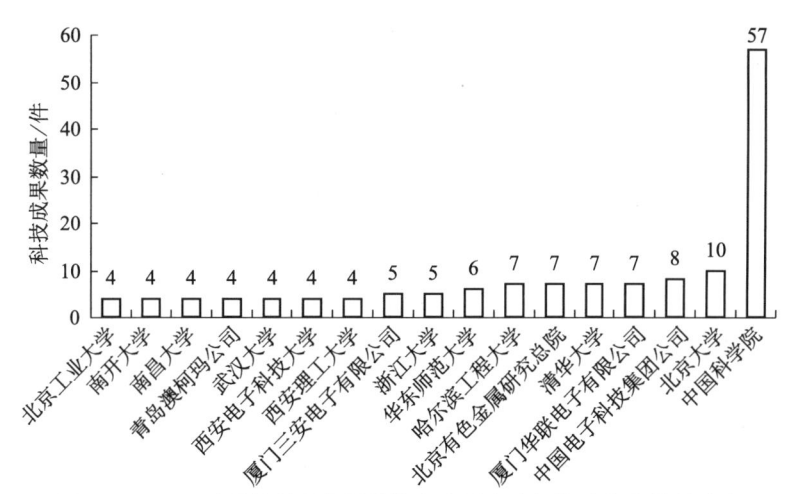

图 1-16 LED照明材料研究领域技术成果完成机构及产出数量分布

资料来源：国家科技成果数据库。

1.4 节能环保产业及其关键材料技术的SWOT分析

1.4.1 优势分析

1.4.1.1 科技优势明显

我国拥有众多科技实力雄厚的科研院所和高等院校，为节能环保产业的关键材料研发奠定了良好的基础。以固态照明材料为例（图1-16），中国科学院是LED照明材料研究科技成果主要产出机构，领先于北京大学等。通过产学研联合，把科研优势转变为现实生产力，对推动我国节能环保产业的发展十分有利。中国科学院在这些材料研究上也已有相应的前期部署并形成了很好的科技积累。

1.4.1.2 市场前景广阔

到2015年，我国节能环保产业总产值将达5.3万亿元，相当于同期GDP的10%左右，年均增长率达到20%；节能环保骨干企业产值年均增长率达30%，并将形成若干个年产值过 100 亿元的大型节能环保企业[44]。

1.4.2 劣势分析

1.4.2.1 科技优势未充分发挥，科技成果产业化程度不高

我国节能环保产业的科技成果转移转化率较低。一方面可能是因为有些研究同市场脱离，只有理论成果，不能转化为现实生产力；另一方面是因为现在的科技成果转化机制还不够完善。

1.4.2.2 相关法律法规标准体系有待完善

目前，中国有关部门已经制定了一些法规政策，以促进节能环保技术发展，但主要侧重于指导性、原则性方针政策，还缺乏系列配套的操作性较强的政策，因此难以取得政策倾斜的相关推动效应。

1.4.3 机会分析

1.4.3.1 国家宏观政策支持

我国政府部门制定了相应的政策予以支持节能环保产业的发展（表 1-16）。

表 1-16 节能环保产业中国政策分析

名称	发布日期及基本情况	节能环保产业主要政策
节能环保产业发展规划	2010 年 11 月 25 日通过国务院批准	制订了节能产业、环保产业和资源的循环利用产业三个方面的规划，促进绿色经济产业链的形成与发展
"十二五"节能环保装备专项规划	—	制定节能环保装备、产品标准体系，引导节能环保装备制造业有序发展
"十二五"能源发展规划	2011 年 3 月底完成编制	国内能源企业要占据关键技术和产业领域制高点，加快能源调整优化结构，大力培育新能源产业，落实 2020 年非化石能源消费比重提高到 15% 的目标，提高能源科技创新能力，支撑现代能源体系建设，继续实施"走出去"战略，深化能源国务实合作
"十二五"可再生能源发展规划	2011 年 6 月已上报国务院	该规划中基本确定 10 吉瓦的光伏发电装机总量目标

续表

名称	发布日期及基本情况	节能环保产业主要政策
关于逐步禁止进口和销售普通照明白炽灯的公告	2011年11月，国家发改委、商务部、海关总署、国家工商总局、国家质量监督检验检疫总局联合印发	从2012年10月1日起，按功率大小分阶段逐步禁止进口和销售普通照明白炽灯
半导体照明节能产业发展意见	2010年8月	鼓励国产装备，建立国产装备的风险补偿机制，支持关键设备国产化，并明确了半导体照明节能产业发展的六年计划
中华人民共和国节约能源法	2007年10月	实行有利于节能和环境保护的产业政策，限制发展高耗能、高污染行业，发展节能环保型产业。重点规定了工业节能、建筑节能、交通运输节能等节能标准及激励措施

1.4.3.2 地方政府大力支持

为进一步优化能源结构，节约资源，保护环境，促进经济发展方式转变，建设资源节约型、环境友好型社会，各地方政府纷纷出台了相应的政策予以支持。例如，"十二五"期间，武汉市将加快节能环保等战略性新兴产业发展，建设中部最大的节能环保产业基地，将以高效节能、清洁能源技术与装备、大气污染治理、水污染治理等为重点，着力突破关键技术和节能环保材料研发，推进重大项目建设。

1.4.4 威胁分析

1.4.4.1 国外企业进入对节能环保产业造成威胁

当前发达国家在全球节能环保市场占据90%以上的市场份额，其中大多数为节能环保设备及服务出口国。随着我国节能环保产品市场的全面开放，国外环保企业将以其技术优势和资金优势进入我国的节能环保市场，市场竞争也更加激烈，从而导致国内很多中小投资者生存困难，这将使我国的节能环保产业面临严峻挑战。

1.4.4.2 技术创新能力有待加强

与欧美、日本等国家和地区相比,我国在研发投入、实验条件、科研实力等方面还存在一定差距,技术创新能力有待进一步加强。

1.5 结　　论

当前,我国正处在经济结构调整的关键时期,能源资源紧缺已成为经济发展面临的重要挑战。因此,在全国大力发展低碳经济的背景下,节能环保产业无疑具有巨大的优势和发展前景。目前,我国节能环保产业体系虽已初步形成,但随着节能环保产业的迅速发展,一些问题也逐步出现。中国节能环保集团公司编写的《2010中国节能减排产业发展报告》指出,"节能环保企业普遍缺乏对产业发展有重大带动作用的关键技术和共性技术,自主创新能力弱,拥有自主知识产权和品牌、核心竞争力强的企业少,产品和服务的附加值低,对产业链拉动效果不明显,长远发展受制于国外等"[45]。

在节能环保技术领域及其所需关键材料方面,我国在物质转化材料、水处理膜材料、生物基碳中性材料、LED照明材料等方面具有一定研究实力和产业化经验,特别是中国科学院在这些领域的研究实力较强,将带动和引领国内相关领域的发展。

在物质转化材料领域,我国已有比较系统的研究。研究主要集中在催化材料结构与物质转化的关系上,对聚烯烃催化材料、过渡金属催化材料、手性催化材料和贵金属催化材料等的研究,为新一代材料的创制提供了物质基础和技术支撑。

在水处理膜材料领域,中国膜产业也已经进入快速增长期,2008年我国膜产业市场额度为200亿元,发展前景十分广阔,多个具有标志性意义的大型膜法给水工程、污水回用工程及海水淡化工程已经相继建成。

在生物基碳中性材料领域,全球研发的生物基碳中性材料已达几十种,已经工业化生产PHA、PLA、PCL、PBS、二氧化碳基塑料等。美国、日本、德国等国家的多个公司的生物基碳中性材料产品已经产业化和商业化,特别是美国奈琪沃克公司的聚乳酸达到了工业级规模，2010年产能扩建至14万吨。我国在该领域也表现出非常强的实力，深圳意可曼生物科技有限公司建立了5000吨/年聚羟基烷酸酯生产线，浙江海正集团有限公司建立了5000吨/年聚乳酸生产线，特别是中国科学院长春应用化学研究所等与企业合作建立了多条生物基碳中性材料中试线和生产线。

在LED照明材料领域，GaN基材料、GaN衬底及SiC基材料是当前及今后产业研发的重点，对突破新一代照明产业相关核心器件的研发与生产还处于中、低层级的现状具有十分重要的战略意义。

参考文献

[1] 江苏省经济和信息化委员会，江苏省环保厅. 江苏省节能环保产业发展规划纲要（2009～2012年）. 2010. http：//www.jiangsu.gov.cn/tmzf/szfxxgk/szfxxgkml/sgmjjhshfzgh/zy-ghhqygh/201004/P020100427397753540916.doc [2011-04-02].

[2] 国务院. 国务院关于加快培育和发展战略性新兴产业的决定. 2010. http：//www.gov.cn/zwgk/2010-10/18/content_1724848.htm [2011-04-02].

[3] 华创证券研究所. 电力节能：电力电子技术是节能产业腾飞的关键. 2010. http：//www.docin.com/p-113276253.html [2011-04-08].

[4] 王金南，逯元堂，吴舜译，等. 国家"十二五"环保产业预测及政策分析. 中国环保产业，2010，(6)：24-29.

[5] 中国资源综合利用协会. 中国再生资源产业技术创新战略联盟在北京成立. 2009. http：//www.carcu.org/html/xiehuigongzuo/2009/1028/3825.html [2011-04-08].

[6] 新华社. 国务院总理温家宝：让科技引领中国可持续发展. 2009. http：//www.gov.cn/ldhd/2009-11/23/content_1471208.htm [2011-04-12].

[7] Anastas P T. Green chemistry and the role of analytical methodology development. Critical Reviews in Analytical Chemistry，1999，29（3）：167-175.

[8] 西晓丽，王熠. 世界聚丙烯催化剂技术新进展. 上海化工，2005，30（3）：28-31.

[9] 佚名. Nova Chemicals introduces SCLAIR ASTute FP120 octene PE resins for films. 2002. http：//www.novachem.com/appl/prelease/news.cfm?ID=162 [2011-04-15].

［10］Goyal S K，Boparai M. Processability and film performance of single site bimodals LLDPE resins. Boston：Annual Technical Conference，2005，5：1-5.

［11］Lee S C，Jang J H，Lee B Y，et al. Promotion of hydrocarbon selectivity in CO_2 hydrogenation by Ru component. Journal of Molecular Catalysis a-Chemical，2004，210 (1-2)：131-141.

［12］Niemela M，Nokkosmaki M. Activation of carbon dioxide on Fe-catalysts. Catalysis Today，2005，100 (3-4)：269-274.

［13］Prasad P S S，Bae J W，Jun K W，et al. Fischer-tropsch synthesis by carbon dioxide hydrogenation on Fe-based catalysts. Catalysis Surveys from Asia，2008，12 (3)：170-183.

［14］Kieffer R，Ramaroson E，Deluzarche A，et al. A comparison of reactivity in the synthesis of methanol from $CO_2 + H_2$ and $CO + H_2$ （catalysts Cu，Zn/Al_2O_3，$p = 515 \times 10^4$ Pa）. Reaction Kinetics and Catalysis letters，1981，16 (2-3)：207-212.

［15］Toyir J，de la Piscina P R，Fierro J L G，et al. Highly effective conversion of CO_2 to methanol over supported and promoted copper-based catalysts：influence of support and promoter. Applied Catalysis B：Environmental，2001，29 (3)：207-215.

［16］Dietrich J，Schindler S. Kinetic studies on the hydrogenation of carbon dioxide to formic acid using a rhodium complex as catalyst. Zeitschrift Fur Anorganische Und Allgemeine Chemie，2008，634 (14)：2487-2494.

［17］Shibasaki M，Matsunaga S. Design and application of linked-BINOL chiral ligands in bifunctional asymmetric catalysis. Chemical Society Reviews，2006，35 (3)：269-279.

［18］Futatsugi K，Yamamoto H. Designer acids：combined acid catalysis for asymmetric synthesis. Angewandte Chemie International Edition，2005，44 (13)：1924-1942.

［19］Du H F，Yuan W C，Zhao B G，et al. A pd (0) -catalyzed diamination of terminal olefins at allylic and homoallylic carbons via formal C-H activation under solvent-free conditions. Journal of the American Chemical Society，2007，129 (24)：7496，7497.

［20］Schoemaker H E，Mink D，Wubbolts M G. Dispelling the myths Biocatalysis in industrial synthesis. Science，2003，299 (5613)：1694-1697.

［21］Reetz M T，Zanta A，Schimossek K，et al. Creation of enantioselective biocatalysts for organic chemistry by in vitro evolution. Angewandte Chemie International Edition，1997，36 (24)：2830-2832.

［22］Reetz M T，Jiao N. Copper-phthalocyanine conjugates of serum albumins as enantioselective catalysts in diels-alder reactions. Angewandte Chemie International Edition, 2006, 45 (15): 2416-2419.

[23] Letondor C, Pordea A, Humbent N, et al. Artificial transfer hydrogenases based on the biotin-streptavidin technology: fine tuning the selectivity by saturation mutagenesis of the host protein. Journal of the American Chemical Society, 2006, 128 (25): 8320-8328.

[24] 李楠, 刘伟军, 恭流柱. 手性有机小分子催化最新进展. 化学进展, 2010, 22 (7): 1362-1379.

[25] Kim D H, Woo S I, Noh J, et al. Synergistic effect of vanadium and zirconium oxides in the Pd-only three-way catalysts synthesized by sol-gel method. Applied Catalysis A-General, 2001, 207 (1-2), 69-77.

[26] 镇平. 福特汽车与昆明贵金属所开发成功新型稀土催化剂. 精细与专用化学品, 2003, 11 (1): 24.

[27] 杨晓婵. 日本开发出贵金属可自我再生的汽车用催化剂. 现代材料动态, 2003, (1): 10.

[28] Bonet F, Grugeon S, Urbina R H, et al. In situ deposition of silver and palladium nanoparticles prepared by the polyol process, and their performance as catalytic converters of automobile exhaust gases. Solid State Sciences, 2002, 4 (5): 665-670.

[29] 陈其珏. 分离膜十二五规划上报将迎"黄金十年". 2008. http://www.enviroinvest.com.cn/news/index_look.asp?bgclass=312&newsid=31335 [2011-04-18].

[30] 中国环保联盟. 水处理新技术助力破水短缺和水污染难题. 2011. http://www.epun.cn/huanbao/45744.htm [2011-04-18].

[31] 解文杰. 白光LED用硅基氧氮化物荧光粉的研究. 合肥: 中国科学技术大学博士学位论文, 2010: 9.

[32] 深圳三一纳米节能技术股份有限公司. 第二届中国城市节能减排高峰论坛人民政协报12.02特刊. 2011. http://www.cnnmjn.com/news/gsnews/74153953672.html [2011-04-22].

[33] 陈弘, 江洋, 王文新. 以创新科技推动LED照明产业的发展. 新材料产业, 2011, (1): 72-74.

[34] 刘一兵, 黄新民, 刘国华. GaN基材料及其外延生长技术研究. 纳米材料与结构, 2008, (3): 153-157.

[35] Yorder M N. Wide bandgap semiconductor materials and devices. Ieee Transactions on

Electron Devices，1996，43（10）：1633-1636.

[36] 国家发展和改革委员会，商务部，海关总署，等．关于逐步禁止进口和销售普通照明白炽灯的公告．2011.http：//www.gov.cn/zwgk/2011-11/14/content_1992476.htm［2011-11-20］．

[37] Xu X P，Vaudo R P，Loria C. Fabrication of GaN wafer for electronic and optical electronic devices. Journal of Crystal Growth，2002，246（3-4）：223-231.

[38] Yshinao K，Hisashi M，Hisashi S. Thick and high-quality GaN growth on GaAs（Ⅲ）substrates for preparation of free- standing GaN. Journal of Crystal Growth，2002，246（3-4）：215-222.

[39] Kensaku M，Takuji D. Growth and characterization of free standing GaN substrates. Journal of Crystal Growth，2002，212（1-2）：237-239.

[40] Teles L K，Scolfaro L M R，Enderlein R，et al. Structural properties of cubic GaN epitaxial layer grown on β-SiC. Journal of Applied Physics，1996，80（11），6322-6328.

[41] Stadele M，Majewski J A，Vogl P. Stability and band offsets of polar GaN/SiC（001）and AlN/SiC（001）interfaces. Physical Review B，1997，56（11）：6911-6920.

[42] 宋友林，杨仕娥，贾瑜．立方相GaN/β-SiC（100）（2×1）混合界面的电子结构．郑州大学学报，2003，35（3）：38-42.

[43] 辛永松，张百新，戴宪起．6H-SiC（0001）衬底结构对GaN膜结构的影响第一原理研究．河南师范大学学报，2007，35（2）：66-68.

[44] 上海市经济和信息化委员会．十二五规划起航节能环保产业担当重任．2011.http：//www.sheitc.gov.cn/jjyw/628825.htm［2011-07-12］．

[45] 郭锦辉．节能环保市场广阔 提升技术是关键．2011.http：//www.gesep.com/News/Show_2_280096.html［2011-04-25］．

第 2 章

新一代信息技术产业之关键材料分析

第2章 新一代信息技术产业之关键材料分析

2.1 新一代信息技术产业概述

《国务院关于加快培育和发展战略性新兴产业的决定》指出:"新一代信息技术产业着力加快建设宽带、泛在、融合、安全的信息网络基础设施,推动新一代移动通信、下一代互联网核心设备和智能终端的研发及产业化,加快推进三网融合,促进物联网、云计算的研发和示范应用。着力发展集成电路、新型显示、高端软件、高端服务器等核心基础产业。"[1]

可以看出,发展新一代信息技术产业要提高系统集成能力[2],完善产业链,壮大产业群,从外围向核心推进,从加工装配向研发制造转型,实现产业规模再上新台阶。重点发展下一代互联网、物联网(IOT)、新型平板显示、高性能集成电路、云计算等产业领域。新一代信息技术产业分类、概念及市场容量如表2-1所示。

表2-1 新一代信息技术产业分类、概念及市场容量

产业分类	产业概念	市场容量
下一代通信网络	下一代通信网络是能够提供包括语音、数据、视频和多媒体业务的基于分组技术的综合开放的网络架构,代表了通信网络发展的方向[3]	预计2010~2013年FTTH(光纤到户)和FTTB(光纤到楼)用户复合增长率将达到55.4%
物联网	物联网就是"物物相连的互联网"。通过射频识别(RFID)、红外感应器、全球定位系统、激光扫描器等信息传感设备,按约定的协议,把任何物体与互联网相连接,进行信息交换和通信,以实现对物体的智能化识别、定位、跟踪、监控和管理的一种网络[4]	2010年,中国物联网产业市场规模超过2000亿元[5]。预计到2015年,中国物联网市场规模将达到7500亿元,年复合增长率超过30%
新型平板显示	新型平板显示技术不仅包含显示技术本身,还包括与显示设备关系密切的其他技术。新型平板显示技术的主要分为微型显示[包括DMD(数字微透镜装置)、LCoS(硅基液晶)和OLED(有机发光二极管)]、立体显示(包括体视显示技术、体三维显示技术、全息立体显示技术)、电子纸(柔性平板显示)、LED背光、高端触摸屏和平板显示上游材料等	2010年,全球薄膜晶体管液晶显示(TFT-LCD)面板总市场规模达到640亿美元;2010年,全球OLED市场规模超过11.6亿美元;2010年,全球柔性平板显示市场规模达到2.8亿美元

续表

产业分类	产业概念	市场容量
高性能集成电路	高性能集成电路是采用半导体制作工艺，在一块较小的单晶硅片上制作许多晶体管及电阻器、电容器等元器件，并按照多层布线或隧道布线的方法将元器件组成完整的电子电路	2010年，中国集成电路产业市场规模达到1440亿元。预计到2015年，中国集成电路产业市场规模将达到12 000亿元[6]
云计算	美国国家标准与技术研究院的定义：云计算是一种资源利用模式。它能以简便的途径和以按需使用的方式通过网络访问可配置的计算资源（网络、服务器、存储、应用、服务等），这些资源可快速部署，并能以最小的管理代价或只需服务提供商开展少量的工作就可实现资源发布	2010年，中国云计算产业市场规模达到167亿元。预计到2015年，中国云计算产业市场规模达到606亿元[7]

资料来源：根据《国务院关于加快培育和发展战略性新兴产业的决定》整理。

2.2　新一代信息技术产业的产业链与技术链分析

2.2.1　物联网产业技术链

物联网产业技术链按功能划分为应用层、传送层和感知层[8]，具体如图2-1所示。

2.2.2　新型平板显示产业技术链

新型平板显示产业技术链按产品划分为上中下游，具体如图2-2所示[9]。

2.2.3　通信网络产业技术链

通信网络产业技术链按产品功能及上中下游产业链划分为芯片研发/制造、协议栈软件开发、通信测试系统、终端设备、网络设备和网络运营商[10]，具体如图2-3所示。

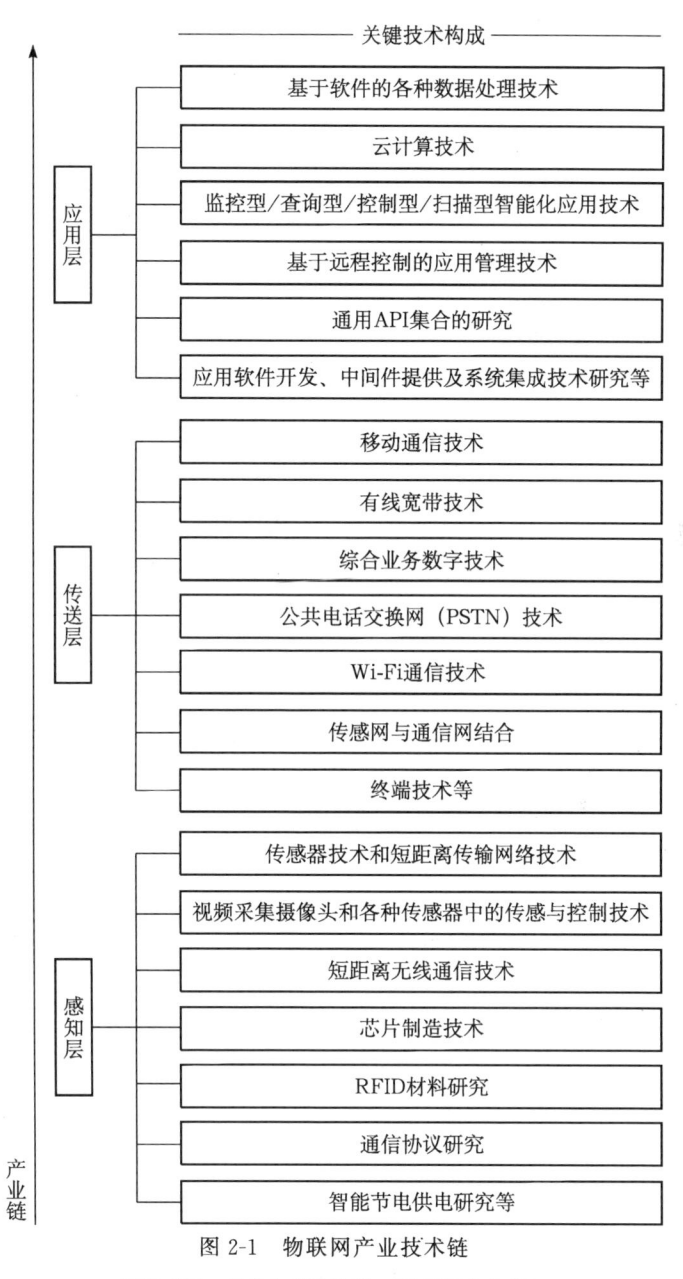

第2章 新一代信息技术产业之关键材料分析

```
                    ┌───── 关键技术构成 ─────┐
         ┌─ 基于软件的各种数据处理技术
         ├─ 云计算技术
   应用层 ├─ 监控型/查询型/控制型/扫描型智能化应用技术
         ├─ 基于远程控制的应用管理技术
         ├─ 通用API集合的研究
         └─ 应用软件开发、中间件提供及系统集成技术研究等

         ┌─ 移动通信技术
         ├─ 有线宽带技术
         ├─ 综合业务数字技术
   传送层 ├─ 公共电话交换网（PSTN）技术
         ├─ Wi-Fi通信技术
         ├─ 传感网与通信网结合
         └─ 终端技术等

         ┌─ 传感器技术和短距离传输网络技术
         ├─ 视频采集摄像头和各种传感器中的传感与控制技术
         ├─ 短距离无线通信技术
   感知层 ├─ 芯片制造技术
         ├─ RFID材料研究
         ├─ 通信协议研究
         └─ 智能节电供电研究等
产业链
```

图 2-1 物联网产业技术链

资料来源：工业和信息化部，《物联网白皮书》。

战略性新兴产业新材料报告

产业链

产业链上游： ITO导电玻璃、偏光片、掩膜、彩色滤光片、镀膜设备、衬垫料、液晶材料等

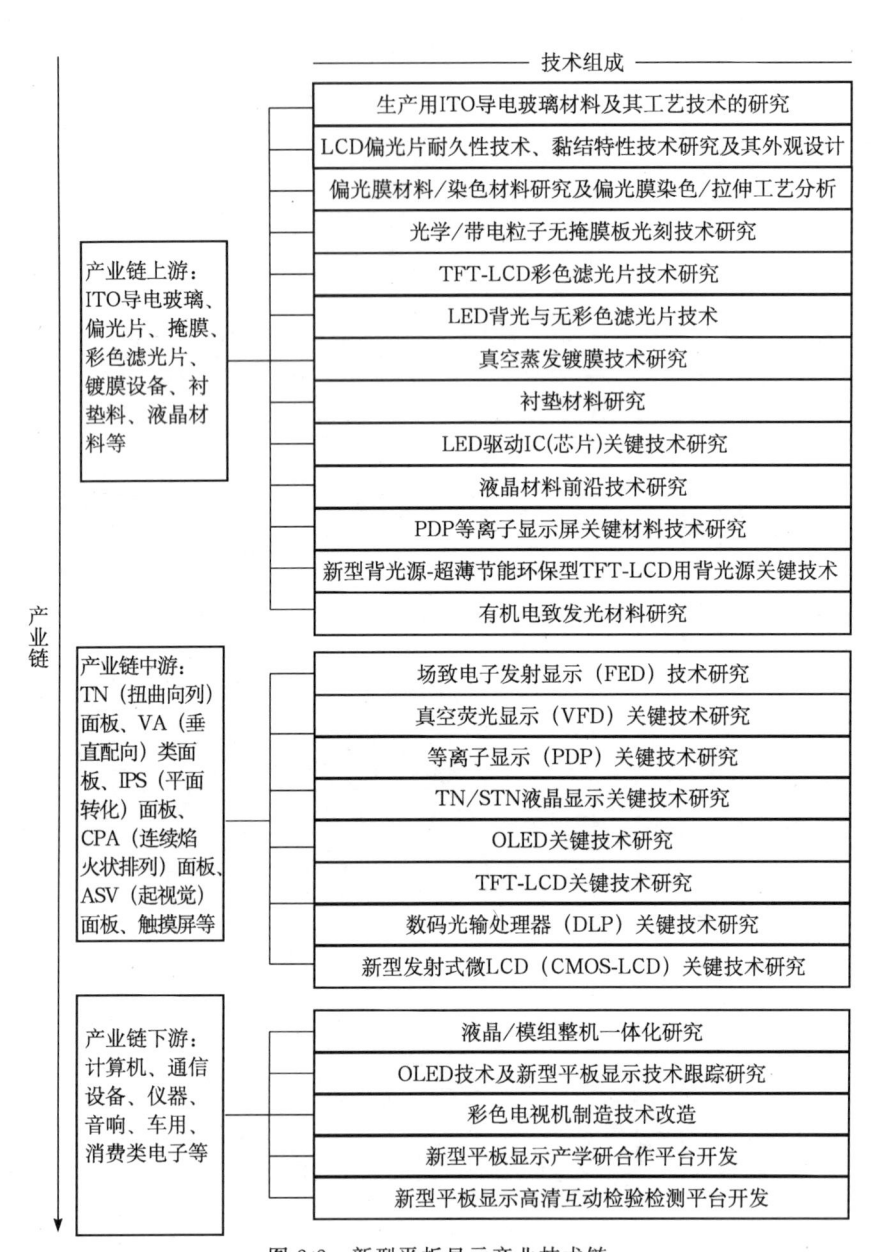

技术组成：
- 生产用ITO导电玻璃材料及其工艺技术的研究
- LCD偏光片耐久性技术、黏结特性技术研究及其外观设计
- 偏光膜材料/染色材料研究及偏光膜染色/拉伸工艺分析
- 光学/带电粒子无掩膜板光刻技术研究
- TFT-LCD彩色滤光片技术研究
- LED背光与无彩色滤光片技术
- 真空蒸发镀膜技术研究
- 衬垫材料研究
- LED驱动IC（芯片）关键技术研究
- 液晶材料前沿技术研究
- PDP等离子显示屏关键材料技术研究
- 新型背光源-超薄节能环保型TFT-LCD用背光源关键技术
- 有机电致发光材料研究

产业链中游： TN（扭曲向列）面板、VA（垂直配向）类面板、IPS（平面转化）面板、CPA（连续焰火状排列）面板、ASV（起视觉）面板、触摸屏等

- 场致电子发射显示（FED）技术研究
- 真空荧光显示（VFD）关键技术研究
- 等离子显示（PDP）关键技术研究
- TN/STN液晶显示关键技术研究
- OLED关键技术研究
- TFT-LCD关键技术研究
- 数码光输处理器（DLP）关键技术研究
- 新型发射式微LCD（CMOS-LCD）关键技术研究

产业链下游： 计算机、通信设备、仪器、音响、车用、消费类电子等

- 液晶/模组整机一体化研究
- OLED技术及新型平板显示技术跟踪研究
- 彩色电视机制造技术改造
- 新型平板显示产学研合作平台开发
- 新型平板显示高清互动检验检测平台开发

图 2-2　新型平板显示产业技术链

资料来源：《新型平板显示技术和产业发展战略》。

第2章 新一代信息技术产业之关键材料分析

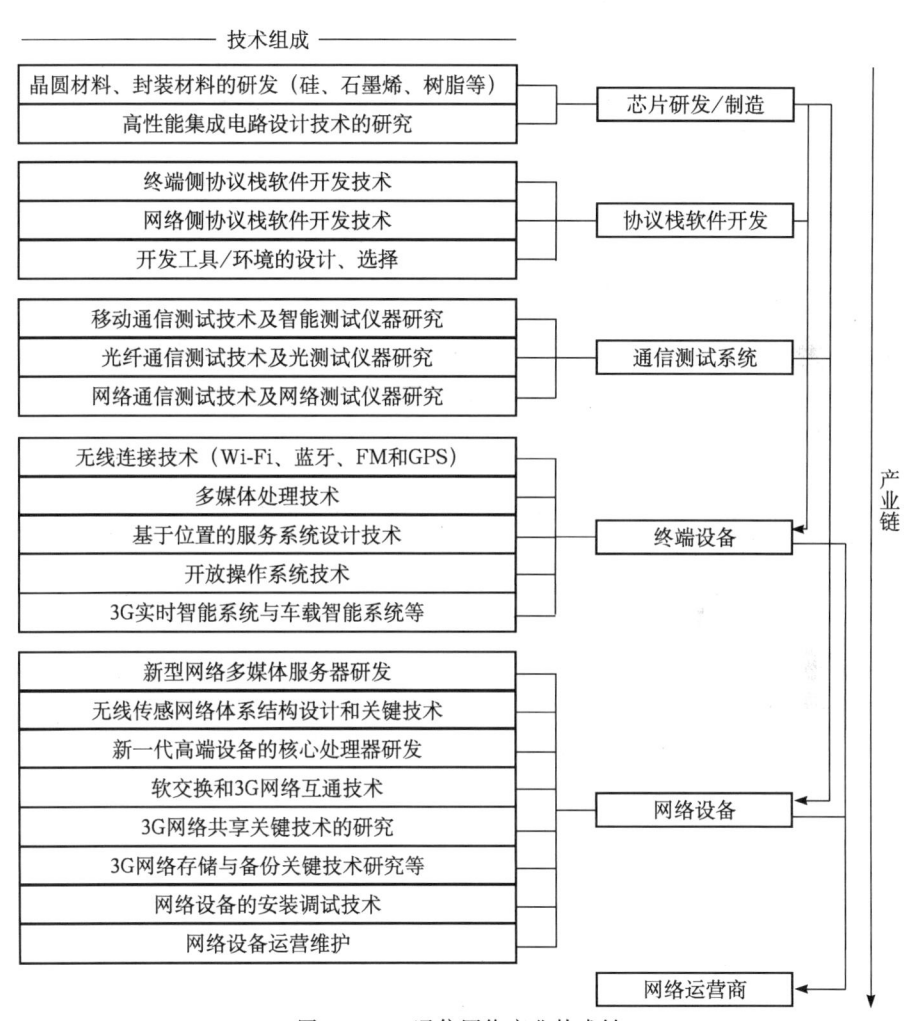

```
┌─── 技术组成 ───┐

┌─────────────────────────────────────────┐
│ 晶圆材料、封装材料的研发（硅、石墨烯、树脂等） ├┐
├─────────────────────────────────────────┤├── 芯片研发/制造 ──┐
│ 高性能集成电路设计技术的研究              ├┘                  │
└─────────────────────────────────────────┘                    │

┌─────────────────────────────────────────┐                    │
│ 终端侧协议栈软件开发技术                  ├┐                  │
├─────────────────────────────────────────┤│                  │
│ 网络侧协议栈软件开发技术                  ├┼── 协议栈软件开发 │
├─────────────────────────────────────────┤│                  │
│ 开发工具/环境的设计、选择                 ├┘                  │
└─────────────────────────────────────────┘                    │

┌─────────────────────────────────────────┐                    产
│ 移动通信测试技术及智能测试仪器研究        ├┐                  业
├─────────────────────────────────────────┤│                  链
│ 光纤通信测试技术及光测试仪器研究          ├┼── 通信测试系统   │
├─────────────────────────────────────────┤│                  │
│ 网络通信测试技术及网络测试仪器研究        ├┘                  │
└─────────────────────────────────────────┘                    │

┌─────────────────────────────────────────┐                    │
│ 无线连接技术（Wi-Fi、蓝牙、FM和GPS）      ├┐                  │
├─────────────────────────────────────────┤│                  │
│ 多媒体处理技术                            ├┤                  │
├─────────────────────────────────────────┤│                  │
│ 基于位置的服务系统设计技术                ├┼── 终端设备 ──────┤
├─────────────────────────────────────────┤│                  │
│ 开放操作系统技术                          ├┤                  │
├─────────────────────────────────────────┤│                  │
│ 3G实时智能系统与车载智能系统等            ├┘                  │
└─────────────────────────────────────────┘                    │

┌─────────────────────────────────────────┐                    │
│ 新型网络多媒体服务器研发                  ├┐                  │
├─────────────────────────────────────────┤│                  │
│ 无线传感网络体系结构设计和关键技术        ├┤                  │
├─────────────────────────────────────────┤│                  │
│ 新一代高端设备的核心处理器研究            ├┤                  │
├─────────────────────────────────────────┤│                  │
│ 软交换和3G网络互通技术                    ├┼── 网络设备 ──────┤
├─────────────────────────────────────────┤│                  │
│ 3G网络共享关键技术的研究                  ├┤                  │
├─────────────────────────────────────────┤│                  │
│ 3G网络存储与备份关键技术研究等            ├┤                  │
├─────────────────────────────────────────┤│                  │
│ 网络设备的安装调试技术                    ├┤                  │
├─────────────────────────────────────────┤│                  │
│ 网络设备运营维护                          ├┘                  │
└─────────────────────────────────────────┘                    │

                                            网络运营商 ────────┘
```

图 2-3 3G 通信网络产业技术链

资料来源：赛迪网，《2010～2011 年中国通信市场发展回顾与展望》。

2.2.4 高性能集成电路产业技术链

高性能集成电路按产品加工和制造的上中下游划分为晶圆制造/封装原材料、集成电路制造设备/封装测试设备和终端设备，具体如图 2-4 所示[11,12]。

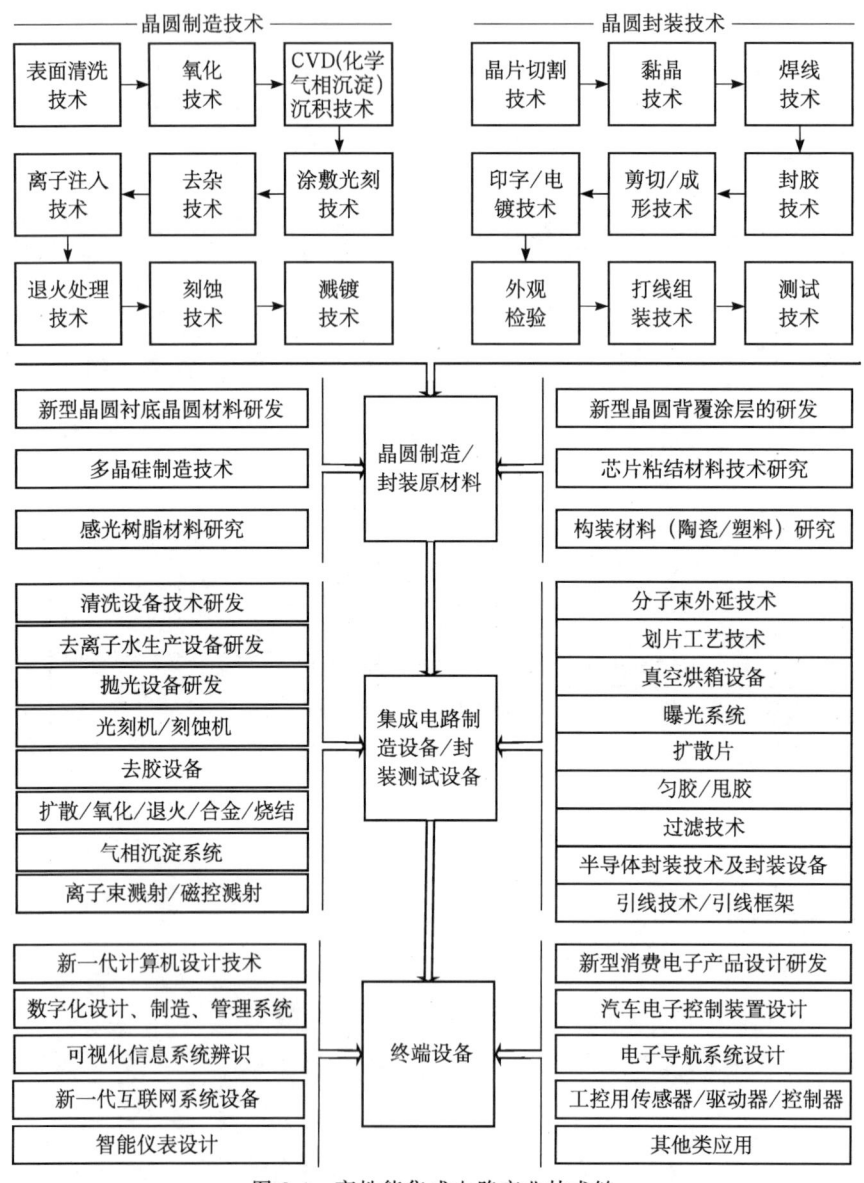

图 2-4 高性能集成电路产业技术链
资料来源：《我国集成电路产业自主创新战略的对策思考》。

2.2.5 新一代信息技术产业链及相关材料

从上述技术链可以看出：核心电子器件、高端通用芯片及基础软件产品等领域在新一代信息产业发展中占有重要地位，一些新技术和新材料会从上述领域中产生[13]。从以上产业技术链分析得出相关产业所涉及的核心材料大致包括表 2-2 所示内容。

表 2-2　新一代信息技术产业链及相关材料汇总

产业分类	上游	中游	下游	产业中的主要材料
下一代通信网络	芯片制造、网络测试	网络设备制造、终端制造、系统集成服务、内容提供、服务提供、应用软件开发等	电信运营服务	芯片材料、光电材料、光纤材料
物联网	芯片制造、传感器设备、执行器设备、RFID、二维码、智能装置等设备制造	系统集成、信息处理、云计算、解析服务、网络管理、Web 服务等	电信运营服务、管理咨询服务、M2M 服务等、原始设备制造服务等	芯片材料、光电材料、光纤材料、RFID 材料
新型平板显示	ITO（纳米铟锡金属氧化物）导电玻璃、偏光片、掩膜、彩色滤光片、镀膜设备、衬垫料、液晶材料等	TN 面板、VA 类面板、IPS 面板、CPA 面板（ASV 面板）、电阻式模块触摸屏、红外模块触摸屏等	计算机、通信、仪器、音响、工业、车用、消费类电子	芯片材料、光电材料、ITO 导电玻璃材料、偏光膜材料、荧光染料（OLED 用）、液晶材料、PDP 用材料
高性能集成电路	单晶片、多晶硅、外延片、单晶棒、芯片黏结材料、感光树脂材料、陶瓷/塑料等材料的研制	芯片制造、高性能集成电路制造设备研制、芯片封装测试设备研制	计算机制造、消费电子、通信设备、工业控制、智能卡等应用	芯片材料、光电材料
云计算	OS（操作系统）、数据库、虚拟化、信息安全、芯片制造设备、服务器设备、存储设备、网络设备	云平台开发、系统集成、云应用服务、云计算服务、云平台服务	云平台、云计算用户服务	芯片材料、光电材料

资料来源：根据《国务院关于加快培育和发展战略性新兴产业的决定》整理。

2.3 新一代信息技术产业中的关键材料分析

2.3.1 产业中关键材料及其相关技术分析

由产业链和技术链分析得出，新一代信息技术产业中的关键材料及技术的应用领域主要包括以下内容[14-16]，如表 2-3 所示。

表 2-3　产业中主要材料及技术

产业分类	产业中主要材料	与材料相关技术
高性能集成电路	(1) 芯片材料：单晶材料、高 k/金属栅极材料、超低 k 栅极材料、沟道材料、金属氧化物薄膜材料、石墨烯材料、感光树脂材料、构装材料（陶瓷/塑料）、应变硅材料 (2) 光电材料：低维半导体材料（量子点材料、量子线材料、量子阱材料）、稀磁半导体材料、红外探测材料、激光材料	涂敷光刻技术、曝光技术、Ⅲ-Ⅴ族沟道材料与 Si 之间的工艺整合技术、CMOx 新存储器技术、分子束外延技术、半导体封装技术、Cu/low-k（碳纳米管）布线技术、光阻胶技术、离子束溅射/磁控溅射技术、气相沉淀技术、过滤技术等
新型平板显示	(1) 芯片材料（同上） (2) 光电材料（同上）	LED 背光与无彩色滤光片技术、新型背光源-超薄节能环保型 TFT-LCD 用背光源技术、光学/带电粒子无掩膜板光刻技术等
下一代通信网络	(1) 芯片材料（同上） (2) 光电材料（同上）	高性能集成电路设计技术、光纤制备技术、新一代高端设备核心处理器设计技术等
物联网	(1) 芯片材料（同上） (2) 光电材料（同上）	低功耗无线射频识别芯片技术、纳米技术、新型存储技术、芯片安全技术、射频识别芯片与传感器集成技术
云计算	(1) 芯片材料（同上） (2) 光电材料（同上）	高性能集成电路设计技术、设备/存储虚拟化技术

新一代信息技术产业中的关键材料的主要应用领域如表 2-4 所示。

表 2-4　产业中的关键材料及主要应用领域

材料分类	关键材料	主要用途
芯片材料	单晶材料	晶圆
	应变硅材料	衬底
	高 k/金属栅极材料	栅极介电质
	超低 k 栅极材料	金属互联线
	沟道材料	沟道层

续表

材料分类	关键材料	主要用途
芯片材料	金属氧化物薄膜材料	存储器
	石墨烯材料	晶圆、超级电容器、显示器件等
	感光树脂材料	光刻胶、光固化黏结剂等
	构装材料（陶瓷/塑料）	芯片构装
光电材料	低维半导体材料（量子点材料、量子线材料、量子阱材料等）	激光器、大规模集成电路用存储器件
	稀磁半导体材料	自旋电子器件、光隔离器件、激光器件
	红外探测材料（HgCdTe材料）	红外探测仪
	激光材料	光纤通信器件、激光器件
	光纤材料	光纤通信器件
	非线性光学材料	激光频率转换、四波混频、光束转向、图像放大、光信息处理、光存储器件、光纤通信器件

资料来源：根据《国际半导体技术发展路线图》（2010修订版）整理。

2.3.2 产业中关键材料技术瓶颈分析

根据《国际半导体技术发展路线图》[17]（2010修订版）可知：国际上已开始对"CMOS按比例缩小"的理论极限问题开展研究。如"高k/金属栅极材料的使用与抑制由于带隙变窄引起的隧穿电流"、"合成/过渡金属氧化物阻性单元"、"Ⅲ-Ⅴ族沟道材料与Si之间的工艺整合技术"等问题亟待解决，具体瓶颈问题如表2-5所示。

表2-5 产业中"≤16纳米关键材料"研究的瓶颈问题

≤16纳米的瓶颈问题	问题总结
高性能地将替代性的沟道材料集成进来	(1) Ⅲ-Ⅴ族化合物半导体具有高电子迁移率，但是空穴迁移率低； (2) 锗具有较高的空穴迁移率，但是电子迁移率没有Ⅲ-Ⅴ族材料高； (3) 展示高迁移率的n和p沟道替代材料，和高k介质集成在一起； (4) 展示高迁移率的n和p沟道碳（石墨烯或碳纳米管）FET，具有高开/关比率，和高k介质及低电阻接触共同集成在一起； (5) 在预定位置选择性地生长替代性的沟道材料，并且该沟道材料硅晶晶向及特性具有可控性，如Ⅲ-Ⅴ族化合物半导体、石墨烯、碳纳米管以及半导体纳米管； (6) 实现低接触电阻，到≤16纳米级的结构（石墨烯和碳纳米管）； (7) 锗掺杂物的热激活要比Ⅲ-Ⅴ工艺温度高得多； (8) 在替代性沟道材料中生长未固定费米能级的高k介质

续表

≤16纳米的瓶颈问题	问题总结
对纳米结构和性能的控制	(1) 对≤16纳米结构在光刻胶或其他与制造相关的材料上图形生成的能力; (2) 碳纳米管特性、带隙分布和金属碎片的控制; (3) 在复杂金属氧化物中的化学计量学和空穴成分的控制; (4) 在自旋材料中纳米级相态隔离的控制和鉴别; (5) 表面和界面的控制; (6) 生长和异质界面形变的控制; (7) 界面特性（如电迁移）的控制; (8) 基于"混合物规则"预测纳米组分特性的能力; (9) 能够帮助实现量化的结构特性关联和强健的纳米材料设计能力的数据和模型
控制纳米结构的自组装	(1) 纳米结构定位组装问题，如碳纳米管、纳米线或量子点在器件中精确定位与互连问题; (2) 自组装的有图形材料的线宽的控制; (3) 自组装材料的对准和缺陷的控制
纳米结构特性管理的特征分析	(1) 界面结构、在界面处低维度材料的电子和自旋特性的关联; (2) 低原子量结构和缺陷的特征分析（如碳纳米管、石墨碳结构等）; (3) 材料中自旋浓度的特征分析; (4) 空穴浓度的特征分析以及它对复杂氧化层特性的影响; (5) 3D分子和纳米材料结构的特性关联
对嵌入式界面和母体组织的特性的特征分析	(1) 嵌入式分子的电学接触的特征分析; (2) 在复杂氧化层的氢空位的角色以及与特性的关系的特征分析; (3) 界面间自旋极化电子的输运的特征分析; (4) 对结构和在复杂氧化层中的电学界面态的特征分析
材料和结构的功能的基础热动力学稳定性	(1) 分子和自组装结构的几何、形态和粗糙性; (2) 与器件结构相关联的特性，如铁磁自旋和缺陷; (3) 掺杂位置和器件离散性

资料来源：根据《国际半导体技术发展路线图》(2010修订版)整理。

《国际半导体技术发展路线图》(2010修订版)指出，材料限制的器件按比例缩小几乎给前端工艺的各种材料和单元工艺都带来了新要求，从硅晶圆基片到基础的平面CMOS功能块和存储器存储结构。平面CMOS工艺按比例缩小正在变得越来越困难。具体瓶颈问题如表2-6所示。

表 2-6 产业中材料制备的前端工艺的瓶颈问题

分类	问题总结
≥16 纳米的瓶颈问题（金属半节距）	(1) 形变工程：对不断增加的器件性能，持续改善、应用 FDSOI（平面晶体管技术）和多栅技术； (2) 实现 DRAM（动态随机存储器）单元电容的尺寸缩小，找到介电常数大约为 60 的强健的介质材料，找到具有高功能函数的电极材料； (3) 实现没有致命缺陷的清洁表面：没有图形的损伤，材料损失低； (4) 高 k/金属栅：引入至高性能、低运行功率和低待机功率电路的大规模制造，等效氧化层厚度（EOT）按比例缩小至 0.8 纳米以下； (5) 450 毫米晶圆：满足生产级的质量和数量
≤16 纳米的瓶颈问题（金属半节距）	(1) 高性能多栅器件在各个方面持续地按比例缩小：EOT、结、迁移率增强、新沟道材料、寄生的串联电阻、接触的硅化物； (2) 通过 $4F^2$ 单元或类似方案来降低 DRAM 电容需求，同时继续应对材料方面的挑战； (3) 继续提高清洁表面，同时消除材料损耗和表面损耗，以及亚关键尺寸的颗粒缺陷； (4) 持续的 EOT 按比例缩小 0.7 纳米以下，并使用适当的金属栅； (5) 在尺寸按比例缩小的情况下，持续提高电荷保持能力，并引入新的、不基于电荷的 NVM 技术

资料来源：根据《国际半导体技术发展路线图》（2010 修订版）整理。

2.3.3 产业中关键材料发展趋势分析

2.3.3.1 全球新兴材料发展状况分析

1. 介质与微结构材料发展状况

从全球信息产业的发展趋势来看，信息传输载体在逐步从电子向光电子和光子转换，这主要是因为信息时代对超大容量信息传输、超快实时信息处理和超高密度信息存储的需求。信息产业对半导体材料的旺盛需求，大大推动了新兴电子材料产业的研究和发展。2008 年全球范围的金融风暴对世界半导体产业的发展造成了一定的影响，但是世界各主要经济体和各行各业都采取了一系列措施进行刺激和调整，在宏观经济的引导下，2009 年半导体产业虽然出现小幅度下滑，但是总体趋于平稳，消费信心反而上升，个人计算机（PC）、移动电话、平板电视等占有半导体消费 60% 的电子产品，销量都好于预期，推动了半导体市场的前进。而 2010 年是全球半导体产业全面复苏的一年，据世界半导体贸易统计组织数据，2010 年全球半导体市场全年总销售额达 2983 亿美元，较 2009 年成长 31.8%；半导体厂对今后的市场仍有很大的信心，预期投资金额将继续成长。

光纤传输、移动互联网和物联网已成为全球新一代信息技术的象征，对应的信息功能材料业已由传统的体材料发展到了薄层、超薄层微结构材料，并向集材料、器件和电路为一体的功能系统集成芯片材料，有机/无机与生命体相互复合以及纳米结构材料方向发展；对应着材料系统由均匀到非均匀、由线性到非线性的发展方向，材料生长制备的控制精度也将向单原子、单分子的尺度进展。新兴电子信息材料的研究进展如表2-7所示。

表2-7 新兴电子信息材料的研究进展

领域		发展状况
硅微电子替代材料	纳米电子技术	碳纳米管可作为主导材料
	光计算技术	掺有稀土元素铒的硅酸盐晶体等制造"超级光陷阱"实现存储功能
	分子电子学技术	分子化学和半导体电子学的组合可能成为一个重点研究方向
	量子信息技术	半导体量子点构筑量子比特
宽带隙半导体材料	GaN基异质外延材料	功率达瓦级的GaN基蓝、紫光发光二极管的研制成功，固态白光照明有很好的前景；GaN基激光器的研制也取得了进展；具有反常带隙弯曲的窄禁带InAsN、InGaAsN、GaNP和GaNAsP材料的研制也受到了重视
	SiC和ZnO材料	2英寸的4H-SiC和6H-SiC单晶与外延片，以及3英寸的4H-SiC单晶已有商品出售；已实现了室温ZnO基LED的蓝、紫色发光，并观察到来自ZnO/BeZnO和ZnO/MgZnO异质结构或量子阱结构的激射输出
	单晶金刚石薄膜及其器件	美国、法国及日本等一些国家在金刚石薄膜的研究上都有重要成果
光子晶体	二维光子晶体	硅基二维光子晶体和高Q值的光子微腔、含单量子点的砷化镓基二维光子晶体微腔已经制备成功
	三维光子晶体	磷化铟（或砷化镓）基带隙在1.55微米波长附近、周期为700纳米的三维光子晶体已研制成功

资料来源：根据中国科学院半导体研究所资料《半导体光电信息功能材料的研究进展》整理。

2008年7月，日本理化学研究所和松下电工株式会社宣布其共同研究成果[18]，其用波长282纳米的紫外LED可以实现全球最大功率10.6毫瓦的室温连续发光。2009年12月，在半导体制造技术相关国际学会IEDM上，日本松下电工株式会社发布消息[19]，该公司开发出了采用GaN类半导体晶体管构成的逆变器IC。该逆变器IC是通过在硅底板上集成了6个常闭型电场效应晶体管（FET）元件做成的。2010年6月，韩国三星电子公司宣布其代工厂的32纳米低功耗工艺和高k金属栅极技术已经通过验收[20]。在高k技术的实现上，韩国三星电子公司使用了前栅极（gate-first）新一代栅极堆栈方法，该方法在对硅片进行漏/源区离子注入操作及随后的退火处理完成之前便生成金属栅极。2010年10月，美国英特尔公司开发出了将锗（Ge）用于通道中的p型FET。该方法主要是通过向Ge通道中加载应变，获得了超过采用应变硅通道的现有p型FET的空穴迁移率。各主要国家介质与微结构材料研究进展如表2-8所示。

表2-8　2010～2011年国外介质与微结构材料研究进展

机构	所属国家	研究进展	技术性能
英特尔公司	美国	2010年10月开发出了将Ge用于通道中的p型FET	栅长：100纳米 空穴迁移率：770平方厘米/伏·秒
松下电工株式会社	日本	开发出了采用GaN类半导体晶体管构成的逆变器IC	在硅底板上集成了6个由GaN类半导体制成的常闭型电场效应晶体管元件
韩国三星电子公司	韩国	在高k技术的实现方面，韩国三星电子公司会在32纳米和28纳米工艺节点上使用gate-first方法	

资料来源：根据日经BP株式会社相关资料整理。

2009年，台湾联华电子集团有限公司宣布，已经在45纳米SRAM产品上成功试验了其高k金属栅极技术。联华电子集团有限公司将会在32/28纳米制程上运用高k金属栅极技术。2010年5月，台湾友达光电股份有限公司在显示器国际会议上发布了驱动元件采用氧化物半导体TFT的32英寸液晶面板技术。该技术利用的氧化物半导体TFT[21]、沟道材料均采用非晶IGZO（In-Ga-Zn-O）。2011年4月，台湾积体电路制造股份有限公司透露其20纳米制程产品将采用新的低阻型金属化技术，关于20纳米节点，将改善金属化结构（针对管子的栅极和漏源极）的低阻性能，同时应用超低介电常数材料（针对互联层，k值可低至2.5）技术，如表2-9所示。

表2-9　2010～2011年国内介质与微结构材料研究进展

机构	研究进展	技术性能
台湾友达光电股份有限公司	2010年5月在显示器国际会议上发布了驱动元件采用氧化物半导体TFT的32英寸液晶面板技术。该技术利用的氧化物半导体TFT、沟道材料均采用非晶IGZO（In-Ga-Zn-O）	非晶IGZO TFT（铟镓锌氧化物薄膜场效应晶体管）的特性方面，47.4微米及5.5微米元件的载流子迁移率为5.16平方厘米/伏·秒，阈值电压为0.5伏。亚阈值摆幅为0.38伏/倍频程，导通截止比为108
台湾积体电路制造股份有限公司	2011年4月副总裁透露20纳米制程产品将采用新的低阻型金属化技术	针对互联层，k值可低至2.5

资料来源：根据日经BP株式会社相关资料整理。

2. 石墨烯发展状况

2010年6月，日本富士通公司与日本东北大学和高亮度光科学研究中心共同开发出了一种新的形成石墨烯的方法，该方法可以不使用催化剂。将该方法用于LSI（大规模集成电路）布线的探讨的具体做法如下：以甲烷（CH_4）和氩气（Ar）混合气体作为原料，用光电子控制等离子CVD（化学气相沉积），使原材料在SiO_2膜上形成100纳米的石墨烯，然后通过LSI加工中使用的普通光刻胶材料和蚀刻方法形成图案，并检测电气特性。

2010年9月，美国加利福尼亚大学洛杉矶分校（UCLA）在 Nature 上发表了截止频率为300 GHz（吉赫兹）（栅长为144纳米）的石墨烯FET的论文[22,23]。300 GHz的截止频率可以与采用GaAs和InP等化合物半导体的晶体管相当。

2010年12月，韩国三星尖端技术研究所（SAIT）在IEDM 2010上发布了截止频率为202 GHz（栅长为180纳米）的石墨烯FET[24]。石墨烯的成膜采用了半导体制造技术，以及亲和性较高的电浆辅助方式低温CVD法，成膜温度为650℃。SAIT称已经确立了采用该方法使单层石墨烯均匀成膜的技术。载流子迁移率达到13 000平方厘米/伏·秒。

2010年12月，IBM发布了与美国麻省理工学院（MIT）的共同研究成果[25]。二者共同研究出了在SiC基板上形成的栅长240纳米石墨烯FET，并验证其截止频率为230 GHz。石墨烯通过热处理SiC基板而成膜。

2010年12月，印度理学院和美国IBM发布了可提高用于沟道的两层石墨烯的FET的导通/截止比方法[26]。源电极和漏电极均使用半导体材料。逻辑计算显示，由此可抑制截止状态下漏电极向源电极流入的泄漏电流。

2011年2月，英国南安普顿大学制作出了沟道层利用石墨烯的FET[27]，并已确认其电流导通/截止比为4.8×10^5。在此前制作的石墨烯FET的导通/截止比中，美国IBM的数值最高，约为100。而此次超过了该数值1000倍。国外石墨烯研究进展如表2-10所示。

2009年，中国科学院金属研究所沈阳材料科学国家（联合）实验室先进炭材料部的研究人员在石墨烯的研究方面取得的进展主要包括"可控制备出高质量石墨烯"，提出了表征石墨烯结构的新方法[28]。2011年，该实验室在石墨烯三维体材料的宏量制备和应用方面取得重要突破，他们采用兼具平面和曲面结构特点的泡沫金属作为生长基体，利用CVD法制备出具有三维连通网络结构的泡沫状石墨烯体材料。这种石墨烯体材料完整地复制了泡沫金属的结构，石墨烯以无缝连接的方式构成一个全连通的整体，具有优异的电荷传导能力、850平方米/克的比表面积、99.7%的孔隙率和5毫克/立方厘米的极低密度。

2009年，中国科学院长春应用化学研究所现代分析技术工程实验室发表在 *Analytical Chemistry* 上面的文章 *Direct electrochemistry of glucose oxidase and biosensing for glucose based on graphene* 仅1年左右就被引用100余次，并被中国科学信息技术研究所评选为2009年度"中国百篇最具影响国际学术论文"之一（表2-11）。

表2-10 2010～2011年国外石墨烯研究进展

机构	所属国家	研究进展	技术性能
日本富士通公司、东北大学、高亮度光科学研究中心	日本	2010年6月在LSI布线技术国际学会IITC上发布了不使用催化剂即可形成石墨烯的方法，并进行了将其用于LSI布线的探讨	石墨的电阻率：600微欧·厘米
加利福尼亚大学洛杉矶分校	美国	2010年9月在 *Nature* 发布新石墨烯FET技术进展	栅长：144纳米 截止频率：300 GHz
三星尖端技术研究所	韩国	2010年12月在IEDM 2010上发布新石墨烯FET技术进展	栅长：180纳米 截止频率：202GHz 载流子迁移率：13 000平方厘米/伏·秒
IBM与麻省理工学院	美国	2010年12月在IEDM 2010上发布新石墨烯FET技术进展	栅长：240纳米 截止频率：230GHz
IBM与印度理学院	美国/印度	2010年12月在IEDM 2010上发布可提高用于沟道的两层石墨烯的FET的导通/截止比方法	
南安普顿大学	英国	2011年2月在 *Electronics Letters* 上发布可提高用于沟道的两层石墨烯的FET的导通/截止比方法	电流导通/截止比：4.8×10^5

表2-11 2010～2011年国内石墨烯研究进展

机构	研究进展
中国科学院金属研究所沈阳材料科学国家（联合）实验室	可控制备出高质量石墨烯；表征石墨烯结构的新方法；石墨烯三维网络结构的制备及应用
中国科学院长春应用化学研究所现代分析技术工程实验室	基于石墨烯的直接电化学葡萄糖氧化酶和葡萄糖生物传感器研究

2.3.3.2 全球新兴材料的专利及科技成果分析

1. 介质与微结构材料专利及科技成果分析

1) 全球介质与微结构材料专利申请年度变化

图 2-5 给出了全球介质与微结构材料专利申请数量 2006~2010 年的变化趋势。从图可知，2006~2010 年，介质与微结构材料的专利申请数量一直处于上升趋势。

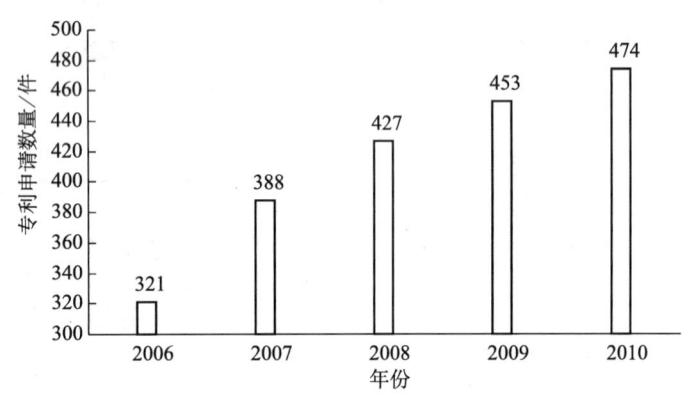

图 2-5　全球介质与微结构材料专利申请数量年度变化趋势

资料来源：德温特专利数据库。

2) 中国介质与微结构材料专利主要申请机构分析

图 2-6 给出了中国介质与微结构材料专利申请数量大于或等于 10 件的主要申请机构，共有 15 家。从申请机构来看，中国科学院的专利申请数量最多，达到 157 件，企业主要有台湾积体电路制造股份有限公司、旺宏电子股份有限公司等，高校主要有复旦大学、西安电子科技大学、北京大学、浙江大学、南京大学、同济大学等。

3) 中国介质与微结构材料科技成果主要登记机构分析

图 2-7 给出了中国介质与微结构材料中主要成果完成机构的科技成果登记总量（科技成果登记总量大于 4）。从科技成果登记总量来看，中国科学院是介质与微结构材料技术领域主要科技成果的完成机构，高于其他科研机构。

第 2 章 新一代信息技术产业之关键材料分析

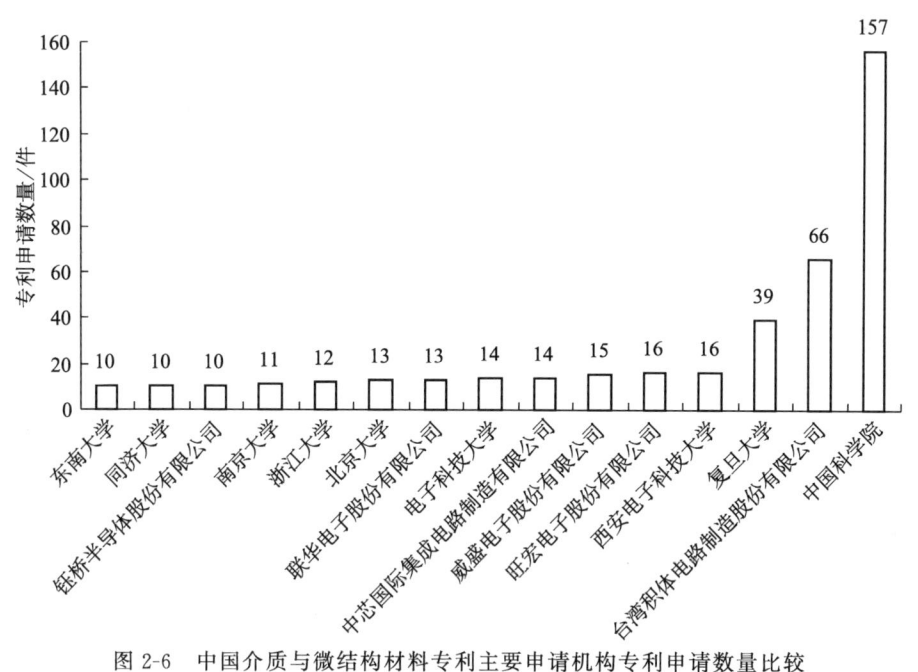

图 2-6 中国介质与微结构材料专利主要申请机构专利申请数量比较

资料来源：国家知识产权局中外专利数据库服务平台。

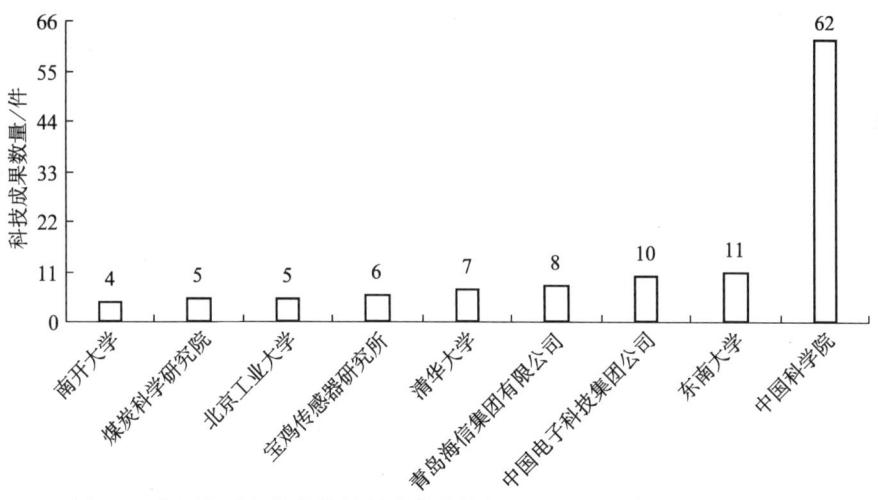

图 2-7 中国介质与微结构材料科技成果主要登记机构科技成果数量比较

资料来源：国家科技成果数据库。

2. 石墨烯专利分析

1) 全球石墨烯专利申请变化趋势

图 2-8 给出了全球石墨烯相关专利申请数量年度变化趋势。2008 年后，全球石墨烯相关专利申请量快速上升。2010 年，全球专利申请总量已达到 470 件。

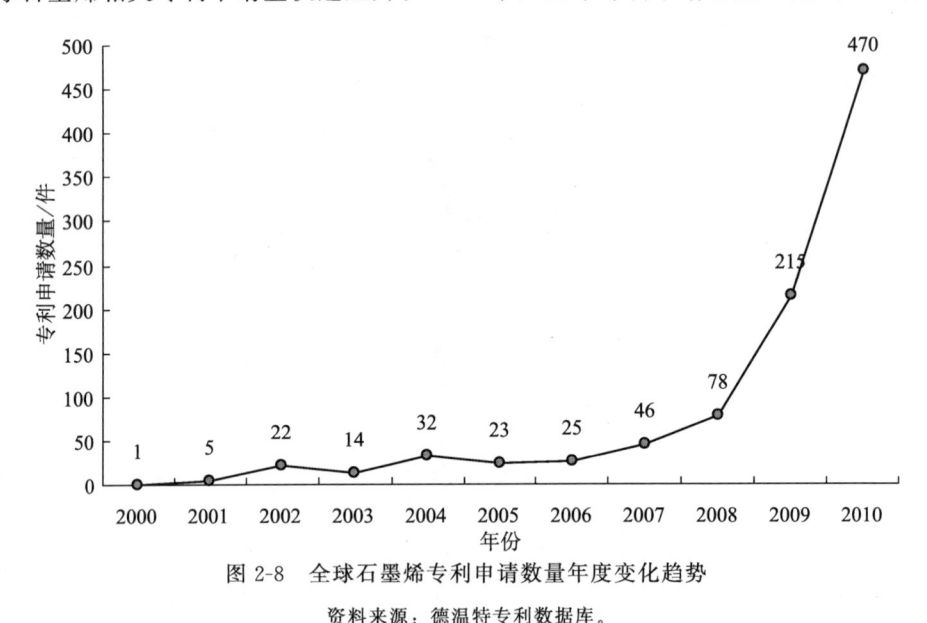

图 2-8 全球石墨烯专利申请数量年度变化趋势

资料来源：德温特专利数据库。

2) 全球石墨烯专利主要申请机构分析

图 2-9 给出了全球石墨烯专利主要申请机构在 2005～2007 年和 2008～2010 年两个时间段的专利申请数量比较。2008 年以前，只有日本富士通公司和美国 IBM 等少数机构对石墨烯的研究申请专利。2008 年后，包括中国科学院在内的多家机构加大了对石墨烯专利的申请力度。

3) 中国石墨烯专利主要申请机构分析

表 2-12 给出了国内石墨烯专利申请数量大于 5 件的主要申请机构，共有 8 家。从国内石墨烯专利的主要申请机构来看，高校和科研院所是石墨烯的主要研究主体，中国科学院的专利申请数量位居首位，达到 50 件。

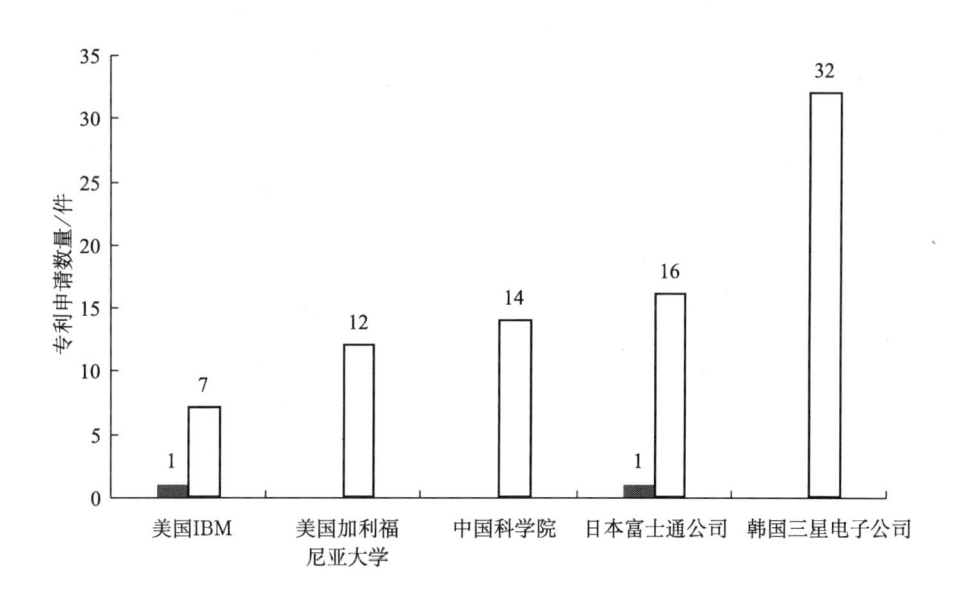

图 2-9 全球石墨烯专利主要申请机构专利申请数量比较

资料来源：德温特专利数据库。

表 2-12 国内石墨烯专利申请数量大于 5 件的主要申请机构

编号	申请机构	专利数量/件
1	中国科学院	50
2	天津大学	14
3	上海交通大学	13
4	浙江大学	8
5	清华大学	8
6	北京大学	8
7	上海大学	8
8	复旦大学	6

资料来源：国家知识产权局中外专利数据库服务平台。

2.4 新一代信息技术产业及其关键材料技术的SWOT分析

2.4.1 优势分析

2.4.1.1 产业基础优势

以硅材料为主的半导体专用材料是电子信息产业最重要的基础[29]。我国硅工业起步于20世纪50年代，硅晶片生产企业主要有北京有研半导体材料股份有限公司、浙江浙大海纳科技股份有限公司、洛阳单晶硅有限责任公司、上海晶华电子科技有限公司、浙江硅峰电子有限公司、四川峨嵋半导体材料厂等。受日本地震的影响，全球范围内25%的硅生产暂停，半导体产业恐面临硅晶圆短缺。硅是生产芯片的主要原材料。日本大地震，对于中国的半导体材料企业而言，是一个扩大产能和抢占市场份额的机会[30]。

2.4.1.2 市场优势

高德纳（Gartner）咨询公司于2008年的市场调研结果显示：中国已经成为亚太半导体业成长的关键。中国国内市场对半导体材料及其产品的巨大需求和大量的出口，使得中国的半导体制造企业稳定运作并取得了巨额的利润。中国自主品牌以及中国制造的产品质量也在不断改善，同时产能也在扩张，这种扩张反过来刺激了半导体材料市场的增长。

2.4.1.3 资源优势

中国矿产资源品种较齐全。世界上已知的主要矿产在我国均有发现。我国目前已知有171种矿产，经地质工作探明可供开发利用的矿产有156种[31]。我国是世界上探明储量最多、品种配套齐全的国家之一。资源储藏比较丰富的有煤、稀土、钨、锡、锑、钼、钛、石墨、菱镁矿、滑石、萤石、膨润土、芒硝、重晶石、岩盐、硅材料等。其中，稀土、钨、锡、锑、钼、钛、石墨、硅材料等在半导体产业中占有重要的地位。这些丰富的矿产资源无疑对中国科研院所自主研发新型材料提供了原料保证。

2.4.1.4 中国科学院的竞争优势

(1) 中国科学院在新一代信息技术相关材料的研发及应用方面处于国内领先位置。以芯片材料和光电材料为例,从图 2-10 可以看出中国科学院在光电子器件领域的科技成果达 124 项,领先于天津大学、清华大学等。从图 2-11 可知,中国科学院在高性能集成电路领域科技成果有 19 项,仅次于青岛海信集团有限公司,明显高于第三位的清华大学。

(2) 2010 年以来,中国科学院在光电材料和芯片材料领域的研究也有所突破,中国科学院长春应用化学研究所的"新型稀土杂化及纳米复合光电功能材料的基础研究及应用探索"项目于 2010 年获国家自然科学奖二等奖。

(3) 中国科学院在光电材料和芯片材料方面(如中国科学院上海硅酸盐研究所、中国科学院长春应用化学研究所、中国科学院半导体研究所等)具有雄厚的研发力量,且拥有与国际接轨的产学研用一体的合作基地(如宁波材料技术与工程研究所获科学技术部审批的"国际科技合作基地",专注于集成电路先

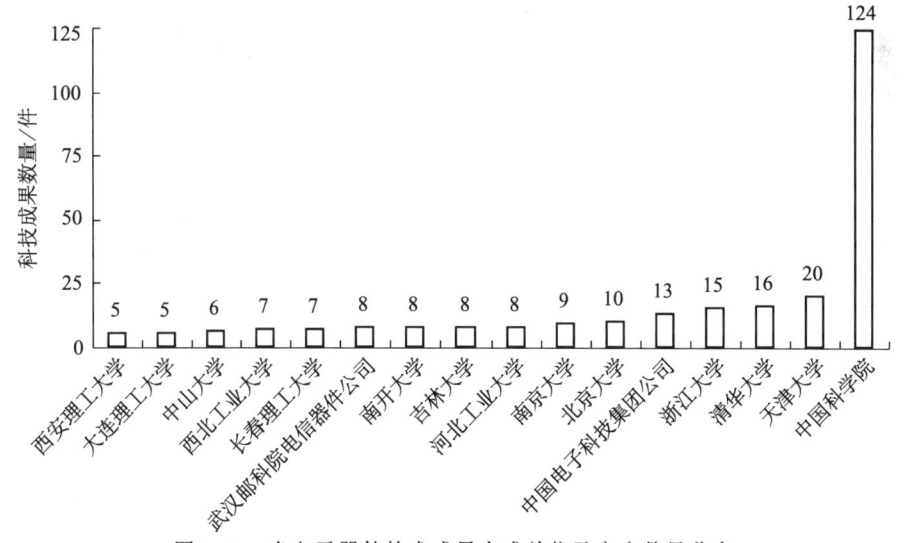

图 2-10 光电子器件技术成果完成单位及产出数量分布

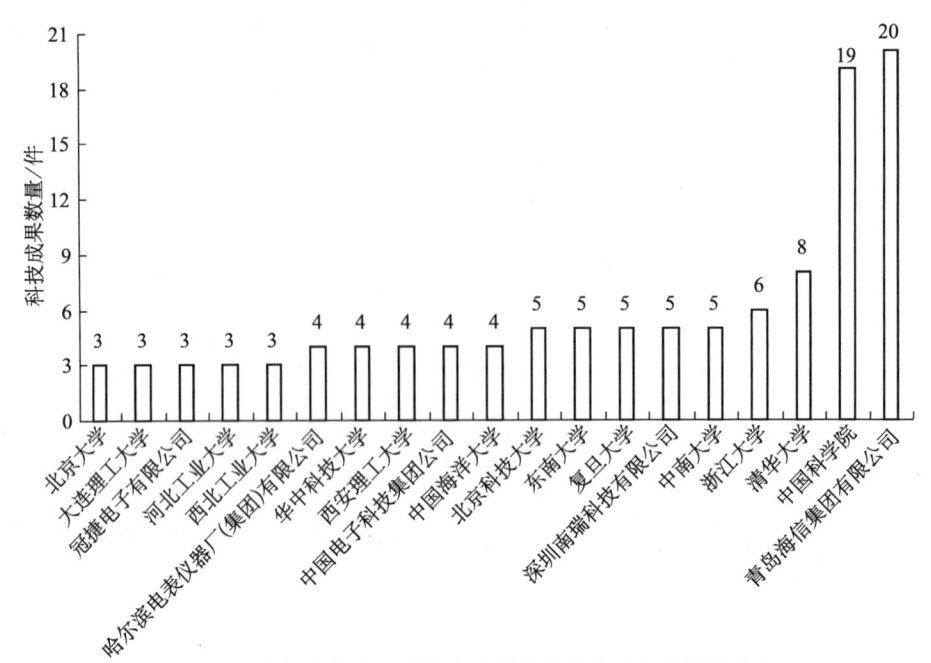

图 2-11 高性能集成电路技术成果完成单位及产出数量分布

进材料与技术的国际交流与合作)。

2.4.2 劣势分析

2.4.2.1 缺少原材料深加工能力，利润外流现象严重

虽然我国在信息产业所需原材料储量丰富，但大多数只是进行粗加工，然后卖给国外，国外再对其进行深加工并高价返销回国内，利润外流现象严重。

由于中国材料加工企业众多，产能很容易出现过剩现象，所以在出口时容易被外商压价。而国外企业对中国的低价初级产品进行深加工后，以高价再卖给中国。或者，有些外资企业干脆在中国当地设厂进行深加工，赚取更高利润。自 2009 年以来，这种情况有所缓解，我国政府也在鼓励企业重组，加大整治，企业的技术水平也有较大提高，但是如何保证产业链上各个环节的利润保持在中国等问题还需得到高度重视。

2.4.2.2 产业链上游材料制备环节基础薄弱

2009年以来，中国已成为全球最大的信息技术产品消费国之一，但是受产业链上游产品生产技术的限制，产业的纵深发展受到制约[32]。以集成电路技术为例，集成电路材料、装备、工艺技术、设计能力等较落后，国产集成电路产品仅能满足25%~30%的国内市场需求，且产品主要集中在低端市场，高端芯片只能大量依靠进口，仅此一项，每年的进口总额就高于1000亿美元。中国各类电子元器件和电子材料，尤其是TFT-LCD所必需的彩色滤光片、液晶面板所需的玻璃等均要大量进口。根据中国年鉴资源数据库数据统计（表2-13），2008年，中国电子元器件出口额为1000.9亿美元，进口额为1959.5亿美元，贸易逆差高达958.6亿美元。就连生产家电产品所需要的铜、铝等原材料也要从外国进口。在原材料的数量、价格和可获得性上，中国信息技术产业的可持续发展受到很大制约。

表2-13　2008年基础电子产品进出口情况

产品分类	2008年出口额/亿元	2008年进口额/亿元	2008年出口增长率/%	2008年进口增长率/%
电子元件	521.2	478.4	11.9	6.1
电子器件	479.7	1481.1	21.8	2
电子材料	57.8	92.4	127.7	67.5

资料来源：中国年鉴资源数据库。

2.4.2.3 核心专利的缺乏限制产业国际化战略发展

从国际专利分析可以看出，芯片材料、光电材料的核心专利几乎被美国、日本等的公司垄断，这将使国内产业的长期发展受制。特别是在LED产业中，由于中国本土企业现阶段多数处于起步阶段，企业规模较小，对掌握专利的国际企业构不成威胁，专利问题相对还不突出。但是随着国内企业的发展壮大，一旦规模扩大到一定程度，实施出口发展战略，专利问题将成为隐患。对国内企业而言，企业规模的壮大，核心专利的研发与突破，产品质量的提高是当前发展的首要任务，同时企业也应不断提升未来取得国际企业专利授权时的要价能力。

2.4.3 机遇分析

2.4.3.1 多项政策扶持信息技术产业的材料发展

我国政府对新型平板显示和高性能集成电路所用材料制定了多条扶持政策[32-34]。

(1) 对OLED生产企业进口国内不能生产的净化室专用建筑材料、配套系统和生产设备零配件，免征进口关税和进口环节增值税；对其进口国内不能生产的自用生产性（含研发用）原材料和消耗品，免征进口关税，照章征收进口环节增值税。

(2) 对面向新一代信息网络的高端软件、工业软件、数字内容相关软件、高端芯片、集成电路装备和工艺技术、集成电路关键材料、关键应用系统的研发以及重要技术标准的制定的支持。

(3) 对符合完善集成电路产业链条件的集成电路封装、测试、关键专用材料企业及集成电路专用设备相关企业给予企业所得税优惠。

(4) 在交通运输方面加快物联网技术的推广应用，加大对基于RFID的车辆远程识别、动态监管体系的研究。

此外，温家宝总理在"让科技引领中国可持续发展"[35]的讲话中，强调要加快开展围绕电子信息、节能环保等产业所需关键材料的研究，加快微电子和光电子材料和器件、新型功能材料、高性能结构材料、纳米材料和器件等领域的科技攻关。

2.4.3.2 信息技术快速发展，新材料市场潜力巨大

新信息技术不断涌现为新材料的研发与应用提供了机会。通过对高性能集成电路产业和新型平板显示产业的产业链、技术链、专利和标准的综合分析发现，信息技术发展的主要模式是应用创新和集成创新，呈现出高性能、宽领域、多方向的特点，并将继续朝着数字化、集成化、智能化、网络化的方向发展。这些新技术的发展，都需要新材料的支撑。

2.4.3.3 新一代信息技术产业专利申请数量迅速增长

我国已进入知识产权的主动保护期,产业相关专利申请数量迅速增长。2005 年以后,我国信息技术产业专利的数量增长较快,在 2006～2010 年短短的 5 年中,信息技术产业已公开和授权的专利从 45.8 万件增加到 111.8 万件,增长幅度超过 144%。同时,专利申请结构发生了一些明显变化,如国内的专利申请增长速度快于国外申请增长速度;企业和科研院所逐步成为发明专利的主体。

2.4.4 威胁分析

2.4.4.1 信息技术发展的相关法规尚不完善

中国信息技术产业发展政策依然还未形成政策体系,虽然我国相关部门已经制定并出台了一些法规政策促进信息技术发展,但其主要侧重于指导性、原则性方针政策,还缺乏系列配套且操作性较强的政策,与传统工业相比,政策倾斜的效应还不够明显。与美国、日本等发达国家相比,依然存在较大的差距。

2.4.4.2 世界信息技术产业迅猛发展,市场竞争激烈

欧美、日本、韩国等发达国家和地区已将信息技术广泛应用于社会、经济、生活等各个领域,在国民经济中发挥着领头产业的重要作用。在新技术革命的推动下,许多新技术产业相继产生并构成新产业集群。无论是生物工程、海洋开发、卫星通信、宇航、光纤通信、新材料工业、新能源产业还是新兴服务业,都将具有核心地位和先导作用的信息技术作为其应用开发的突破口。由于发达国家科研能力强,软件业发展势头猛,信息技术产品更新快,所以占领着全球的大部分市场。而我国在信息技术产业的某些方面起步较晚,在整个全球产业链中的话语权相对较弱,更多的是被动合作或者是应用选择,在整体竞争中始终处于追赶的角色。

加入 WTO 后,信息产品逐步实施零关税,这无疑对国内的相关企业造成新的冲击。中国的信息技术产业在瞬息万变市场环境中,要想技术创新、产品

创新，无论立足国内还是进军国外市场，都面临着巨大激烈的挑战。

2.4.4.3 支撑信息技术产业发展的核心技术亟待突破

由于国外企业对核心技术、基础设施核心部件的垄断，在信息技术相关产业中，大多数国内企业依然面临产业链中上游材料深加工和制造的问题，材料与技术的相互制约也造成操作系统、芯片及底层硬件等基础技术的开发缺乏核心竞争力。以云计算产业为例，目前国内只有少数企业从事云计算基础技术的研发，芯片、高端服务器、存储、交换设备、系统软件等领域的核心技术亟待突破。同时，云计算产业化程度不高，企业各自为政，业务关联度也较低。

2.5 结 论

信息技术的发展离不开光电材料与芯片材料的进步与突破，虽然我国在这两类材料的研究与应用上已取得了很大进展，但由于我国材料制造业基础薄弱，特别是具有技术独创和自主知识产权的创新产品还很少，不能适应国民经济和信息产业发展的需要，所以替代进口产品、实现高端电子材料国产化将是电子材料产业肩负的重任。

参考文献

[1] 国务院办公厅. 国务院关于加快和发展战略性新兴产业的决定. 2010. http://www.gov.cn/zwgk/2010-10/18/content_1724848.htm [2011-10-10].

[2] 湖北省人民政府. 中共湖北省委湖北省人民政府关于着力推进产业结构调整优化升级加快经济发展方式转变的若干意见. 2010. http://www.hubei.gov.cn/zwgk/zffxgk/zfgw/zfgb2010/gg10201201103/t20110318_134563.shtml [2011-10-10].

[3] 杨绍文. 谈通信网络未来的六大信息技术. 科技信息，2011，7：38.

[4] ITU. ITU Internet Reports 2005: The Internet of Things. 2005. http://www.itu.int/osg/

spu/publications/internetofthings[2011-07-20].

[5] 赛迪顾问股份有限公司.2010-2011年中国物联网产业发展研究年度报告.赛迪顾问股份有限公司（内部资料），2010：14-16.

[6] 赛迪顾问半导体研究中心.2010年中国集成电路市场大幅反弹市场规模达7349.5亿元.电子工业专用设备，2011，（03）：50，51.

[7] 赛迪顾问股份有限公司.中国云计算产业发展白皮书.赛迪顾问股份有限公司（内部资料），2011：6，7.

[8] 缪惠茹，侯攀峰，马辛玮.物联网及应用.科技向导，2011，（17）：19.

[9] 陈向真.平板显示技术现状和发展趋势.光电子技术，2008，28（1）：1-6.

[10] 佚名.2010-2011中国通信市场发展回顾与展望.2011.http：//news.ccidnet.com/art/3157/20110510/2384553_1.html[2011-07-23].

[11] Chien C，Xu Z，Molloy S.Topics in integrated circuits for communication.IEEE Communications Magazine，2011，49（10）：180，181.

[12] 李明杰，曹倩文.我国集成电路产业自主创新战略的对策思考.财经界（学术版），2009（09）：134，135.

[13] 佚名.国务院总理温家宝：让科技引领中国可持续发展.2009.http：//www.gov.cn/ldhd/2009-11/23/content_1471208.htm[2011-08-12].

[14] 卢振伟，吴现成，徐大印，等.高k栅介质的研究进展.材料导报，2008，28（1）：1-6.

[15] 苏祥林，吴振宇，汪家友，等.低k层间介质研究进展.光电子技术，2005，（10）：463-468.

[16] 李清涛，吴清仁，孙创奇，等.高导热率AlN陶瓷材料制备与应用进展.陶瓷学报，2007，28（1）：57-64.

[17] ITRS.International technology roadmap for semiconductors.2010.http：//www.itrs.net/Links/2010ITRS/Home2010.htm[2011-10-10].

[18] 佚名.日本最新开发出最大功率深紫外线发光二极管.2008.http：//china.toocle.com/cbna/item/2008-08-05/3513066.html[2011-08-12].

[19] 刘广荣.IBM预示半导体微细化的未来.半导体信息，2010，（02）：18-20.

[20] 佚名.三星32nm HKMG低功耗工艺率先通过验收.http：//tech.163.com/digi/10/0613/11/6928VN3N00162OUT.html[2011-08-12].

[21] 佚名.友达光电在第6代生产线上试制出使用微晶Si-TFT的32英寸液晶面板.

2008. http：//china. nikkeibp. com. cn/cgi-bin/news/flat/4770-200805280127. html? isRedirected＝1 ［2011-08-12］．

［22］佚名．石墨烯 FET 最高截止频率最高纪录——300GHZ，传感器世界，2011，3：39.

［23］佚名．石墨烯应用介绍案例．2011. http：www. Frponline. com. cn/newsldetail＿34646. html ［2011-08-14］．

［24］佚名．三星与 IBM 发布截止频率突破 200GHz 的石墨烯 FET. 2010. http：// www. cntronics. com/public/art/artinfo/id/80008943 ［2011-08-12］．

［25］日经 BP 社．以量产为目标的高可靠性氧化物 TFT 成果接连发布．2011. http：// china. nikkeibp. com. cn/news/flat/56600-20110530. html ［2011-08-12］．

［26］周佳骥，宋文波，刘宏马．石墨烯——未来材料之星．物理与工程，2011，21（2）：57-59.

［27］Shan C S, Yang H F, Han D X, et al. Direct electrochemistry of glucose oxidase and bio-sensing for glucose basedon graphene. Analytical Chemistry, 2009, 81 (6): 2378-2382.

［28］张家明．芯片半导体材料 2011 展望．现代材料动态，2011，4：15，16

［30］单详茹．日本大地震会引发半导体市场的"海啸"吗．中国电子商情，2011，（04）：84.

［31］秦江波，于冬梅，孙永波．中国矿产资源现状与可持续发展研究．经济研究导刊，2011，（22）：11，12.

［32］中华人民共和国财政部．财政部关于新型显示器件生产企业进口物资税收政策的通知．2009. http：//www. mof. gov. cn/preview/guanshuisi/zhengwuxinxi/zhengcefabu /200905/t20090525＿160467. html ［2009-05-25］．

［33］国务院．进一步鼓励软件产业和集成电路产业发展的若干政策．2011. http：// www. gov. cn/zwgk/2011-02/09/content＿1800432. htm ［2011-02-09］．

［34］中华人民共和国交通运输部．关于印发道路运输业"十二五"发展规划纲要的通知．2011. http：//www. moc. gov. cn/zhuzhan/zhengwugonggao/jiaotongbu/daoluyunshu/201111/t20111115＿1114682. html ［2011-12-01］．

［35］佚名．温家宝：让科技引领中国可持续发展．2009. http：//news. xinhuanet. com/politics/2009-11/23/content＿12526569. htm ［2009-11-23］．

第 3 章

生物产业之关键材料分析

3.1 生物产业概述

3.1.1 生物产业的概念和分类

根据国家发改委对《生物产业发展"十一五"规划》的解读,"目前国际上关于生物产业的范围还没有统一的定义和界定。为便于研究和国际比较,经征求国内有关部门和专家的意见,大家普遍认同,生物产业是指将现代生物技术和生命科学应用于生产以及应用于经济社会各相关领域,为社会提供商品和服务的统称,主要包括生物医药、生物农业、生物能源、生物制造、生物环保等新兴产业领域"[1](表3-1)。

表3-1 生物产业分类表

行业分类	涵盖内容
生物医药	疫苗与诊断试剂、生物制药、化学制药、中药等民族药、生物医学工程等
生物农业	农业良种育种、林业新品种育种、绿色农用生物制品、海洋生物资源开发等
生物能源	能源植物育种和种植、生物液体燃料、生物质气化固化燃料生产与发电等
生物制造	生物基材料、微生物制造等
生物环保	污水处理、固体垃圾处理、土壤修复等

资料来源:根据《生物产业发展"十一五"规划》整理。

3.1.2 生物产业的市场容量

从世界生物产业的发展趋势看,目前生物产业尚处于大规模产业化的开始阶段。预计2020年后,生物产业将真正成为世界经济的主导产业之一,2010年全球生物产业产值已达2800亿美元,据测算,2020年全球生物技术市场将达到3万亿美元[2]。另外,根据《生物产业发展"十一五"规划》,"预计到2020年,生物医药占全球药品的比重将超过1/3,生物能源占世界能源消费的比重将达到5%左右,生物基材料将替代10%~20%的化学材料"。

中国生物产业有望成为继信息产业之后又一个新兴主导产业。当前中国生物医药、生物农业等已经粗具规模,一批快速发展的企业逐渐涌现,呈现集聚化发展趋势。据麦肯锡咨询公司测算,2015年我国生物产业产值将达4万亿元,2020年将达8万亿~10万亿元。

3.2 生物产业的产业链和技术链分析

生物产业上、中、下游的连接和其他产业一样,是从实验室成果转化为工业产品、商品的复杂系统过程。以生物医药的产业链为例,药物的开发、制造、销售共同构成了一条完整的价值链。

生物技术的上游科技研发,只有掌控了高端技术环节,才能带动产业的发展;中游解决工程化与工业化过程中的共性技术问题及关键性技术问题;下游则是现代化的生产软硬件(装置)的建立,以实现大规模生产的工业化技术与管理。生物产业的技术链包括生物专业技术和生物工程技术。生物专业技术包括脱氧核糖核酸(DNA)重组技术和克隆技术等;生物工程技术包括遗传工程(基因工程)技术、细胞工程技术、微生物工程(发酵工程)技术、酶工程(生化工程)技术和生物反应器工程技术等[3]。

3.3 生物产业及其材料发展分析

3.3.1 生物产业的发展重点分析

3.3.1.1 生物产业发展重点领域

2010年10月18日,国务院正式发布了《国务院关于加快培育和发展战略性新兴产业的决定》,明确指出"现阶段重点培育和发展节能环保、新一代信息技术、生物、高端装备制造、新能源、新材料、新能源汽车等产业"。其中,生物产业的发展方向和任务包括"大力发展用于重大疾病防治的生物技术药物、新型疫苗和诊断试剂、化学药物、现代中药等创新药物大品种，提升生物医药产业水平。加快先进医疗设备、医用材料等生物医学工程产品的研发和产业化，促进规模化发展。着力培育生物育种产业，积极推广绿色农用生物产品，促进生物农业加快发展。推进生物制造关键技术开发、示范与应用。加快海洋生物技术及产品的研发和产业化"。

2011年，国务院发布了《国民经济和社会发展第十二个五年规划纲要》，强调"以重大技术突破和重大发展需求为基础，促进新兴科技与新兴产业深度融合，在继续做强做大高技术产业基础上，把战略性新兴产业培育发展成为先导性、支柱性产业"。在生物产业领域，将重点发展生物医药、生物农业、生物制造等。

3.3.1.2 生物产业发展重点领域市场前景

1. 发展现状

近年来，中国的生物技术和产业已经取得了明显的进展。基因组学、蛋白质组学、生物芯片、干细胞等前沿生物技术不断发展，对推动生物产业的发展起到了重大的作用；甲型流感、病毒性肝炎等重大传染病，癌症、心血管等重大疾病诊断、防治技术的突破，为服务民生健康做出了重要贡献；超级杂交稻、转基因植物研究等领域达到国际先进水平；可再生生物能源的开发，为推动工业领域的节能减排发挥了重要作用。

2011年6月，科学技术部副部长王志刚指出，中国2010年生物产业产值超过1.5万亿元，其中抗生素、疫苗、有机酸、氨基酸等多种生物产品产量位居世界前列，生物医药、生物制造、生物农业正在成为新的经济增长点[4]。国家发改委网站公布的报告显示，2010年1~11月，我国"医药产业实现产值11 239亿元，同比增长26.4%。其中，化学药品原药制造业2157亿元，同比增长24.4%；化学药品制剂制造业3185.6亿元，同比增长24.1%；医疗仪器设备及器械制造业实现产值1048.3亿元，同比增长23.2%。前11月，医药产业工业增加值平均增速15%左右，高于同期国民经济增长速度近5个百分点"[5]。由此可见，医药产业在我国生物产业中占据了相当的比重，且增速高位运行。

2. 市场前景

国务院发展研究中心产业经济研究部预测，到2020年，中国广义的生物医药市场规模将达40 000亿元，生物制造、生物农业、生物能源、生物环保的市场规模将分别达到10 000亿元、5000亿元、3000亿元、1000亿元。

3.3.1.3 生物产业发展存在的技术和材料瓶颈问题分析

根据我国在生物产业领域的政策规划、生物产业自身的特点以及发展现状可知，在生物产业中，生物医药占了最大的份额，而且随着生物产业的发展，生物医药所占份额还将进一步增加。因此，分析生物医药产业发展所面临的技术难题，探求运用新材料来突破这些技术障碍的途径，对生物产业的顺利发展有着十分重要的意义。生物医药产业可分为药物、疫苗、诊断试剂和生物医学工程材料等重要领域[6]。

1. 药物

目前药物领域存在的技术瓶颈包括耐药性问题、药物不良反应、药物靶向性问题等。耐药性一旦产生，药物的作用就明显下降；随着药品种类日益增多，药物不良反应的发生率也越来越高；基因组学和生物统计学研究资料显示，能作为传统化学药物的靶基因或靶蛋白只占总量的20％左右[7]。此外，要成功开发一种新药，其前期的研发过程往往会消耗掉75％以上的费用[8]，在化合物作为候选药物进入临床前开发之后，仍有较高的淘汰率。

对疾病具有治疗作用的药物只占药物制剂较少部分，而真正对药物具有负载作用、影响药物溶出或扩散速率的是作为药物载体的生物材料。靶向制剂亦称靶向给药系统，是第四代药物制剂，"由导向物质、骨架材料、效应物质三者组成，是在一定的导向机制下，将药物定向输送到特定的靶位而充分发挥治疗作用的一类药物，又称生物导弹"[9-11]。靶向给药系统由于其特有的导向机制，通过局部给药或全身血液循环，将药物定位浓集于特定的靶器官、靶组织、靶细胞或细胞内特定结构，从而提高疗效。

采用新型的生物材料作为靶向和控释材料，根据给药途径（口服、注射、植入等）的不同将药物制成不同剂型（针剂、片剂等），从而形成不同受药途径

（全身、局部、靶向等）和不同药效（迅效、短效、长效等）的药物制剂。

2. 疫苗

我国是世界上疫苗使用量最大的国家。目前，我国大量使用的疫苗是50年前甚至更早研发的产品，因此发展新型疫苗和改造传统疫苗刻不容缓[12,13]。我国疫苗技术还面临多项难题，如现有佐剂不能很好地改善基因工程亚单位疫苗的效力[14]。

从当前的技术发展态势和我国的实际情况来看，通过添加佐剂提高传统疫苗的效力是目前解决疫苗技术难题较为可行的手段。铝佐剂是得到公认的疫苗佐剂，但作用机制不明。如果将铝佐剂纳米化，其大比表面积、强黏附力就能在增强佐剂活性的同时，提高抗原的靶向投递并降低副作用。此外，一些多糖经化学修饰形成多孔微颗粒后，具有浓缩和储存抗原的作用[15-17]。

3. 诊断试剂

疾病的早期诊断能够增加病人康复的机会，但是一些传统的检测仪器和方法存在着操作复杂、检测功能单一、操作周期长、价格昂贵、诊断不准确等缺点。因此，利用基因工程技术、传感材料技术和生物芯片等技术制备免疫诊断试剂，将有望实现多元化集成、检测速度快、特异性强、灵敏度高、准确率高、便于普及的早期诊断，极大缩短疾病诊断的时间。

4. 生物医学工程材料

生物产业的发展在某种程度上受制于材料的研发进度。生物医学工程材料在生物产业中起着至关重要的作用，因此得到了广泛的重视。目前组织工程材料的研究已经取得了可喜的成果。

组织工程材料的主要研究方向包括三个方面。

（1）组织修复替代材料的组织相容性与生物安全性研究。该方向目前面临的技术壁垒主要有材料相关表面改性技术、材料综合性能评价与改进优化技术、材料生物安全性及生物相容性评价等。

（2）干细胞与组织工程材料之间的相互作用。

（3）组织工程支架的可塑性、力学强度和降解速率的研究。

表3-2简要地描述了新材料在生物产业中的主要应用。

表 3-2 新材料在生物产业中的主要应用

重点领域	关键技术	关键材料
药物	新型药物输送和释放技术等	载体材料和控释材料等
疫苗	佐剂改良技术等	纳米材料等
诊断试剂	疾病诊断与检测新技术等	传感材料、生物芯片等
生物医学工程材料	组织器官修复和再造技术等	组织工程材料等

3.3.2 生物产业中的关键材料分析

3.3.2.1 生物产业关键材料发展趋势分析

在生物产业中应用的新材料主要为生物医学工程材料。本部分将着重对生物医学工程材料展开进一步的讨论。

1. 整体情况

近10余年来，全球医疗器械市场年增长率保持在7%～10%[18]，2009年市场规模已达2900亿美元[19]。其中生物医学工程材料及其制品已逾1100亿美元[20]。伴随着临床应用的成功，生物医用材料及其制品产业已经形成，是世界经济中的朝阳产业。

2. 发展现状

经过多年的发展，我国的生物医学工程材料产业从单纯的仿制逐步走上自主创新的道路，已经在华中（武汉）、西部（成都、西安）、华北（北京、天津）、华东（上海等）及华南形成了五大研发和产业基地。主要产品包括各类骨替代及修复材料、人工关节、心血管系统及支架材料、外科可吸收内（外）固定材料、各类医用敷料等，并在组织诱导材料、纳米生物材料、钙磷（硅）生物材料、生物矿化与自组装、生物活性涂层、药物控释材料与系统等研究领域取得了一系列进展[21]。

据商务部统计，2010年我国医疗器械市场仅次于美国，已跃升至世界第二位[22]，首次突破1000亿元。我国医疗器械市场中高端产品仅占25%，中低端产品则占75%；而全球医疗器械市场的高端产品、中低端产品分别占55%、45%的份额[23]。由此可见，我国企业在高端产品制造领域存在较大差距，发展潜力巨大[24,25]。

3. 市场前景

医疗保健市场研究机构 Kalorama Information 发布的《全球医疗器械市场》报告指出,未来几年磁共振成像(MRI)仪、腹腔镜外科设备和医用手套将是全球医疗器械市场上增长较快的产品。该报告还预测,未来几年全球医疗器械市场将会以 4%~6%的速度增长[26,27]。另据 Frost&Sullivan 公司预测,2011~2015 年,中国整个医疗仪器与设备市场规模将翻一番,2015 年将达到 537 亿美元[28]。

4. 存在的问题

2010 年召开的全国生物材料大会指出,尽管经过多年的发展,我国生物医学工程材料产业取得很大进步,但是与国际先进水平相比,仍然处于比较落后的地位,存在产业规模较小、产品结构不合理、技术含量低等问题。

目前,就产品而言,技术低端的药棉、纱布、手套、按摩器具等是我国的主要产品,而高端的产品大部分被国外企业垄断。中国医疗器械行业协会的统计数据显示,我国医疗器械生产企业约有 3000 家,但许多企业是小作坊或乡镇企业、家族企业。企业普遍存在研发资金投入不足、技术落后、管理经营不善、企业规模小、生产质量不稳定等问题,且大、中、小企业之间没有建立起上下游的产业链关系,企业的专业化分工与合作网络也没有形成,这些都影响了我国医疗器械产业的自主创新[29]。

就科研和成果转移转化而言,急需建成产业的创新体系,高校、科研院所的研发工作与产业界的对接还不够;从基础技术研究、应用研究、中试开发到产业基地的技术创新链尚未完全形成。此外,医疗器械行业是依赖于基础工业的多学科交叉与融合的行业,涉及材料、光学、机械学、声学、电学、计算机、生物技术和医学等许多学科,因此,其他工业技术和产品水平直接影响医疗器械产品的质量。

在生物材料科学领域,我国与国际上最先进的美国、欧洲、日本相比差距明显。我国生物医学工程材料产业仅占世界市场份额的 3.43%;人均医疗器械分配额仅为 5.46 美元,远远低于美国的 309.77 美元和欧洲的 120.59 美元[30]。

(表3-3)。

表3-3 国内外生物医学工程材料的发展状况对比分析

具体领域	国内	国外
产品结构	高端产品仅占25%，中低端产品则占75%	高端产品一般占55%，中低端产品仅占45%
生产能力	技术结构不合理、研发资金投入严重不足、加工工艺落后、设计理念落伍	技术结构合理、研发资金投入大、设计理念和加工工艺先进
研发能力	仍以仿制为主，缺少真正具有自主技术的创新产品	创新能力强
市场份额	仅占世界市场份额的3.43%	占据大部分的市场份额
人均医疗器械分配额	5.46美元	美国309.77美元，欧洲120.59美元

5. 生物产业关键材料发展趋势分析

药物、疫苗和诊断试剂、生物医学工程材料等生物产业重点领域的材料发展趋势分析如表3-4所示。

1）药物靶向系统

药物靶向系统的发展趋势主要有两种，磁靶向系统[31]和高分子载体靶向系统。

磁靶向系统主要由磁性材料、骨架材料、药物和其他成分组成。因为其具有磁性，所以可以通过外加磁场使其精准地主动抵达靶位，实现药物的受控释放，对人体的影响较小，药效较高，毒性较低。磁靶向制剂研究主要有以下三种类型：①磁性载药白蛋白微粒；②磁性脂质体；③磁性载药纳米微粒。

高分子载体靶向系统已成为优化药物传输、降低药物毒副作用、提高药物有效利用率和稳定性的重要手段[32]。研制具有控释、低毒和靶向作用的高分子药物是当前药物学发展的重要方向之一。目前，我国对制剂的研究比较滞后，对缓释和控释制剂的研发不足，靶向系统的生物活性评价能力急需改善[33]。

2）疫苗佐剂

目前国外已经试验的佐剂有100多种[34]。我国与国外的差距主要体现在拥有自主知识产权的疫苗佐剂还比较少，传统疫苗佐剂的改良和新型疫苗佐剂的开发处于比较落后的地位。根据佐剂的成分可将佐剂分为以下五类：矿物盐佐剂、油佐剂、微生物类产品、皂苷类和化学合成物质。疫苗佐剂研究的主要发展趋势如下：①对免疫佐剂构效关系及其活性分子结构改造的进一步研究；②从整体水平、细胞水平及分子水平方面，探讨新型免疫佐剂的作用机制；③抗原载体、免疫佐剂药剂学的研究；④诱导黏膜免疫的口服佐剂的研究；⑤多糖类免疫载体的研究[35]。

表 3-4 生物产业关键材料发展趋势和我国的不足

具体领域	国外进展	国内水平
药物靶向系统	少数大公司的大分子的重组人生长激素和亮丙瑞林微球制剂上市，如美国奥克美斯（Alkermes）公司和日本武田制药（Takeda）公司等	制剂研究长期滞后，传统制剂和低水平重复的制剂较多，缓释、控释等新剂型很少，缓控释制剂所需的亲水和疏水性高分子材料品种较少，质量也有待提高，主要辅料依赖进口，靶向系统生物活性评价水平急需提高；我国尚无自主研发的注射长效缓释微球制剂上市
疫苗佐剂	已经试验的佐剂有 100 多种	拥有自主知识产权的疫苗佐剂还比较少，传统疫苗佐剂的改良和新型疫苗佐剂的开发处于比较落后的地位
检测试剂	国外的诊断试剂品种丰富，美国有近 700 种免疫临床诊断试剂品种	微生物学诊断试剂等方面技术水平较低，国内的临床诊断试剂品种比较单一，集中在少数几个品种上，还处于跟踪仿制的水平
生物医学工程材料	具有生物结构和生物功能的生物医学材料是未来的主流；生物医学材料从主要用于外科领域，扩大进入内科领域；国外着重致力于肝移植和人工肝支持疗法的研究，肝移植对于爆发性肝功能衰竭的疗效显著，1 年的存活率已达 70%	我国现有生物医用高分子材料 60 多种，制品达 400 多种。但产品及技术结构不尽合理，多为技术含量低的产品，且质量不够稳定。国内缺少真正的自主创新产品，主要原材料也还依靠进口，目前，使用高中端进口产品的比例还很高，只有血管支架国产化比例较高

3）检测试剂

高集成及自动化的仪器诊断将是我国诊断试剂的发展方向[36]。诊断试剂涉及的材料主要包括生物标记物和生物传感器等。正在研究的疾病生物标记物包括染色体破坏酶、端粒酶、细胞检测和线粒体 DNA 测序等。检测试剂标记物的未来发展方向是蛋白和基因生物标记物，目前主要用于研究、药物临床实验和一些特殊案例。近年来生物传感器的一个发展方向是采用新技术和使用新材料，如纳米传感器和 DNA 传感器[37]。纳米传感器的特征是比表面积大，可满足传感器功能要求的敏感度、应答速度、检测范围等。DNA 传感器可用于测定相应的细菌和病毒 DNA，以诊断相应疾病。

目前，我国在临床应用比较广泛、市场广阔的检测试剂（如免疫试剂中的肝炎、性病和孕检系列，临床生化中的酶类、脂类、肝功、血糖、尿检等系列）已基本达到国际同期水平；基因检测中的聚合酶链反应（PCR）技术系列已经基本达到国际先进水平，基因芯片、癌症系列正在迅速追赶国际水平。但是微生物学等方面一些项目进展缓慢，技术水平较低。目前国内已批准上市的免疫临床诊断试剂主要集中在肝炎及性病的临床诊断上，品种较为单一[38]。

4) 生物医学工程材料

我国生物医学材料市场仍然约有70%被国外占据，在更高端的产品领域，国外产品甚至占据95%以上的市场份额[39]。另外，我国生物医学工程材料产品制造大多规模小、自动化程度较低，属"作坊"式生产，质量难以控制和保障。

未来我国生物医学工程材料产品的研究将主要围绕功能性活性生物材料、骨修复或替代材料的生物复合材料、血液相容性人工脏器材料、生物医用纳米材料等展开。除产品创新外，还应特别关注生物医学工程材料的制造技术。生物医学工程材料的前沿技术领域将集中于：运用生物、微纳米、信息、计算机、微加工等高新技术，发展诱导组织再生的生物医学工程材料及组织和器官修复器械，以及组织工程支架材料和组织工程化器官替代品；恢复或增进病变组织或器官的生物功能或促进组织再生的、可控释放生物活性物质的载体材料及其靶向/智能型传递系统。

生物医学工程材料产业的发展趋势集中体现在以下几个方面：矫形外科材料和植入体；以牙种植体为核心的牙科材料；心脑血管系统修复材料及介入医疗器械（人工肝肾等）；人造皮肤及敷料；可控释放生物活性物质（药物、基因、蛋白、疫苗等）的载体材料及其靶向/智能型的生物活性物质控释系统；血液净化、分离及过滤材料和装置；传感材料和生物芯片等用于肿瘤等重大疾病临床早期诊断的生物材料。

3.3.2.2 我国和中国科学院竞争力分析

根据物质属性，生物医学工程材料大致可以分为五种：①生物医学金属材料（biomedical metallic materials）；②生物医学高分子材料（biomedical polymer）；③生物医学无机非金属材料或生物陶瓷（biomedical ceramics）；④

生物医学复合材料（biomedical composites）；⑤生物医学衍生材料（biomedical derived materials）等。以上五种材料的概述和主要用途如表3-5所示。

表3-5 生物医学工程材料的分类

分类	概述	主要用途
生物医学金属材料	医用金属及合金材料是临床应用最广泛的承力植入材料，主要有钴合金、钛及钛合金、不锈钢的人工关节和人工骨	矫形外科、心血管外科
生物医学高分子材料	生物医学高分子材料按不同来源可分为天然和人工合成两大类，发展最快的是合成高分子医用材料	人体软组织；人工硬脑膜、笼架球形的人工心脏瓣膜的球形阀等；注入式组织修补材料
生物医学无机非金属材料或生物陶瓷	生物陶瓷主要包括两类：惰性生物陶瓷（如氧化铝、医用碳素材料等）、生物活性陶瓷（如羟基磷灰石和生物活性玻璃等）	骨科、整形外科、牙科、口腔外科、心血管外科、眼外科、耳鼻喉科及普通外科等
生物医学复合材料	生物医用复合材料根据应用需求进行设计，由基体材料与增强材料或功能材料组成，主要包括陶瓷基生物医用复合材料、高分子基生物医用复合材料、金属基生物医用复合材料等	修复或替换人体组织、器官或增进其功能，以及人工器官的制造
生物医学衍生材料	生物衍生材料也被称为生物再生材料，是将天然生物组织经过一系列处理后形成的一类生物材料，其或具有类似于自然组织的构型和功能，或组成类似于自然组织，在维持人体动态过程的修复和替换中具有重要作用	皮肤掩膜、血液透析膜、人工心脏瓣膜等

图3-1给出了全球生物医学工程材料专利的年度申请数量变化趋势。可以看出，从1998年开始，全球生物医学工程材料专利的年申请数量开始超过1000件，并迅速上升，到2007年的年申请量则超过5000件，表明生物医学工程材料技术进展迅速。

图3-2给出了全球生物医学工程材料专利受理数量居前五位的国家或机构。可以看出，全球生物医学工程材料主要集中在美国、中国、日本和欧洲。从年度趋势来看，美国的专利申请总量和年申请量都远远高于其他国家或机构，具有强大的竞争优势，其次是中国和日本。中国属于该领域的新兴国家，其专利的年申请量从2007年开始超过700件，此后逐年上升，年申请量仅次于美国；日本在2007年之前一直是全球生物医学工程材料专利申请第二大国，2007年被中国超越，之后其年申请量一直处于世界第三位。

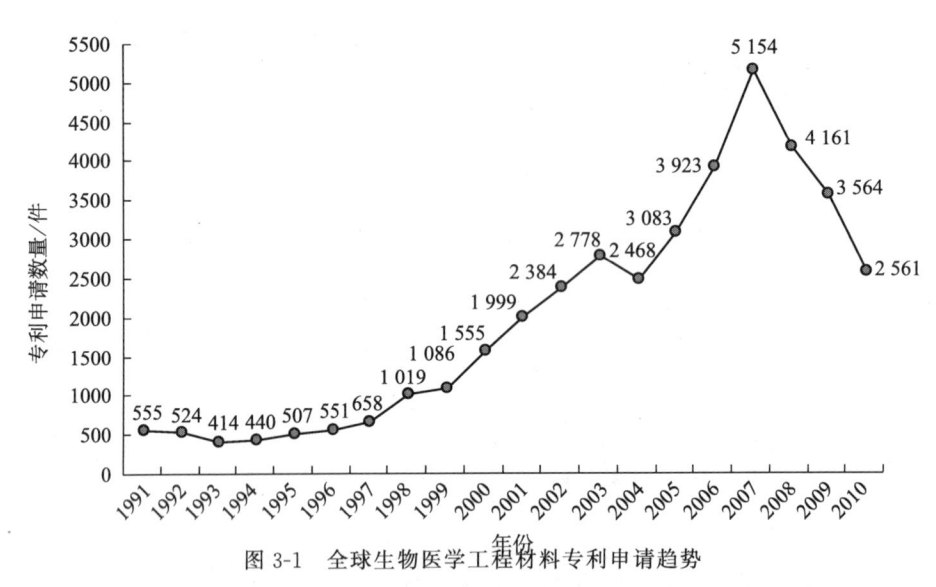

战略性新兴产业新材料报告

图 3-1 全球生物医学工程材料专利申请趋势

注：专利从申请到公开、数据库收录，会有一定的时间延迟，因此 2009~2010 年数据仅供参考。下同。

资料来源：德温特专利数据库。

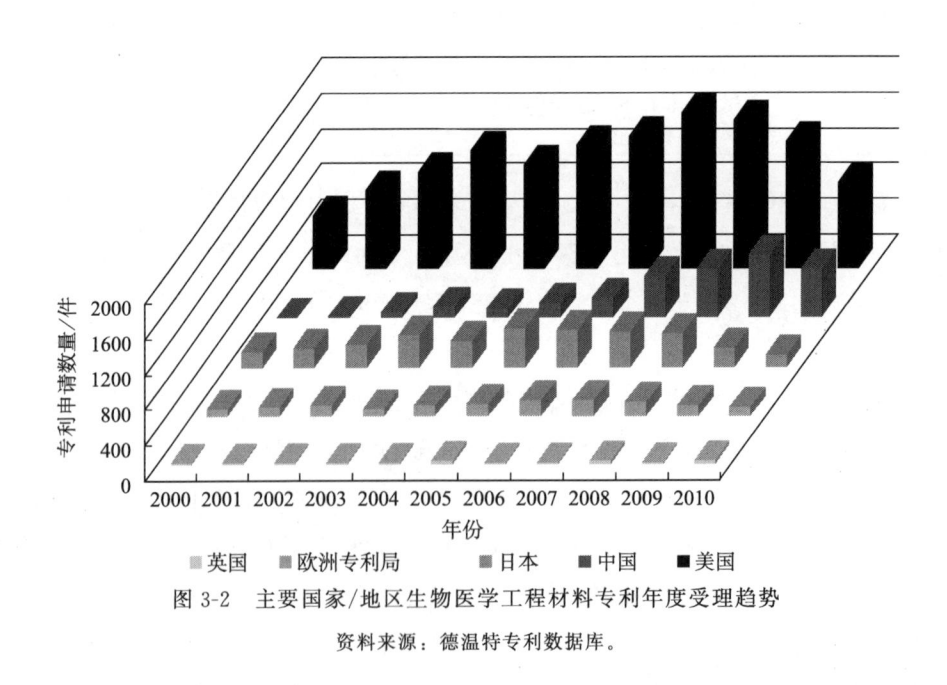

图 3-2 主要国家/地区生物医学工程材料专利年度受理趋势

资料来源：德温特专利数据库。

从上述分析可以看出，中国近几年在生物医学工程材料领域的发展速度很快，但与美国相比还有较大差距，需要对该领域进行进一步的研发投入，以保证中国生物医学工程材料的蓬勃发展。

图 3-3 给出了中国生物医学工程材料专利的主要申请机构。可以看出，我国生物医学工程材料专利申请量位居前列的主要申请机构包括中国科学院、浙江大学、四川大学、上海交通大学等，其中处于第一位的中国科学院专利申请量超过 150 件，比位于第二位的浙江大学多出近 50 件，说明中国科学院在国内生物医学工程材料的研究方面具有优势。

表 3-6 给出了中国科学院下属研究所在生物医学工程材料领域拥有的专利情况。可以看出，中国科学院上海硅酸盐研究所、中国科学院金属研究所、中国科学院长春应用化学研究所具有优势。其中，中国科学院上海硅酸盐研究所在生物医学高分子材料、生物医学复合材料、生物医学无机非金属材料方面的专利申请量都位于前列，取得了较多的研究成果；中国科学院长春应用化学研究所在高分子材料、复合材料方面的专利申请量位于前列；中国科学院金属研究所在生物医学金属材料方面的专利申请量最多。

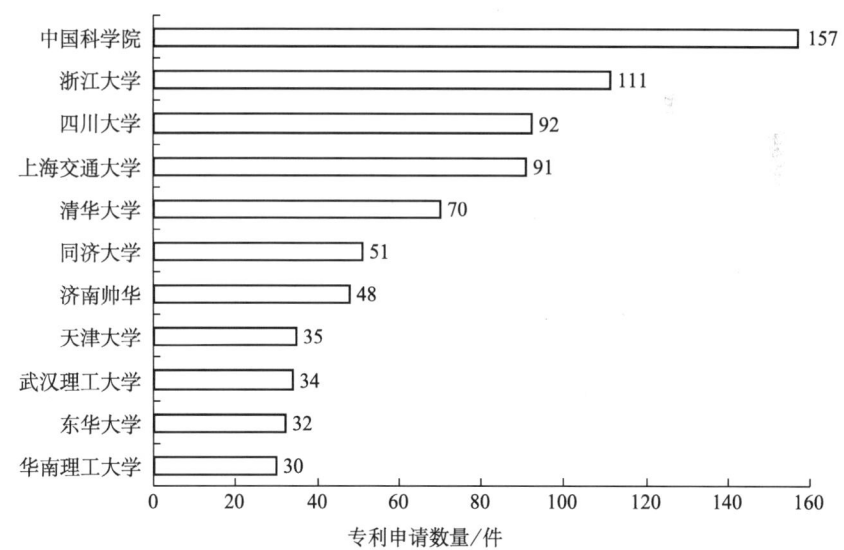

机构	专利申请数量/件
中国科学院	157
浙江大学	111
四川大学	92
上海交通大学	91
清华大学	70
同济大学	51
济南帅华	48
天津大学	35
武汉理工大学	34
东华大学	32
华南理工大学	30

图 3-3 生物医学工程材料国内机构申请专利数量分布
资料来源：国家知识产权局中外专利数据库服务平台。

表 3-6 中国科学院下属研究所生物医学工程材料专利申请情况

序号	研究所名称	专利数量/件
1	中国科学院上海硅酸盐研究所	51
2	中国科学院金属研究所	29
3	中国科学院长春应用化学研究所	25
4	中国科学院理化技术研究所	4
5	中国科学院上海有机化学研究所	4
6	中国科学院兰州化学物理研究所	2
7	中国科学院长春光学精密机械与物理研究所	1
8	中国科学院苏州纳米技术与纳米仿生研究所	1

资料来源：国家知识产权局中外专利数据库服务平台。

图 3-4 显示的是我国生物医学工程材料科技成果的主要产出机构。从图中可以看出，中国科学院在该领域产出的科技成果高于其他单位。在该领域科技成果产出较多的单位还有清华大学、四川大学、上海交通大学、南开大学等。

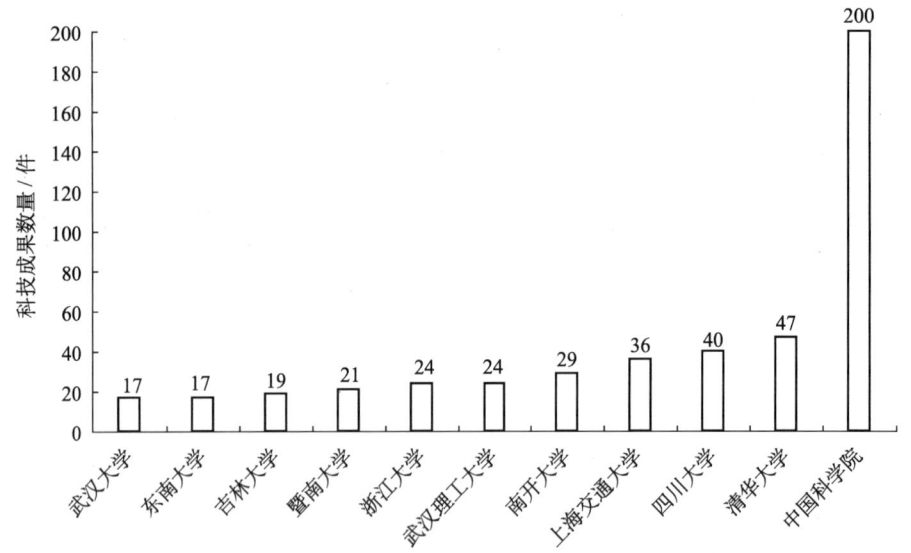

图 3-4 我国生物医学工程材料科技成果主要产出机构及数量分布

资料来源：国家科技成果数据库。

综上所述，从全球来看，生物医学工程材料的发展势头强劲，未来潜力巨大，与其他国家相比，中国在该领域发展势头较快，但与该领域专利申请量最多的美国相比,还有很大的上升空间;从国内情况来看,包括中国科学院在内的多家科研院所在该领域具有较强的实力。

3.4 生物医学工程材料产业的SWOT分析

3.4.1 优势分析

我国在华中(武汉)、西部(成都、西安)、华北(北京、天津)、华东(上海等)及华南等五大地区均有生物医学工程材料的研发与产业基地,研发出了一系列有自主知识产权的创新产品,主要生产各类骨替代及修复材料、人工关节、心血管系统及支架材料、外科可吸收内(外)固定材料、各类医用敷料等,而且在组织诱导材料、纳米生物材料、钙磷(硅)生物材料、生物矿化与自组装、生物活性涂层、药物控释材料与系统等领域的研究颇具特色[21]。

生物医学工程材料产业是多学科交叉、知识密集、技术密集、资金密集、具有高附加值的高新技术产业,且由于生物医学工程材料具有边缘交叉性和专业化的特征,生物医学工程材料的研究及其产业化需要组织培养一支具有不同学科背景的、以市场为导向的生产、管理和经营团队,以解决临床应用过程与产业化过程中的复杂问题。我国拥有大量复合型研发人才,在生物医学工程材料研发方面极具优势。

3.4.2 劣势分析

整体来看,生物医学工程材料领域存在的问题如下:缺乏整个行业的发展规划;创新体系还未建成,高等院校、科研院所的研发成果与产业的结合尚未形成阵势;产业配套能力不足,产业链尚待完善;社会融资能力、对政府的公关影响力均较有限;技术和管理人员的素质有待提高;本土企业间的并购或战略联盟的活动不活跃,产业竞争力的提升依然受限等。

从生产能力来看，我国的生物医学工程材料产业存在着技术含量低、产品质量不高、重复建设、生产集中度较低、缺乏名牌产品等不足。我国生物医学工程材料企业规模小、新品开发滞后、行业分工合作不合理，长期从事低端产品加工出口业务隐藏的风险巨大，而且长期依赖低原料价格、低人力成本，在与国外产品竞争中处于明显的劣势。国内品牌与世界品牌存在巨大差距，市场占有率低下。此外，我国还缺乏既懂生物、医学，又懂光学、电子的多层次、复合型人才。

从研发能力来看，我国在专利方面的表现还不是很突出，专利申请量虽然比较多，但是专利布局比较分散，缺乏有效的竞争力，与国际上在生物医学工程材料方面领先的企业存在一定的差距。中国科学院的专利申请量在国内处于领先地位，但是在国际上的竞争力还有待进一步提高。此外，由于存在技术要素与资本要素脱节、资金投入不足、技术本身不能适应市场以及工程化薄弱等一系列问题，中国科学院研发成果的转移转化程度还不够高。

3.4.3 机会分析

在政策方面，政府相关部门不断出台促进高科技产业创新发展的相关政策，生物医学工程材料的产业发展迎来了更好的政策环境。1999年国家颁布实施《当前国家优先发展的高技术产业化重点领域指南》，其中生物材料得到重点扶持。2006年国务院发布的《国家中长期科学技术发展规划纲要（2006—2020年）》中，把生物技术列为八大前沿技术中的首位，并且提出了促进创新与产业发展的总体要求，并就鼓励自主创新的科技投入、税收激励、金融支持、金融政策、政府采购、引进消化吸收再创新等方面制定了配套的60条具体政策。2007年4月，国家发改委公布了《生物产业发展"十一五"规划》，明确提出要"加快发展生物医学材料、生物人工器官、临床诊断治疗设备，建设若干国家工程中心和工程实验室，加强自主创新，在一批关键技术或部件上实现重点突破，实现产业化"。2009年6月国务院审议通过了《促进生物产业加快发展的若干政策》，提出"加快发展生物医学材料、组织工程和人工器官、临床诊断治疗康复设备"。2010年10月18日，国务院正式发布了《国务院关于加快培育和发展战略性新兴产业的决定》，明确指出要"加快先进医疗设备、医用材料等生物医学工程产品的研发和产业化，促进规模化发展"。2011年11月，科学技术部发布《"十二五"生物技术发展规划》，提出"围绕艾滋病、病毒性肝炎、结核病等重大传染病，突破临床诊断、预测预警、疫苗研发和临床救治等关键技术，研制新型诊断试剂和新型疫苗"，同时"针对恶性肿瘤、心脑血管疾病、代谢性疾病、自身免疫性疾病等重大非感染性疾病，研制治疗性疫苗和抗体药物"。

在需求方面，医疗卫生事业的迅速发展、各级政府对医药卫生事业的大力支持给中国生物医学工程材料产业的发展带来了机遇。国家医疗卫生事业的发展对生物医学工程材料提出了强烈的需求，包括为促进和维护全民健康的公益性服务提供健康管理技术；为加强基层公共卫生和医疗机构建设补充和更新各类技术装备；为规范公共卫生和医疗服务技术提高医疗卫生服务装备水平；为生物医学工程材料的安全应用提供检测和监测专业技术装备；为提高技术含量、降低制造及应用成本加快生物医学工程材料和诊断试剂等的研发。

3.4.4 威胁分析

从竞争对手来看，国外生物医学工程材料产品技术含量较高，不少关键技术仍被国外公司垄断。此外，国外公司具有品牌的强大影响力，产业创新链机制比较成熟，政府支持力度较大，同其他国家/机构建立了良好的关系，拥有多种融资方式，经营管理制度科学，人员队伍具有较强的专业能力，市场推广经验丰富，营销手段灵活。因此国外大公司对我国的生物医学工程材料产业的发展构成了很大的威胁。

3.5 结　　论

生物医学工程材料是生物产业中的关键材料。我国是一个人口大国，随着人口老龄化进程的加速、中青年创伤的增多及人类对健康和长寿的不断追求，对生物医学工程材料的需求量正在逐渐增大且更加迫切，而目前实际用量却小于需求量的10%，显然远不能满足全民医疗保健的基本需要。

近些年来各级政府对医药卫生事业的大力支持也给生物医学工程材料产业的发展带来了更大的挑战和更多的机遇。随着医改的深入，政府和社会卫生支出占卫生总费用的比重逐年提高，治疗仪器和耗材国产化是必然趋势，在这一时代背景下，我国医疗器械市场迎来重要发展机遇期。而生物医学工程材料是研究医疗器械的基础，生物材料科学工作者任重而道远。

与国际市场相比，我国生物医学工程材料产业显得十分薄弱，技术含量高的产品大多依靠进口，产品技术结构和水平基本上处于初级阶段。就医疗器械而言，我国目前占据全球医疗器械市场份额极少，医疗器械市场发展缓慢已成为阻碍我国医疗保健事业发展的瓶颈。面对我国13亿人口对生物医学工程材料及其制品的巨大需求，以及我国现代高技术生物医用材料产业尚未形成的现状，生物医学工程材料产业发展前景广阔。

参考文献

[1] 佚名. 发展改革委就生物产业发展"十一五"规划答问. 2007. http：//www. gov. cn/zwhd/2007-07/23/content _ 693921. htm［2011-04-05］.

[2] Joel A. The ontario bioindustrial innovation centre. 2008. http：//bsi. lambton. on. ca/pictures/J _ Adams. pdf［2011-06-24］.

[3] Wikipedia. Biotechnology. 2011. http：//en. wikipedia. org/wiki/Biotechnology［2011-07-30］.

[4] 周润健，孟华. 2010 年中国生物产业产值超过 1.5 万亿元. 2011. http：//news. xinhua-net. com/ fortune/2011-06/26/c _ 121586589. htm［2011-07-20］.

[5] 国家发展和改革委员会. 2010 年医药产业经济运行回顾. 2011. http：//www. sdpc. gov. cn/jjxsfx/t20110128 _ 393383. htm［2011-04-05］.

[6] Pharmahorizons. The biopharmceutical industry：overview, prospects and competitiveness challenges. 2001. http：//www. pharmahorizons. com/industry _ reporte. pdf［2011-07-03］.

[7] 李吉亮. 让中国的基因核导弹率先发射. 2011. http：//www. cas. cn/xw/cmsm/201103/t20110308 _ 3080805. shtml［2011-04-02］.

[8] 郑莹. 费用过高困扰药品研发筛选药物应注重生物利用度. 2003. http：//

www.ebiotrade.com/newsf/2003-6/L200362415539.htm［2011-04-15］.

[9] 李曦, 方灯明, 何敏博, 等. 磁性脂质体的制备及应用研究进展. 材料导报, 2006, 20（9）: 51-54.

[10] 秦润华, 姜炜, 刘宏英, 等. 纳米磁靶向复合材料的研究进展. 材料导报, 2007, 21（9）: 44-47.

[11] 徐金军, 滕晓霞, 倪京满. 磁靶向制剂研究进展. 医学研究杂志, 2009, 38（8）: 91-94.

[12] 王郁. 未病先防: 疫苗企业机会多多. 2011. http://www.stdaily.com/special/content/2011-02/24/content_277973.htm［2011-04-15］.

[13] 刘悦竹, 王允超, 崔金生. 我国免疫佐剂的研究进展. 山东畜牧兽医, 2008,（8）: 42-44.

[14] 王郁. 技术转移实现疫苗产业跨越发展. 2011. http://www.stdaily.com/kjrb/content/2011-01/13/content_265698.htm［2011-04-15］.

[15] 何萍, 吕凤林, 任建敏. 铝佐剂机制及其纳米化前景. 世界华人消化杂志, 2003, 11（11）: 1764-1768.

[16] 何海勇, 贲虎, 梁兴杰. 纳米技术在疫苗佐剂研制中的应用. 东南大学学报: 医学版, 2011, 30（1）: 146-150.

[17] 汪洋, 王红宁, 易力. 新型疫苗佐剂中药多糖的研究概况. 兽药与饲料添加剂, 2004, 9（1）: 8-10.

[18] Shara R. The worldwide market for in vitro diagnostic (IVD). Tests, 6th Edition. 2008. http://www.kaloramainformation.com/Worldwide-Vitro-Diagnostic-1430266［2011-05-20］.

[19] Michael B. Financing medical equipment. 2011. http://www.smeadvisor.com/2011/04/financing-medical-equipment［2011-12-01］.

[20] 顾忠伟. 生物医用材料: 机遇与挑战并存. 2011. http://www.bioon.com/industry/market/477545_2.shtml［2011-05-20］.

[21] 张子. 我国生物医学材料研究期待新突破. 2010. http://www.pharmon.com.cn/news/show.asp?id=3886［2011-05-20］.

[22] 涂建国. 中国医疗器械行业迎来黄金期. 2011. http://www.chinanews.com/cj/2011/01-28/2819483.shtml［2011-05-24］.

[23] 方芳. 2010年我国医械市场呈八大特点. 2011. http://www.mofcom.gov.cn/aarticle/

o/di/201101/20110107361834. html［2011-05-25］.

［24］耿健.产研结合求解高端医疗器械国产化难题.2011. http：//health. ifeng. com/ news/detail_2011_04/25/5957681_0. shtml［2011-05-30］.

［25］佚名.2011年全球医疗器械市场四大要点.2011. http：//www. bioon. com/industry/market/474644. shtml［2011-05-25］.

［26］佚名.2011年全球医疗市场将达到3120亿美元.2011. http：//archive. cmdm. com/ article. php/ArticleID/3025［2011-05-30］.

［27］Bruce C. The Global Market for Medical Device. 2011. http：//www. kaloramainformation. com/ Global-Medical-Devices-2592223［2011-11-24］.

［28］佚名.2012年中国医疗服务业市场预测分析.2011. http：//www. cninfo360. com/ hyxw/yyhy/20111110/252515. html［2011-11-10］.

［29］张舵,王建.我国生物医学材料产业发展滞后.2009. http：//www. bj. xinhuanet. com/bjfs/2009-05/14/ content_16522759. htm［2011-04-30］.

［30］王君平.我国生物材料产业长足发展.2009. http：//scitech. people. com. cn/GB/9302461. html［2011-04-30］.

［31］喻超,邓亚竹,孙诚谊.磁性白蛋白载药微球的磁定位研究.贵州医药,2010,34（10）：867-870.

［32］王希,薛静.医用高分子载体材料在抗肿瘤药物中的应用.中国组织工程研究与临床康复,2010,14（8）：1455-1458.

［33］王身国.加强生物材料产业化促进制药事业的发展.新材料产业,2010,（7）：10-13.

［34］秦玉明,赵耘,李宇.国外疫苗佐剂的评价.中国兽药杂志,2005,39（6）：34-37.

［35］刘悦竹,王允超,崔金生.我国免疫佐剂的研究进展.山东畜牧兽医,2008,（8）：42-44.

［36］佚名.2009.我国诊断试剂行业的主要发展趋势分析.http：//blog. ce. cn/html/81/329481-350754. html［2011-04-30］.

［37］Vallee-Belisle A,Bonham A J,Reich N D,et al. Transcription factor beacons for the quantitative detection of DNA binding activity. J Am Chem Soc,2011,133（35）：13836-13839.

［38］余涛.2008.临床诊断试剂产业化现状及北京相关产业的现状、分析和建议.http：//www. bjcbp. com. cn/dynamic/199. htm［2011-04-08］.

［39］佚名.我国生物医学材料研究期待新突破.2010. http：//www. chinapharm. com. cn /html/scfx/1275446555828. html［2011-04-08］.

第 4 章

高端装备制造产业之关键材料分析

4.1 高端装备制造产业概述

装备制造业是为国民经济和国防建设提供各种技术装备的制造业的总称，是各行业产业升级、技术进步的重要保障。高端装备制造产业作为装备制造业的高端环节，具有技术密集、附加值高、成长空间大、带动作用强等突出特点，是衡量一个国家制造业发展水平和整体经济综合竞争实力的重要标志。

根据国务院于 2010 年 10 月 18 日颁布的《国务院关于加快培育和发展战略性新兴产业的决定》，高端装备制造产业"重点发展以干/支线飞机和通用飞机为主的航空装备，做大做强航空产业。积极推进空间基础设施建设，促进卫星及其应用产业发展。依托客运专线和城市轨道交通等重点工程建设，大力发展轨道交通装备。面向海洋资源开发，大力发展海洋工程装备。强化基础配套能力，积极发展以数字化、柔性化及系统集成技术为核心的智能制造装备"[1]。高端装备制造产业的定义、分类和市场容量如表 4-1 所示。

表 4-1 高端装备制造产业定义、分类和市场容量

产业分类	产业概述	市场容量
航空工业	航空工业是研制、生产和修理航空器的工业，是军民结合型工业，通常包括航空飞行器、动力装置、机载设备、机载武器等多种产品制造和修理行业，以及独立的或隶属于企业的研究设计单位、试验基地和管理机构等	全球：2009~2029 年，世界飞机需求量年均增长 3.3%，到 2029 年新交付的飞机数量为 30 900 架，总金额约 3.59 万亿美元[4]； 中国：2012 年，我国各类通用航空飞机的需求量为 10 000~12 000 架，未来 5~10 年，各类通用航空飞机需求量增长率将达到 30%[2]，其中直升机需求量可能超过 1500 架[3]
卫星及其应用产业	卫星及其应用产业包括卫星制造、卫星发射、卫星运营和地面设备制造。卫星制造包括卫星总成和分系统制造；卫星发射包括发射服务、发射器总成和分系统制造；卫星运营包括移动和固定数据、声音传输和广播电视等；地面设备制造包括地面控制站、移动终端、GPS 设备等。卫星运营和地面设备制造通称卫星应用	全球：2008~2018 年，卫星移动业务总收入的年复合增长率有望达到 8%；2018 年全球卫星对地观测业务将接近 39 亿美元；2019 年全球卫星付费电视入网用户数将达 2.35 亿户[5]； 中国：卫星导航产业产值在 2015 年将突破 2500 亿元，2020 年增长至 3000 亿~4000 亿元，"北斗"系统覆盖全球
轨道交通	轨道交通包括了地铁、轻轨、有轨电车和磁悬浮列车等，轨道交通具有运量大、速度快、安全、准点、保护环境、节约能源和用地等特点	全球：2008~2015 年，全球铁路装备市场总量将年均递增 3.4%，2015 年将达到 1600 亿欧元； 中国：预计 2015 年，我国城市轨道交通运营里程将达到 2500 公里，投资规模将近 1 万亿元

续表

产业分类	产业概述	市场容量
海洋工程装备	海洋工程装备主要指海洋资源（特别是海洋油气资源）勘探、开采、加工、储运、管理、后勤服务等方面的大型工程装备和辅助装备。国际上通常将海洋工程技术装备分为三大类：海洋油气资源开发装备、其他海洋资源开发装备、海洋浮体结构物	全球：预计2011~2015年世界海洋油气开发的年投资额为3000亿美元左右，按设备投资占20%~30%估算，海洋装备市场年需求规模大约在700亿美元左右； 中国：预计2015年海洋工程装备制造年销售收入达到2000亿元以上，其中海洋油气开发装备国际市场份额达到20%；2020年，海洋工程装备制造年销售收入达到4000亿元以上，其中海洋油气开发装备国际市场份额达到35%以上
智能制造装备	智能制造装备是指具有感知、分析、推理、决策、控制功能的制造装备，智能制造装备产业主要包括高档数控机床、智能测控装置、关键基础零部件、重大集成智能装备等	全球：预计2012年，全球新安装工业机器人将达到10.4万台，按照每台平均7万美元计算，全球工业机器人的市场规模在70亿美元以上； 中国：预计2012~2015年工业机器人年均增速有望达到25%左右。用于物流、搬运的移动机器人每年增幅也将不低于20%[6]。到"十二五"末，机床工具行业有望实现工业总产值7000亿元，其中，数控机床年产超过20台，销售额国内市场占有率在70%以上，全行业年出口额达到100亿美元，其中机床出口占40%以上

4.2 高端装备制造产业的产业链分析

高端装备制造产业链上、中、下游产业链划分如表4-2所示。

表4-2 高端装备制造产业链

产业分类	上游	中游	下游
航空工业	发动机设计、制造，地面试车，整机气动外形设计，风洞测试	飞机零配件、机体构造件及各子系统的设计、制造、应力测试等	整机组装、试飞和综合测试
卫星及其应用产业	卫星及通信芯片的设计、制造、系统集成、调试、测试和发射等	卫星的遥测、管理、维护、租赁等	卫星的运营、管理和应用
轨道交通	原材料、基础建筑	机械设备、电气设备	公用事业、运输服务、其他行业
海洋工程装备	物探钻探，钻采设备部件的设计	制订开发方案，确定采用固定式平台或浮式生产储油装置，海洋工程设备的生产	油井建设，油气资源的生产、储存、运输等
智能制造装备	数控系统、大功率激光器、功能部件（主轴、丝杠等）、铸件等关键设备的设计和生产	智能装备企业设计、生产	汽车、普通机械、军工和其他行业的运用

4.2.1 航空工业

航空产业链如图 4-1 所示。

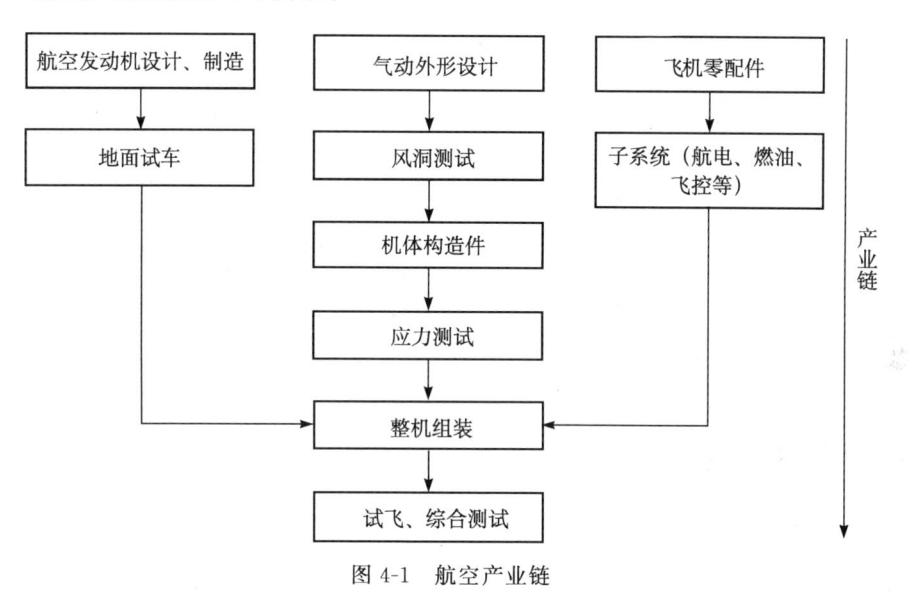

```
航空发动机设计、制造      气动外形设计        飞机零配件
        ↓                    ↓                ↓
     地面试车             风洞测试      子系统（航电、燃油、
                             ↓              飞控等）
                         机体构造件
                             ↓
                         应力测试
                             ↓
                         整机组装  ←────────────
                             ↓
                       试飞、综合测试
```

产业链 →

图 4-1　航空产业链

4.2.2 卫星及其应用

卫星及其应用产业链如图 4-2 所示。

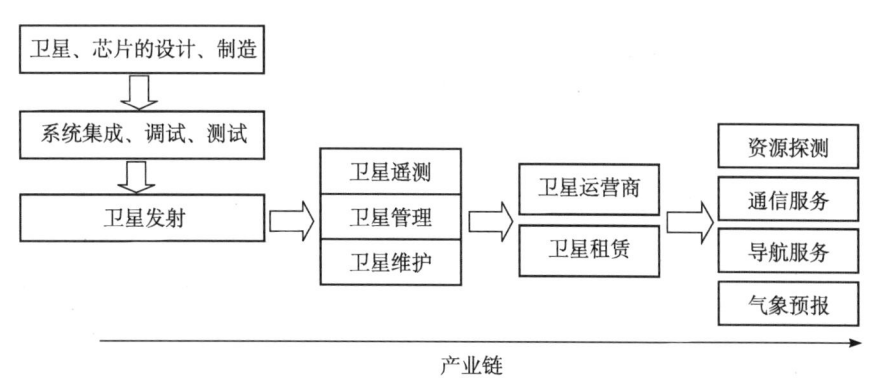

```
卫星、芯片的设计、制造
        ⇓
系统集成、调试、测试
        ⇓                卫星遥测      卫星运营商      资源探测
     卫星发射    ⇒      卫星管理   ⇒   卫星租赁   ⇒   通信服务
                         卫星维护                     导航服务
                                                     气象预报
```

产业链 →

图 4-2　航天卫星及相关应用产业链

4.2.3 轨道交通

轨道交通产业链如图4-3所示。

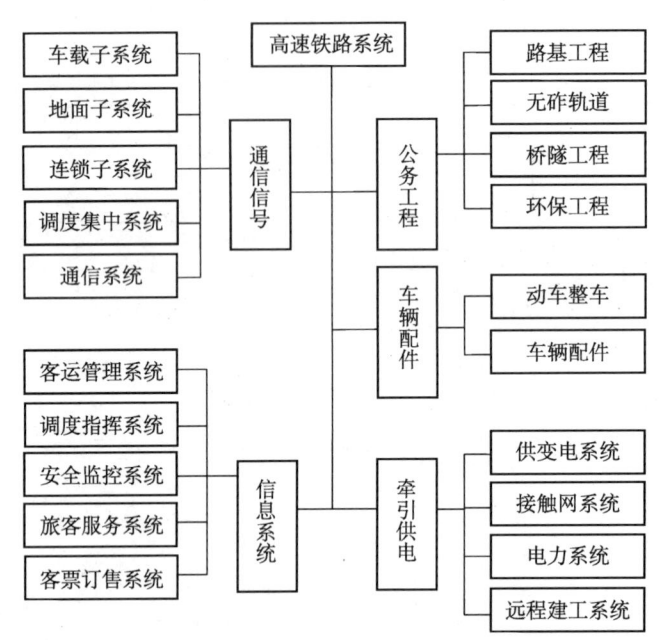

图4-3 高速铁路产业树状图

资料来源：天相投资顾问有限公司。

4.2.4 海洋工程装备

海洋工程产业链如图4-4所示。

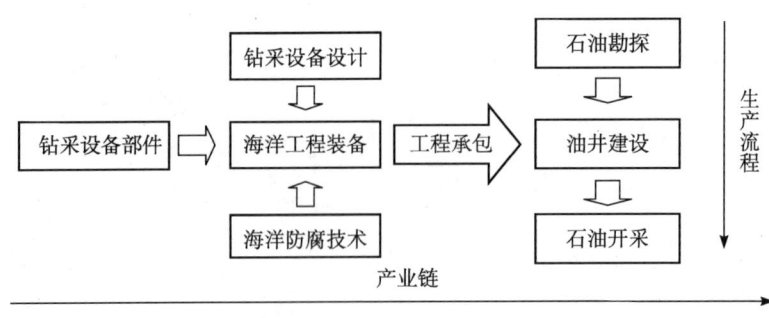

图4-4 海洋工程产业链

4.2.5 智能装备制造

智能装备制造产业链如图 4-5 所示。

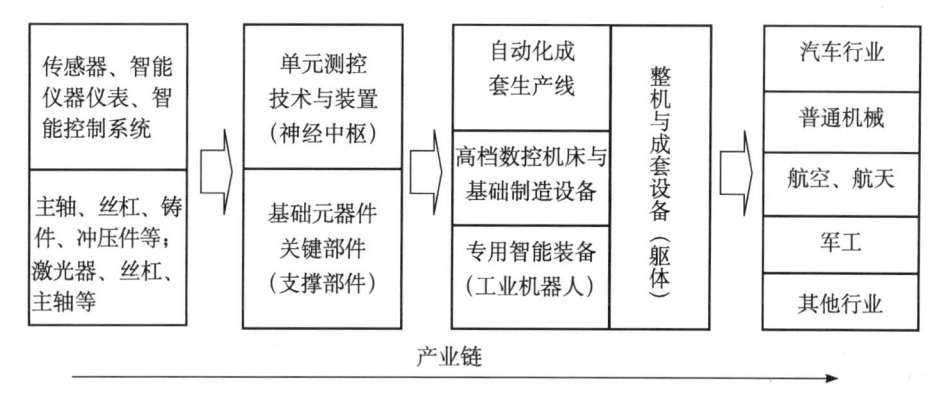

图 4-5 智能装备制造产业链

4.3 高端装备制造产业中的关键材料分析

4.3.1 航空结构材料

航空材料泛指用于制造航空飞行器的材料。航空结构材料主要包括机体材料和发动机材料，其特点是轻质、高强度、高可靠性。

4.3.1.1 飞机机体材料

飞机机体材料的发展经历了四个阶段，正在进入第五阶段。第一阶段（1903～1919 年），机体采用木、布结构；第二阶段（1920～1949 年），飞机材料主要以铝合金和钢为主；第三阶段（1950～1969 年），飞机材料中增加了钛金属；第四阶段（1970 年至 21 世纪初），飞机材料中增加了复合材料；第五阶段（21 世纪初至现在），复合材料、铝、钛、钢材料在飞机材料的用量比例上发生了变化，铝合金的地位下降，复合材料逐渐成为主流[7]。

国外新一代大型飞机机体材料使用总的趋势是复合材料和钛合金材料的用量不断增加，如美军C-17运输机钛用量占全机材料总重量的10.3%，复合材料占8.1%。欧洲A400M运输机复合材料用量在35%～40%；空客A380客机复合材料用量占全机材料总重量的22%，钛合金材料占10%；波音787客机复合材料用量占全机材料总重量的50%，钛用量占到15%[7]。

4.3.1.2 航空发动机材料

航空发动机为航空器提供飞行所需动力的发动机。航空发动机产业是航空装备工业中的重要支柱，被誉为航空工业"皇冠上的明珠"。目前，全球只有美国、俄罗斯、英国、法国四国能够自主研发全系列先进航空发动机。即使是对盟友，上述四国也对转让航空发动机核心材料的制备和加工技术持保留态度。航空发动机的分类如图4-6所示。

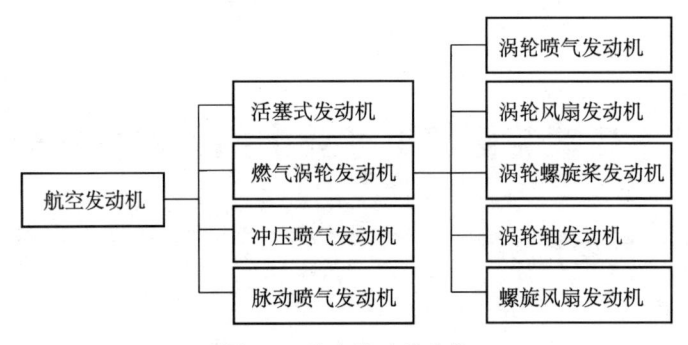

图4-6 航空发动机分类

半个多世纪以来，航空发动机技术取得了巨大的进步，军用航空发动机推重比由2～3提高到10～20，这对材料和制造技术的发展提出了更高的要求。航空发动机涡轮叶片（包括涡轮工作叶片和导向叶片）是航空发动机中最关键的部件，也是承受温度载荷最剧烈和工作环境最恶劣的部件之一，在高温下要承受很大、很复杂的应力，因而其对材料的要求极为苛刻[8]。

航空发动机涡轮叶片材料最初普遍采用变形高温合金。随着材料研制技术和加工工艺的发展，铸造高温合金逐渐成为涡轮叶片的候选材料，先后研制出了定向凝固高温合金、单晶高温合金等具有优异高温性能的新合金材料。我国涡轮叶片用高温合金材料研究始于20世纪50年代，铁镍基高温合金占有较大比例。虽然研制出了几种耐高温的合金,如可在950℃工作的红星11(GH3128)和在1000℃工作的GH170[9],但铁镍基高温合金与新型的金属间化合物——TiAl合金相比,在耐高温和比强度方面处于劣势,如图4-7[10]和表4-3[11]所示。

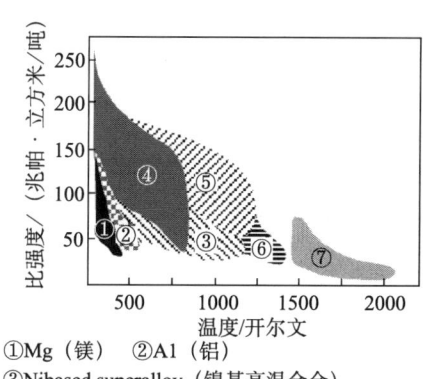

①Mg（镁） ②Al（铝）
③Nibased superalloy（镍基高温合金）
④Tialloy（钛合金） ⑤TiAl alloy（钛铝合金）
⑥Single crystal Ni-based superalloy（单晶镍基高温合金）
⑦Refractory metals（难熔金属）

图4-7 TiAl合金与其他合金在不同温度下的比强度比较

表4-3 Ti合金、Ti$_3$Al基合金、TiAl合金和Ni基超级合金的性能对比

性能	Ti合金	Ti$_3$Al基合金	TiAl合金	Ni基超级合金
结构	Hcp/bcc	Do19	L10	Fcc/L12
密度/（克/立方厘米）	4.5	4.0～4.7	3.7～3.9	7.9～8.5
弹性模量/吉帕	95～115	110～145	160～180	206
屈服强度/兆帕	380～1150	700～900	350～600	800～1200
抗拉强度/兆帕	480～1200	800～1140	440～700	1250～1450
抗蠕变极限/℃	600	750	750～950	800～1090
抗氧化极限/℃	600	650	800～950	870～1090
$\delta_{5,室温}$/%	10～25	2～10	1～4	3～25
$\delta_{5,高温}$/（%/℃）	12～50	10～20/660	10～60/870	20～80/870

由图4-7可以看出,与镍基高温合金和钛合金相比,TiAl合金具有更好的温度-比强度综合性能。TiAl合金的最大优点是高温性能好,抗氧化能力强、抗蠕变性能好和低密度（密度是镍基高温合金的1/2）,这些优点使TiAl合金成为未来航空发动机中最具竞争力的材料,可用于制作压气机高压叶片,燃气涡轮机中的中、低压叶片,压气机定子挡风板,定子机座以及其他形状复杂的大尺寸铸造和锻造零件。

TiAl合金主要有Ti$_3$Al（α2相）基、Ti$_2$AlNb（O相）基和TiAl（γ相）

基三种和正在研发的高铌（Nd）TiAl基合金。Ti$_3$Al（α2相）基合金工作温度为600～700℃，比近α型热强Ti合金高出约200℃，短时使用温度可达1000℃；Ti$_2$AlNb（O相）工作温度为700～800℃，短时使用温度可达1100℃；TiAl（γ相）基工作温度为750～900℃，与镍高温合金接近，但密度小于4.0克/立方厘米；高铌（Nd）TiAl基合金的研究方向是能在900～1000℃工作的高性能TiAl合金[12]。

航空发动机涡轮叶片在普通生产过程中受冷会发生变形（磕碰、吹砂、机械加工等），又在高于再结晶温度下停留，发生再结晶现象，直接破坏合金的组织形态，从而显著降低叶片的疲劳和持久寿命。采用定向凝固技术则可以生产出具有优良的抗热冲击性能、较长的疲劳寿命、较低的蠕变速率[13]（图4-8）和中温塑性的薄壁空心涡轮叶片。

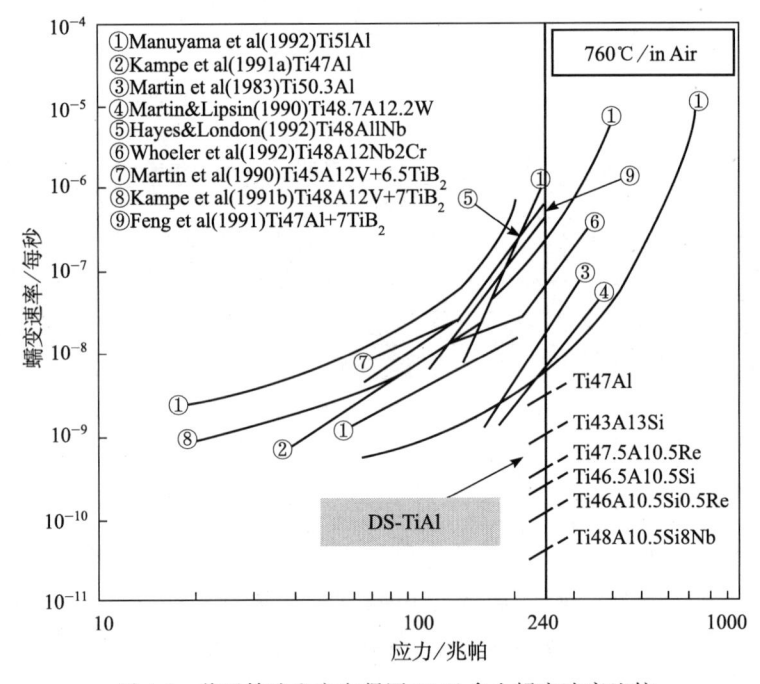

图4-8 普通铸造和定向凝固TiAl合金蠕变速率比较

定向凝固技术可获得生长方向与主应力方向一致的单向生长的柱状晶体，消除了垂直于应力轴方向的横向晶界，使晶界不再成为断裂的萌生源，从而提高了材料抗高温蠕变和疲劳的能力。定向凝固铸件的组织分为柱状、单晶和定向共晶三种。应用这种技术能使涡轮叶片的使用温度提高10～30℃，涡轮进口温度提高20～60℃，发动机的推力和可靠性提高，使用寿命延长。

常用的定向凝固技术有发热铸型法、功率降低法、高速凝固法和高温度梯度液态金属冷却法。

发热铸形法无法调节温度梯度和凝固速度，单向热流条件很难保证，故不适合生产大型优质铸件；功率降低法可以获得较大的冷却速度，但是在凝固过程中温度梯度是逐渐减小的，致使所能允许获得的柱状晶区较短，且组织也不够理想，设备相对复杂，能耗大；高速凝固法是通过辐射换热来冷却的，所能获得的温度梯度和冷却速度都很有限；高温度梯度液态金属冷却法是在高速凝固法的基础上，将抽拉出的铸件部分浸入具有高热导率的高沸点、低熔点、热容量大的液态金属中，形成了一种新的定向凝固技术。这种方法提高了铸件的冷却速度和固液界面的温度梯度，而且在较大的生长速度范围内可使界面前沿的温度梯度保持稳定，结晶在相对稳态下进行，能得到比较长的单向柱晶[14]。

综上所述，随着我国商业航空市场的发展，对军民两用大型飞机的迫切需求，航空发动机市场必须摆脱对国外公司的依赖。因此，高温度梯度液态金属冷却法（900～1000℃）TiAl合金材料的自主研发刻不容缓。

4.3.1.3 研究现状

俄罗斯的全俄轻金属研究院研究了同时添加锡（Sn）和锆（Zr）来改善BT22型钛合金的强度和高温蠕变性能。新的合金化学成分为Ti-5Al-5Mo-5V-1Fe-1Cr-1.7Sn-2.5Zr，牌号为BT37。截面尺寸为150～200毫米的BT37合金模锻件和自由锻造的静强度和疲劳强度比BT3-1合金高25％；固溶强化的BT37合金的静强度和疲劳强度比金属间化合物强化的高温钛合金高20％～25％以上[15]。

高强度TiAl合金，Ti55531（Ti-5Al-5V-5Mo-3Cr-1Zr）是空客公司与俄罗斯合作开发的新型高强度高韧度近β型钛合金，用于A380客机的机翼与挂架的连接装置；Ti-3Al-5Mo-5V-3Cr（Ti3553）用于紧固件，性能优于Ti3331（Ti-3Al-3V-3Mo-1Zr），比Ti-3Al-2.5V高30％；Ti110（Ti-5.5Al-1.2Mo-1.2V-4Nb-2Fe）用于安东诺夫系列大型运输机，具有优良的焊接性能[15]。

阻燃钛，主要有美国的Alloy C（Ti-35V-15Cr）[16]和英国的Ti-25V-15Cr-

2Al-0.2C[17]，其中 Alloy C 已在 F-22 飞机的 F119 发动机中得到实际应用。表 4-4 给出了部分国外高温 TiAl 合金的性能对比[15,18]。

表 4-4　部分国内外高温 TiAl 合金性能对比

合金	常温拉伸性能				600℃拉伸性能				残余应变/%
	R_m/兆帕	$R_{p0.2}$/兆帕	A/%	Z/%	R_m/兆帕	$R_{p0.2}$/兆帕	A/%	Z/%	
Ti600①	1068	1050	11	13	745	615	16	31	0.03*
Ti60②	1100	1030	11	18	700	580	14	27	0.1*
MI834③	1070	960	14	20	680	550	15	50	0.1*
Ti1100	960	860	11	18	630	530	14	30	0.1*
TG6④	1043	942	12.4	22.8	1104	1028	3.6	7.6	0.151**
	1036	940	12.3	24.6	1106	1026	4.0	7.4	0.108**

* 蠕变条件：600℃/150 兆帕/100 小时；** 蠕变条件：600℃/160 兆帕/100 小时。
①Ti600 成分为 Ti-Al-Mo-Sn-Zr-Si-Y，是西北有色金属研究院研制的一种近α高温合金；②Ti60 成分为 Ti-5.5Al-4Sn-2Zr-1Mo-0.3Si-1Nd-0.05C，以中国科学院金属研究所为主研制，并在此基础上研制出 Ti60A（Ti-5.8Al-4.0Sn-3.5Zr-0.4Mo-0.4Si-0.4Nd-0.4Ta-0.05C）；③ MI834 成分为 Ti-5.8Al-4.0Sn-3.5Zr-0.7Nb-0.5Mo-0.35Si-0.06C；④TG6 成分为 Ti-5.8Al-4.0Sn-4.0Zr-0.7Nb-1.5Ta-0.4Si-0.05C[19]，由北京航空材料研究院在 MI824 基础上，提高 Zr、Si 和 Ta 元素的含量研制而成。

4.3.2　空间材料

4.3.2.1　空间润滑材料

空间润滑材料主要可分为固体润滑材料和液体润滑材料两大类。

1. 固体润滑材料

在苛刻的空间环境中，油脂润滑剂易发生蒸发、分解或交联，很难胜任润滑作用。而固体润滑材料具有低的蒸发率、大工作温度区间、抗辐照、耐腐蚀等优点，因而在空间机械润滑中得到了广泛的应用[20]。空间机械常用的固体润滑材料可分为层状结构物、软金属、高分子聚合物、无机化合物和自润滑复合材料等五小类[21,22]。

1) 层状结构物

层状结构为主要包括石墨和二硫属化合物（二硫化钼、二硫化钨、二硒化铌）类固体润滑材料。

石墨来源广泛、价格低廉，并具有优良的高温安定性、化学稳定性、导电性。在工业领域中被大量应用[23,24]。石墨在真空中的润滑性能较差，不能单独用做空间润滑剂[20]，但经过改性和复合处理后的石墨具有很好的应用前景。

二硫化钼是应用最为广泛的固体润滑材料，具有良好的防真空冷焊能力和承载能力，且摩擦系数和磨损率很低，耐高低温交变和抗辐照性能较好，但纯二硫化钼润滑层在大气（特别是潮湿大气）环境下容易氧化、潮解，导致润滑性能下降甚至失效[25]。

2）软金属

软金属剪切强度低，晶体结构具有各向异性，能够发生晶间滑移。具有一定强度和韧性的软金属，一旦黏着于基材表面，能持续地发挥其优异的抗磨和润滑作用[26]；软金属没有低温脆性，在低温环境中也能保持良好的润滑性能，因而在空间机械中得到广泛应用[27]。这类润滑剂中研究和应用都较为广泛的是离子镀铅（Pb）膜、银（Ag）膜和金（Au）膜。

3）高分子聚合物

聚合物固体润滑材料具有以下优点：① 韧性好，不损伤对偶材料；② 化学稳定性好；③ 低温性能好，在真空中润滑作用良好；④ 具有很强的耐油性；⑤电绝缘性优良[27]。

4）无机化合物

无机化合物包含金属氧化物（如氧化铅、氧化硼、氧化锌、三氧化钼、二氧化硅）和金属氟化物（如氟化钙、氟化钡）等。在高温下无机化合物具有良好的润滑作用。

5）自润滑复合材料

自润滑复合材料集多种材料的优异性能于一体，能很好地满足空间机械低摩擦、长寿命和高可靠性等使用要求。多组元自润滑整体复合材料是实现空间机械良好润滑的可行途径。目前，广泛使用的自润滑复合材料有聚合物基、金属基和无机非金属基自润滑复合材料三大类[27]。

2. 液体润滑材料

液体润滑材料的润滑性、真空挥发性、黏度及黏温性能、爬移性等直接影响到空间机械部件的寿命和可靠性[28]。目前，主要使用的液体润滑材料有精制矿物油、氯苯基硅油、合成酯、全氟聚醚、聚烯烃、多烷基环戊烷等。硅烃的相关应用研究正在进行[29]。

4.3.2.2 空间用碳化硅材料

卫星高分辨率对地观测系统，是列入《国家中长期科学技术发展规划纲要（2006—2020年）》中的重大专项之一，而观测系统的核心部件——优质轻型光学反射镜的制造一直影响着系统的研制和发展。制造空间光学反射镜片所常用的轻质材料有 Be（铍）、微晶玻璃、熔融石英及 SiC 等，表 4-5 归纳了几种典型反射镜片材料的性能参数。

表4-5 几种典型反射镜片材料的性能对比[30]

性能	铍	微晶玻璃	ULE™光学玻璃	熔凝石英	硅	气相沉积法合成碳化硅	烧结碳化硅	SiC优势
密度/（克/立方厘米）	1.85	2.53	2.21	2.2	2.33	3.21	3.1	低
杨氏模量/吉帕	303	92	73	72	110	466	391	高
比刚度/（千牛/毫克）	164	36	33	33	47	145	126	高
导热率/（瓦/米·开尔文）	216	1.46	1.4	1.38	150	300	120~170	高
热膨胀系数/（10^{-6}/开尔文）	11.4	0.05	0.03	0.51	3.8	4.0 / 2.2（室温）	4.3 / 2.5（室温）	低
热变形系数/（10^{-8}·米/瓦）	5.3	3.4	2.1	37.0	2.5	1.3 / 0.7（室温）	2.5~3.6 / 1.5~2.1（室温）	低
表面粗糙度/纳米（均方根值）	≤1	—	≤0.3	≤0.3	≤0.5	≤0.3	≥2	低

从表 4-5 中不难看出，SiC 是制作空间轻质反射镜的理想材料，具体表现在五个方面：①杨氏模量较大，抗形变能力强，比刚度仅次于 Be，但成本更低，单位载荷引起结构的变形小；②具有良好的热传导性能，不会引起很大的内应力；③热变形系数最小（气相沉积法合成碳化硅），可使镜体在较宽的温度范围内具有良好的热稳定性；④无毒；⑤原材料费用和工艺费用低[31]。

新一代的空间对地光学信息收集系统的发展趋势是不断向大口径、离轴化、高度轻量化的方向发展。SiC 材料以其优越的光学性能、机械性能和热性能，成为目前空间大口径反射镜的首选，可以满足我国国防空间技术对光学系统的高质量、高分辨力和覆盖宽度的技术需要[32]。

4.3.2.3 研究进展

2009年11月8日,中国科学院兰州化学物理研究所"特种油脂和密封材料课题组"设计和制备了新型的P201润滑油和KKP201润滑脂,性能均达到或超过国外同类产品水平,成功地解决了空间遥感仪器精密轴承的润滑问题,并通过了甘肃省科学技术厅组织的科学技术成果鉴定和甘肃省工业和信息化委员会组织的新技术和新产品鉴定[33]。

表4-6列出了美国、欧洲等模拟航天器机械部件工作条件建立的液体润滑剂润滑性能评定方法及其评定结果[34]。美国国家航空航天局(NASA)研究发现:用溅射法将二硫化钼、金属或金属化合物共沉积在金属表面可以有效改变金属表面的润滑性能。通过共同溅射二硫化钼和镍,并将镍的含量控制在5%~8%时效果较佳,当镍含量达到7%,其润滑性能优于传统的二硫化钼溅射工艺润滑性能[35]。

表4-6 美国、欧洲等液体润滑剂润滑性能评定方法及其评定结果

润滑剂	一般理化性能 黏度/(平方毫米/秒)	黏度指数	倾点/℃	蒸汽压/帕	基础油类型
KG-80	520(20℃)	101	-9	1×10^{-6}(20℃)	精制矿物油
F-50	55(37.8℃)	324	-73	—	氯苯基硅油
NyeUC7	75(20℃)	134	-54	7×10^{-7}(20℃)	多元醇酯
Z25	255(20℃)	353	-66	3.9×10^{-10}(20℃)	
S-200	500(20℃)	210	-53	1.3×10^{-8}(20℃)	
143AC	800(20℃)	134	-35	2.7×10^{-6}(20℃)	全氟聚醚(PEPE)
143AB	230(20℃)	113	-40	2.0×10^{-4}(20℃)	
815Z	123(40℃)	350	-73(凝点)	—	
Nye 179	32.6(37.8℃)	127	-80(凝点)	—	
Nye 188B	107(40℃)	145	-55	—	聚α-烯烃(PAO)
PAO-100	1400(25℃)	168	-20	—	
2001A	107(40℃)	137	-55	3.9×10^{-9}(25℃)	多烷基环戊烷(MACs)
2001	107(40℃)	137	-55	3.9×10^{-7}(25℃)	
SHC	143(40℃)	169	—	—	硅烃

表4-7列出了国外常用的液体润滑剂类型。NASA大量使用Krytox143AC或AD类型的全氟聚醚(PFPE)[36]。欧洲航天局(ESA)则较多使用Fomblin Z25。Fomblin Z系列的使用温度范围为-90~+260℃,已被用于火星探测任务。

表 4-7 国外空间用液体润滑剂主要种类

机构（企业）	所属国家	产品名称
Du pont	美国	Krytox
Montedison	美国	Fomblin
Mektron	日本	Aflunox
Daikin	日本	Demnum
Hoechst	德国	Hostinert
Motedison	意大利	全氟聚醚-Galden

在欧洲航天局赫歇耳（HERSCHEL）空间望远镜计划中，由 BOOSTEC 公司参与制造的 3.5 米口径主镜将成为世界上口径最大的空间光学成像主镜。它的质量仅为 250 千克，由 12 片扇形子镜焊接组成，材质为气相沉积法合成碳化硅[37]，而哈勃望远镜直径 2.4 米的主镜采用 ULE 光学玻璃制成，重 829 千克。采用气相沉积法合成碳化硅制造的 HERSCHEL 主镜，比用 ULE 制造同尺寸的镜面质量减少 83%。

4.3.3 海洋防腐技术

海洋腐蚀造成的损失超过地震、台风、水灾、火灾等自然灾害造成损失总和的 6 倍。2001 年美国的腐蚀直接损失为国民生产总值的 3.1%，约合 2760 亿美元。而我国由腐蚀造成的损失，每年可达 5000 亿元以上，约占 GDP 的 5%。腐蚀所造成的经济损失除直接损失外还包括停工停产、设备维修、产品降级、效率降低等一系列间接损失。因此，世界各国对腐蚀工作都非常重视[38]。

由于钢铁材料韧性大、强度高、价格便宜，目前，我国海洋构筑物大都用钢铁材料制成。但钢铁材料在海洋环境中极易被严重腐蚀，直接威胁海洋构筑物的安全，并将造成严重的经济损失，因此，发展海洋防腐技术十分必要。

海洋腐蚀环境是一个特定、极为复杂的腐蚀环境，可纵向分为海洋大气区、飞溅区、潮差区、海水全浸区、海底沉积物区等五个不同区域。在不同区域，钢铁材料有不同的腐蚀特征。目前，针对钢铁材料的海洋防腐技术主要有电化学保护和涂层保护两类。在全浸区、海底沉积物区和部分潮差区中多采用电化学保护技术中的"阴极保护法"控制腐蚀，而在海洋大气区、飞溅区、潮差区多采用涂层保护技术中的"重防腐涂装技术"控制和延缓腐蚀的发生及扩散[39]。

4.3.3.1 电化学保护技术

电化学保护主要有牺牲阳极法和外加电流法两种。牺牲阳极法是将活泼金属（如锌、镁、铝及其合金等）与被保护体（即钢铁）等连接起来，在海水中形成宏观电池，依靠活泼金属的逐渐溶解来提供保护所需要的电流，此种保护方法需要定期检查和更换活泼金属。外加电流法则依靠外部直流电源来提供保护所需要的电流，回路中必须附设辅助阳极，因此使用范围不大。

电化学保护方法的使用有一定的局限范围，为了提高海上构筑物的防护效能，需同时将钢材材质、电化学保护和涂层保护进行综合考虑[40]。

4.3.3.2 涂层保护技术

根据国际标准化组织的 ISO 12944－2：1998（E）"钢结构防腐涂装"系列标准[41]，根据外界环境对低碳钢的腐蚀和对锌的腐蚀，将水和土壤以外的腐蚀环境分为6类（表4-8）。

表 4-8 大气腐蚀类别和典型环境

腐蚀分类	单元 表面质量/厚度损失（暴露时间：1年）				温和大气中的典型环境样例	
	低碳钢		锌			
	质量损失/（克/平方米）	厚度损失/微米	质量损失/（克/平方米）	厚度损失/微米	外部	内部
C1（很低）	≤10	≤1.3	≤0.7	≤0.1	—	具有清洁环境的恒温建筑，如办公室、商店、学校、宾馆等
C2（低）	10～200	1.3～25	0.7～5	0.1～0.7	低水平污染的大气环境、大部分农村地区	有水汽凝结产生的非恒温建筑，如仓库、运动场、体育馆等
C3（中）	200～400	25～50	5～15	0.7～2.1	城市和工业环境，中等SO_x污染，低盐度海岸环境	高湿度和有空气污染的房间，如食品加工工厂、洗衣店、酿酒厂、奶制品厂等
C4（高）	400～650	50～80	15～30	2.1～4.2	中等盐度的工业和海岸环境	化工厂、游泳池、近岸船只和船坞
C5-I（很高，工业环境）	650～1500	80～120	30～60	4.2～8.4	高湿度工业环境和腐蚀性大气环境	处于永久性有凝结或重度污染的建筑或环境
C5-M（很高，海洋环境）	650～1500	80～120	30～60	4.2～8.4	高盐度海岸和海洋环境	处于永久性有凝结或重度污染的建筑或环境

由表 4-8 可知，海上平台、浮式生产储油装置、陆地终端、海底管线等海洋工程装备的工作环境属于重度海洋腐蚀环境。为解决重腐蚀防护的问题，有机涂层保护成为常用的防腐技术。

在有机涂层保护技术中，传统的衬胶技术耐蚀性达不到要求，在腐蚀环境下易老化；聚烯烃类（PO）的涂料虽然有较好的耐蚀性，但与金属基体的结合力、抗渗透性、抗冲刷性差；衬塑层虽然化学稳定性较好，但与基体的结合力差[42]。鉴于传统技术的缺点，国外从 20 世纪 60 年代初开始研究"熔融结合环氧粉末涂层工艺技术"（FBE）。但由于涂层性能的限制，FBE 技术主要用于埋地管线、石油井管和钢筋等的防腐。对重腐蚀环境下的防护要求（如海洋环境），则需要使用更高性能的涂层材料，FBE 已不适用。

无溶剂环氧粉末及无溶剂液体环氧重防腐涂装技术，即 SEBF/SLF 技术，是在 FBE 技术上发展出来的一种重腐蚀防护技术，由 SEBF 和 SLF 两种基本的重腐蚀防护方法组成。SEBF 是一种改进型熔融结合环氧粉末涂层工艺技术，SEBF 系列涂料如表 4-9 所示[43]。

表 4-9 SEBF 系列涂料及用途

型 号	用途
SEBF-2	高抗蚀防腐涂料，耐腐蚀，具有高抗冲击和抗阴极剥离性能
SEBF-4	耐磨防腐蚀涂料，耐腐蚀，又耐磨损
SEBF-5	快速固化防腐涂料，用于长输管线的防腐
SEBF-6	抗气蚀抗冲刷防腐涂料，具有突出的黏附力和耐蚀性、抗冲刷性、抗气蚀性
SEBF-9A	耐强酸耐蚀涂料

SEBF 已将涂层的抗拉强度提高到 110 兆帕，抗冲击强度提高到 24 焦耳以上。SEBF 涂层在 60℃的 1％的 NaCl 溶液中浸泡一年，交流阻抗值恒定不变，达 10^{10} 欧姆·平方厘米。而涂层的抗渗透性在 60℃的蒸馏水中在 3％以下[43]。

SLF 是一种改性双组分无溶剂环氧涂层技术，在常温下固化，固体含量高，无挥发性溶剂，其性能已达到和超过了埋地管道用 FBE 涂层性能指标，表 4-10 所示为 FBE 和 SLF 的性能对比数据[44]。

表 4-10　FBE 和 SLF 性能对比

测试内容	FBE 技术指标	SLF 测试结果	标准方法
抗冲击强度（-30℃）/焦耳	>1.5	>4.0	CAN/CSA-Z245.20M
附着力/级	1～3	1～2	CAN/CSA-Z245.20M
阴极剥离/毫米	<8.0	4.1	CAN/CSA-Z245.20M
体积电阻率/(欧姆·米)	>1.0×10^{13}	1.0×10^{14}	GB/T 1410—1989
电气强度/(毫伏·米)	>30.00	35.10	GB/T 1408—1989

SLF 与 SEBF 涂层同属于一类热固性高分子材料，基础原料有共性，在结构上相似。因此，两种涂层材料间有较强亲合力，在实际应用时两者有较强的互补性。SLF 系列涂料如表 4-11 所示[42]。

表 4-11　SLF 系列涂料及用途

型号	用途
SLF-1	耐蚀修补剂
SLF-2	耐蚀厚浆补口涂料
SLF-3A	耐强酸耐蚀涂料
SLF-21	机喷大面积减阻防腐涂料

SEBF/SLF 重腐蚀防护涂层的主要特点如下：① 基体结合力强（大于 90 兆帕）；② 涂层自身机械强度高（大于 18 焦耳）；③ 涂层的抗渗透能力强（小于 3.5%）；④ 涂层的化学稳定性好（耐酸、碱、盐侵蚀）；⑤ 涂层表现的粗糙度低（与流体摩阻小）；⑥ 无毒，满足食品卫生标准（可用于食品行业）；⑦ 可根据需要进行机械加工，并可以用在动态部件上，增强部件的耐磨、耐气蚀、耐冲刷性能，提高部件在苛刻环境下的使用寿命等[45]。

4.3.3.3　研究进展

表 4-12 列出了国外在海洋大气区常用的防腐涂料及涂层厚度[46,47]。

表 4-12　国外海洋大气区使用涂层情况

材料及涂层数	涂层厚度
聚乙烯（3～4 层）	200～250 微米
环氧富磷酸锌底漆，2 层环氧	300 微米
无机硅酸锌底漆，2 层环氧	325 微米
氯化橡胶（3～4 层）	250～300 微米

在海洋大气区、飞溅区、潮差区用涂料方面，Alocit公司在土耳其马尔马拉海石油平台中采用两层无溶剂环氧树脂（2×300微米）和聚氨酯面漆保护平台飞溅区，设计使用寿命10～15年[46]。Winn&Coales公司使用石油膏保护带保护管线，带内加入脱水剂、缓蚀剂和杀菌剂，外面采用高密度聚乙烯防护套，在飞溅区使用11年后未发现管线腐蚀[48]。Soer等[49]通过实验，发现马来酸酐化聚丁二烯（PBDMA）和PSMA基的涂料对铝材的附着力较好。

在海水全浸区、海底沉积物区，国外正在积极研发并应用无毒的防污涂料，包括含磷或胺的聚合物涂料和硅树脂改性的环氧树脂低表面能涂料[50,51]。日本IHI株式会社采用IECOS防腐技术，即通过电沉积和阴极保护方法相结合的方式保护海洋装备，预计保护年限将达到或超过50年。

挪威研制出一种含活性颜填料且能在-30℃下使用的水性环氧防腐涂料，可用于舰艇的外壳[52]。美国Rohm&Hass公司开发的双组分水性丙烯酸/环氧树脂涂料系列，其性能明显优于溶剂型环氧/聚氨酯系列[53]。

在氟改性丙烯酸酯乳液方面，目前主要有两种改性方法：共混法和原位乳液聚合法。使用原位乳液聚合法，含氟聚合物和丙烯酸酯聚合物分子链互相缠结，达到分子级的复合时，能明显增强胶膜的耐水、耐磨等性能。共混改性则是氟乳胶粒和聚丙烯酸酯乳胶粒的相互混合，因而胶膜不如原位乳液聚合改性的胶膜性能提高大[54]。

4.3.4 固体激光材料

4.3.4.1 固体激光器的用途

激光技术已经在许多领域中获得了广泛应用。高能激光可以用于多种材料的切割、钻孔、焊接和表面处理，广泛用于航空、航天、海洋船舶、汽车工业以及激光武器等领域。

高能激光器主要有以下几种：①脉冲钕玻璃激光器；②二氧化碳激光器；③自由电子激光器；④化学激光器；⑤固体激光器［以掺钕钇铝石榴石（Nd：YAG）激光器为主，输出波长1.06微米，具有很高的泵浦效率，可制成结构紧凑、刚性好的全固态器件,可靠性高、寿命长,是一种很有发展前景的高能激光器][55]。

固体激光器常用于以下领域:①打标;②焊接;③切割;④热处理;⑤激光武器。

4.3.4.2 固体激光材料分类

1. 掺钕钇铝石榴石

固体强激光材料以掺钕钇铝石榴石为典型代表。掺钕钇铝石榴石是最常用的固体激光材料,可激发脉冲激光或连续式激光,发射激光为波长 1.064 微米的红外线。吸收的光谱区域为 0.730～0.760 微米和 0.790～0.820 微米。钇铝石榴石基质很硬,光学质量好,而且热导率高,从低温直至熔点,钇铝石榴石的结构都很稳定,在固相中不存在相变。此外,钇铝石榴石的立方结构有利于形成窄的荧光线宽,使激光器可高增益和低阀值工作,在掺钕钇铝石榴石中,三价钕取代三价钇,所以不需要电荷补偿[56]。

国内李冬青等[57]使用尿素共沉淀法制备掺钕钇铝石榴石纳米粉体,前驱体在 900℃煅烧 3 小时出现了钇铝石榴石相和钇铝单斜相(YAM)中间相,在 1000℃及其以上煅烧 3 小时后完全转变成钇铝石榴石相。900～1200℃煅烧的掺钕钇铝石榴石晶格常数值从 1.2012 纳米变化到 1.1994 纳米,颗粒度从 31 纳米变化到 96 纳米,并发现乙醇洗涤更有利于掺钕钇铝石榴石纳米粉体的分散。权纪亮等[58]发现,采用提拉法沿<111>方向生长掺钕钇铝石榴石激光晶体时,掺钕钇铝石榴石晶体开裂是由晶体生长后期的降温不均及生长速率的改变加剧了组分过冷引起的。姚立辉[59]发现,大尺寸掺钕钇铝石榴石产生晶体缺陷的主要原因如下:①低精度的生产设备;②有害杂质;③有缺陷的籽晶以及热力学影响。

Feldman 等通过在热正磷酸中进行化学蚀刻来加强多晶钇铝石榴石和掺钕钇铝石榴石晶体[60],Suárez 等[61]使用 1at.%的钕掺杂到纳米级钇铝石榴石粉末中,通过等静压烧结和同名陶瓷制备,得到的晶体在 680 纳米时在线透过率为 56%,在红外区为 80%。

2. 氟代硼铍酸钾/氟代硼铍酸铷

氟代硼铍酸钾($KBe_2BO_3F_2$,KBBF)和氟代硼铍酸铷($Be_2BO_3F_2$,

RBBF）晶体是我国在非线性光学晶体研究领域中，继发现 BBO、LBO 晶体后的第三个国产非线性光学晶体，对推动全固态深紫外激光源的发展和应用具有开拓性的作用，也充分证明我国在非线性光学晶体领域继续保持国际领先水平[62]。Science 称其他国家无法在 KBBF/RBBF 材料上与中国缩小差距。

KBBF 晶体能够缩短激光的波长，装备该晶体的各种激光器能发出具有极窄频宽的紫外光波，可用于超高分辨率光电电子能谱仪、超导测量、光刻技术等前沿科学领域，对未来的微纳米加工、生物医学、激光电视等将产生深远影响。

中国科学院理化技术研究所陈天创课题组、蒋民华课题组和许祖彦课题组通过合作，在 KBBF 的晶体设计、生长和表征方面取得了进展。他们利用 KBBF 棱镜耦合技术，成功实现了 197～193 纳米和 355～177.3 纳米的有效功率输出，实现了可调谐激光的 4 倍频谐波输出。已成功应用于建造国际上第一台超高分辨率角分辨全固态电子能谱仪[63]。

4.3.4.3 研究进展

2005 年，在美国空军研究实验室的倡导下，达信系统公司的研究人员研制的掺钕钇铝石榴石激光器获得了创纪录的 5 千瓦功率输出，持续工作时间达 10 秒[64]。凭借性能良好的透明掺钕钇铝石榴石激光陶瓷材料，美国已经开发出激光输出功率更高的固体激光器。美国已有输出功率为 67 千瓦的固体激光器[65]。Hreniak 等[66]采用低温高压（LTHP）法制备掺钕（原子分数 4%）的掺钕钇铝石榴石透明陶瓷，发光性能较好。Rabinovitch 等[67]采用冷冻干燥法制备前驱体粉末，在 1700℃下烧结 3 小时，获得了透明程度比较高的掺钕钇铝石榴石陶瓷。

国外关于透明掺钕钇铝石榴石激光陶瓷的研究还在进行中，性能方面也取得了比较好的进展，并且也达到了较大规模的实用阶段，如制备激光器件等。日本、美国和瑞典在该领域取得了较好的成果，但公开报道的文献并不多[68-70]。

国内 Li 等[71]复合添加了铬和钕，并对烧结温度进行了系统的研究，发现在 1800℃可烧结出全透明掺钕钇铝石榴石样品，同时，延长烧结时间也可以增加透明度。中国科学院上海硅酸盐研究所的刘文斌等[72]采用共沉淀法制备出掺钕钇铝石榴石前驱体粉体,在 1200℃煅烧 5 小时后,压制成素坯,最后经 10 小时 1700～1800℃煅烧,可获得透光性良好,平均尺寸为 15 微米的掺钕钇铝石榴石激光透明陶瓷。

日本、加拿大等国多家研究机构进行了深紫外固体激光器技术研究。输出功率一般在毫瓦量级,虽属于起始阶段,但已显现出良好的发展前景[73]。国内中国科学院理化技术研究所研制出 KBBF 晶体,把 193 纳米激光的功率提高到几十毫瓦,在国际上处于领先水平[74]。目前,深紫外激光源向多波长、高重频、高峰值功率、窄线宽、高光束质量和全固态方向发展[75]。

国内在实用化 LD 泵浦深紫外固体激光器方面,吉林大学[76]和华北光电技术研究所[77]采用谐波转换获得 193 纳米深紫外固体激光。目前,国内仅有中国科学院北京人工晶体研究发展中心可以生长深紫外固体激光器所用的 CLBO 非线性晶体。

在激光武器的研制方面,1998 年美军研制出 0.5 千瓦的钇铝石榴石激光器用于"宙斯"系统,进行排爆作业,到 2002 年成功排除 800 多枚地雷和未爆弹药,同年运往阿富汗战场,成功销毁 200 多枚弹药。2004 年年初改为使用 1 千瓦掺钕钇铝石榴石激光器。2006 年,美国诺斯罗普格鲁曼公司研制成功基于固态激光的"空中哨兵"激光武器系统,用于近程防御,但在 2008 年 3 月的打靶实验中表现并不理想。2007 年,美国雷神公司的 20 千瓦 IPG 光纤激光 LADS 系统在超过 502 米的距离上摧毁了一枚 60 毫米迫击炮弹。2009 年 6 月,美国军方在新墨西哥州南部的怀特桑兹导弹试验场首次进行战术高能武器试验,成功摧毁了一枚飞行中的喀秋莎火箭。2010 年 7 月,美国雷神公司的 Phalanx 武器系统发射 32 千瓦的激光能量束先后击落距离约 3.2 公里,以 480 公里时速飞行的 4 架无人飞机。2011 年 4 月,诺斯罗普格鲁曼公司的海上激光演示器(MLD)成功摧毁了一艘小型目标船。

4.3.5 高端装备制造主要材料及相关技术

表 4-13 列出了高端装备制造中涉及的部分关键材料技术。

表 4-13 高端装备制造产业关键材料及技术

产业分类	关键材料	与部分材料相关的关键技术
航空工业	(1) 航空发动机叶片材料：铝钛合金材料、钛合金材料、镍基合金材料； (2) 机体结构材料：碳纤维材料、铝及铝合金材料、镁及镁合金材料	(1) 合金纯净化冶炼技术：感应冶炼技术、真空自耗重熔技术、等离子冶炼技术； (2) 单晶定向凝固技术：功率降低凝固技术、发热剂凝固技术、高速凝固技术、高温度梯度液态金属冷却法技术
航天卫星及相关应用	(1) 碳纤维材料：聚丙烯腈基（PAN）碳纤维、沥青基碳纤维、黏胶基碳纤维、酚醛基碳纤维； (2) 铝钛合金材料； (3) 空间润滑材料：固体润滑材料、液体润滑材料、固体-液体复合润滑材料； (4) SiC 材料	(1) 纤维纺丝技术； (2) 预氧化处理技术； (3) 炭化处理技术； (4) 石墨化技术； (5) 晶化处理技术； (6) 单晶定向凝固技术； (7) 黏结技术； (8) 填充技术； (9) 物理气相沉积（PVD）技术； (10) 协同效应； (11) 相容性和浸润性
轨道交通	(1) 高铁轴承材料； (2) 车身轻量化材料：铝及铝合金材料、镁合金材料、钛合金材料、高强度钢材料、碳纤维材料	(1) 轴承钢材料冶炼技术； (2) 轴承滚道、轴承圈的特殊制造技术； (3) 轴承座圈热处理技术； (4) 轴承硬化技术； (5) 滑动接触面的表面处理技术； (6) 退火热处理技术； (7) 滚珠、滚针制造技术
海洋工程	(1) 海洋防腐涂料：无机环氧、热喷锌、铝或铝锌底漆涂料，环氧云铁、环氧玻璃鳞片、环氧沥青、氯化橡胶等有机环氧中漆涂料，聚氨酯、丙烯酸树脂或乙烯树脂等面漆涂料； (2) 高强度钢材料	(1) 热喷涂技术； (2) 电化学保护技术：牺牲阳极法、外加电流法； (3) 涂层保护技术：FBE 涂层技术、SEBF/SLF 重腐蚀防护技术
智能装备	固体强激光材料： 钡冕、钙冕类玻璃基材；蓝宝石、刚玉（$NaAlSi_2O_6$）、钇铝石榴石（$Y_3Al_5O_{12}$）、钇镓石榴石（$Y_3Ga_5O_{12}$）、钆镓石榴石（$Gd_3Ga_5O_{12}$）、钆钪铝石榴石（GdScAG）、钨酸钙（$CaWO_4$）、氟化钙（CaF_2）以及铝酸钇（$YAlO_3$）、铍酸镧（$La_2Be_2O_5$）、氟代硼铍酸钾（$KBe_2BO_3F_2$，KBBF）、氟代硼铍酸铷（$Be_2BO_3F_2$，RBBF）等晶体基材；受激发射金属离子，如 Cr^{3+}、Nd^{3+}、Sm^{2+}、Dy^{2+}、U^{3+} 等	(1) 掺钕钇铝石榴石粉末制备技术； (2) 掺钕钇铝石榴石晶体生长和加工技术； (3) 激光材料封装技术； (4) 加工/镀膜/热管理技术； (5) 表征评估方法

4.4 高端装备制造产业及其关键材料技术的 SWOT 分析

4.4.1 优势分析

4.4.1.1 产业基础优势

在航空发动机中，涡轮叶片是关键的部件。中国科学院金属研究所、西北有色金属研究院、北京有色金属研究总院、北京航空材料研究院及航空发动机气动热力国防科技重点实验室等研究机构均对航空发动机叶片材料展开研究。其中，中国科学院金属研究所在叶片铝钛合金研究方面具有明显优势。同时，我国拥有无锡透平叶片有限公司和安泰叶片技术有限公司两家大型涡轮机叶片生产公司，沈阳黎明航空发动机（集团）有限责任公司、中航工业西安航空发动机（集团）有限公司和哈尔滨东安发动机（集团）有限公司等三家大型航空发动机制造公司。

在航空、航天轻量化结构材料方面，哈尔滨工程大学、中国科学院金属研究所和中国科学院山西煤炭化学研究所均对碳纤维材料展开了研究。我国还拥有中国中钢集团公司吉林炭素股份有限公司、金发科技股份有限公司和宁夏大元股份有限公司旗下的嘉兴中宝碳纤维有限责任公司三大碳纤维龙头企业。

目前，我国的海洋工程装备投资已开始兴起，拥有优良的海洋工程装备建造基地。而且，海洋工程装备与船舶在设计制造环节具有较强的相似性，我国作为世界船舶制造中心，可以为海洋工程装备制造提供良好的平台。在全国范围内，规划和在建的海洋工程装备基地已有 20 多个。其中规模较大的投资项目主要由中国石油公司和中国海洋石油公司发起，联合当地政府兴建；而外商投资的海洋工程项目主要采取合资形式筹建，包括设计和制造公司在内外资项目（含企业）主要有 15 家左右。

在高速铁路方面，通过引进、消化和吸收国外先进技术，我国已形成中国北车股份有限公司和中国南车股份有限公司两雄并列的状况。中国科学院岩土力学研究所和中国科学院上海技术物理研究所分别为我国高铁的路基建设和火车轴温探测做出了贡献。

在智能装备制造方面,依托国家重点工程和重大科技专项的实施,一批国家急需、长期以来进口、受制于国外的智能制造装备实现突破;形成一批具有国际竞争力的龙头企业,沈阳机床、大连机床两个集团的年销售收入均超过百亿元,进入世界机床产业前10强。产业资本体系多元化,初步形成了国有企业、民营企业、三资企业多元化发展的格局。

4.4.1.2 市场优势

在航空方面,到2012年,中国各类通用航空飞机的需求为10 000～12 000架,未来5～10年内,其增长率则将达到30%。未来10年我国的直升机需求量可能超过1500架。

在卫星及其应用方面,我国卫星导航产业在2015年将突破2500亿元,2020年增长将至4000亿元[78]。

在轨道交通方面,根据我国《中长期铁路网规划》,到2012年,我国将建成总里程1.3万公里的"四纵四横"高速铁路网,客车速度目标值达到每小时200公里及以上。预计2015年,我国城市轨道交通运营里程将达到2500公里,投资规模将近1万亿元。到2020年,200公里及以上时速的高速铁路建设里程将超过1.8万公里[79]。

在海洋工程方面,未来5年,中国将有30多个油田待开发,需建造70多座平台,新建和改造10多艘浮式生产储油装置(FPSO)。其中,中国海洋石油总公司需建造55座海洋平台、6艘FPSO、4个陆地终端,铺设海底管线1000多公里,投资总量每年将以百亿元递增。

在智能装备方面,到2020年,航空、航天卫星、轨道交通和海洋工程四大行业所需要的高档数控机床与基础制造装备80%以上要立足国内生产。未来3～5年工业机器人年均增速有望达到25%左右。

4.4.1.3 资源优势

中国矿产资源品种较齐全,目前已知有171种矿产,经地质工作探明可供开发利用的矿产有 156 种,是世界上探明储量最多、品种配套齐全的国家之一[80]。

用于高端装备制造的主要材料中,我国原生钛(磁)铁矿共有产地 60 处、钛铁砂矿产地 99 处、金红石矿产地 45 处,钛矿查明资源折合成 TiO_2 后储量为 71 239.58 万吨(金红石按 100%,钛铁砂矿按 52%折算)[81]。我国大、中型铝土矿床占总储量的 86%,有 31 个储量大于 2000 万吨的大型矿床,83 个储量在 500~2000 万吨的中型矿床。

我国是世界第一大稀土资源国,已探明的稀土资源量约 6588 万吨。我国稀土资源具有储量丰富、矿种和稀土元素齐全、稀土品位及矿点分布合理等优势,且矿床类型齐全,分布面广而又相对集中。

4.4.1.4 中国科学院竞争优势

1. 专利申请数量

图 4-9 给出了中国 TiAl 合金叶片材料各机构专利申请情况,可以看出,在排名前 10 的机构中,中国科学院金属研究所是唯一的国内研究机构。

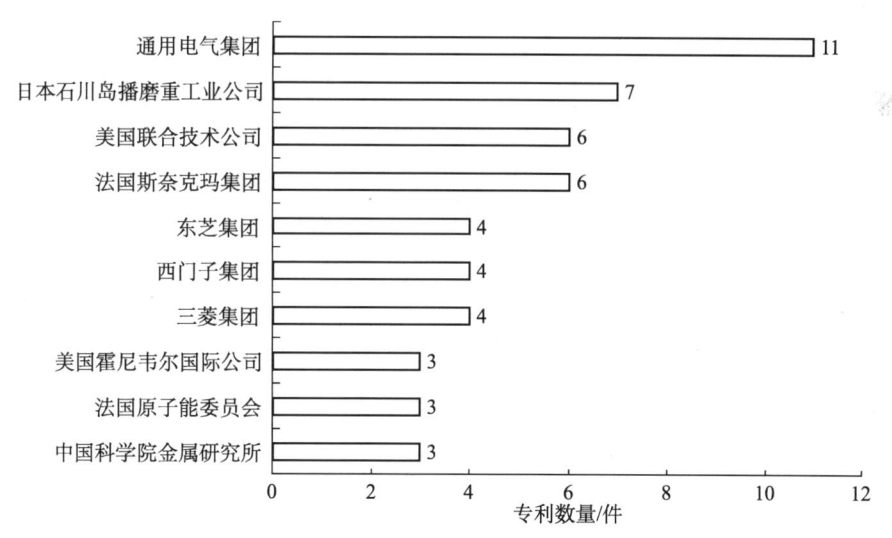

机构	专利数量/件
通用电气集团	11
日本石川岛播磨重工业公司	7
美国联合技术公司	6
法国斯奈克玛集团	6
东芝集团	4
西门子集团	4
三菱集团	4
美国霍尼韦尔国际公司	3
法国原子能委员会	3
中国科学院金属研究所	3

图 4-9 中国 TiAl 合金叶片材料各机构专利申请情况

图 4-10 给出了我国 2000~2010 年空间润滑材料各机构专利申请情况。中国

科学院专利数量为 15 件,排名第一。

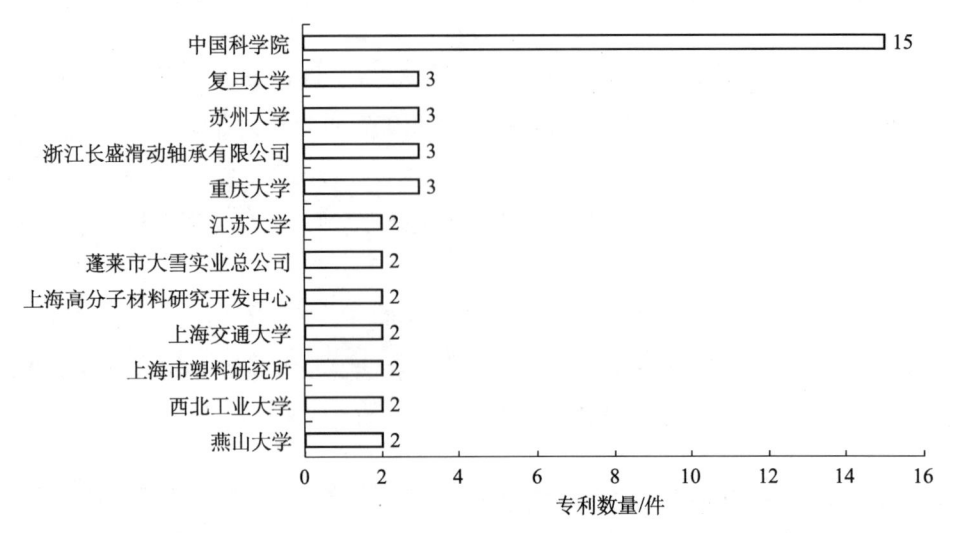

机构	专利数量/件
中国科学院	15
复旦大学	3
苏州大学	3
浙江长盛滑动轴承有限公司	3
重庆大学	3
江苏大学	2
蓬莱市大雪实业总公司	2
上海高分子材料研究开发中心	2
上海交通大学	2
上海市塑料研究所	2
西北工业大学	2
燕山大学	2

图 4-10 我国 2000～2010 年空间润滑材料各机构专利申请情况

图 4-11 给出了我国 2000～2010 年 SiC 材料各机构专利申请情况。中国科学院专利数量为 178 件,排名第一。

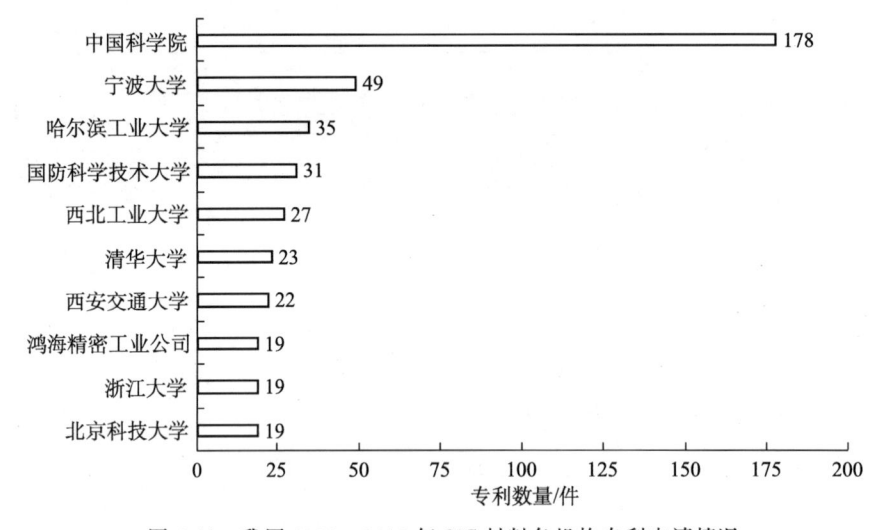

机构	专利数量/件
中国科学院	178
宁波大学	49
哈尔滨工业大学	35
国防科学技术大学	31
西北工业大学	27
清华大学	23
西安交通大学	22
鸿海精密工业公司	19
浙江大学	19
北京科技大学	19

图 4-11 我国 2000～2010 年 SiC 材料各机构专利申请情况

图 4-12 给出了我国研究海洋防腐涂料各机构专利申请情况(前 10 位),可以看出,中国科学院具有明显优势。

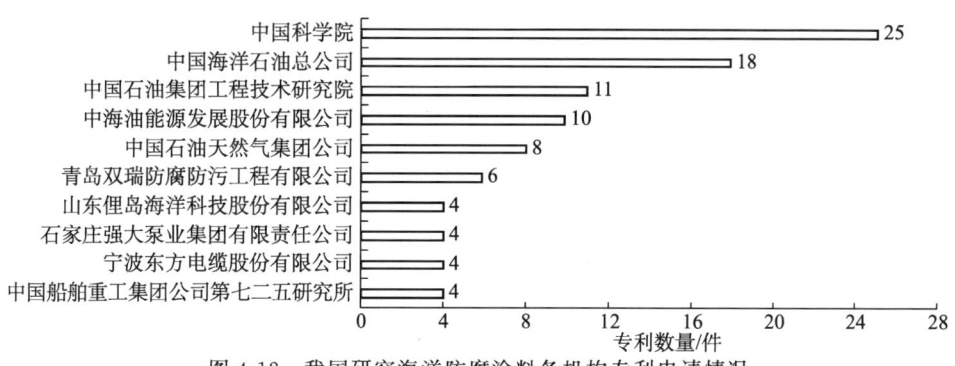

第4章 高端装备制造产业之关键材料分析

机构	专利数量/件
中国科学院	25
中国海洋石油总公司	18
中国石油集团工程技术研究院	11
中海油能源发展股份有限公司	10
中国石油天然气集团公司	8
青岛双瑞防腐防污工程有限公司	6
山东俚岛海洋科技股份有限公司	4
石家庄强大泵业集团有限责任公司	4
宁波东方电缆股份有限公司	4
中国船舶重工集团公司第七二五研究所	4

图 4-12 我国研究海洋防腐涂料各机构专利申请情况

图 4-13 显示了固体激光器材料优先权专利数量在 100 件及以上的机构。可以看出，固体激光器材料相关专利申请在 100 件及以上的 26 个机构中，有 2 个来自韩国（LG 和三星）、1 个来自美国（美国电话电报）、1 个来自中国（中国科学院），其余 22 个均来自日本。这充分显示出日本企业对固体激光器材料技术及其应用的高度重视，以及它们在该领域的主导地位。

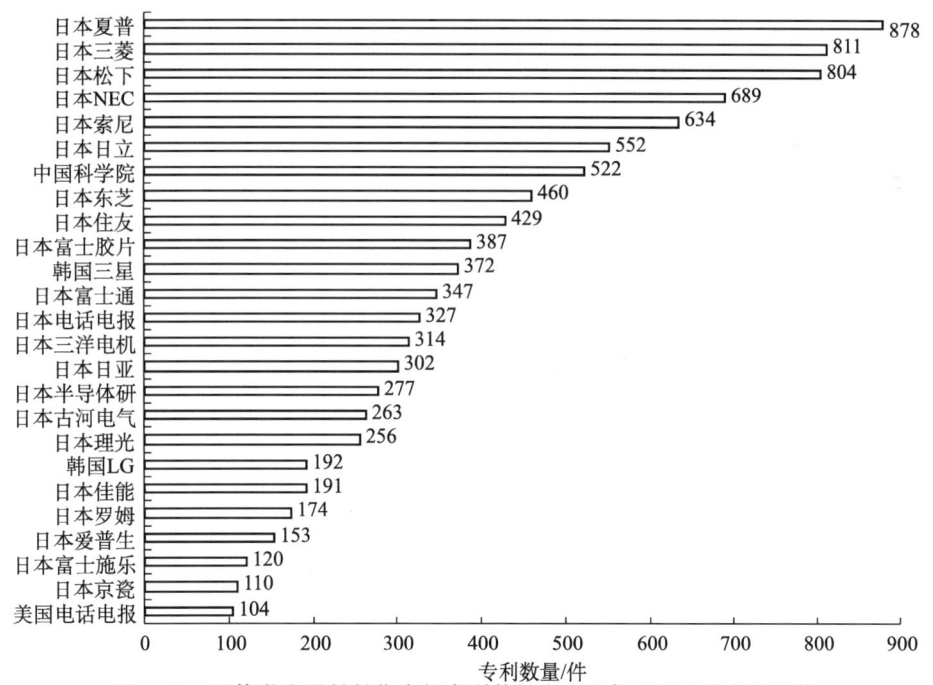

机构	专利数量/件
日本夏普	878
日本三菱	811
日本松下	804
日本NEC	689
日本索尼	634
日本日立	552
中国科学院	522
日本东芝	460
日本住友	429
日本富士胶片	387
韩国三星	372
日本富士通	347
日本电话电报	327
日本三洋电机	314
日本日亚	302
日本半导体研	277
日本古河电气	263
日本理光	256
韩国LG	192
日本佳能	191
日本罗姆	174
日本爱普生	153
日本富士施乐	120
日本京瓷	110
美国电话电报	104

图 4-13 固体激光器材料优先权专利数量在 100 件及以上的主要机构

2. 科技成果完成数量

图 4-14 给出了我国 TiAl 合金叶片科技成果登记的年度变化趋势。可以看出，2008 年的科技成果登记量增长较其他年度显著。同时，我国在 TiAl 合金叶片技术上的科研产出主要分布在 2005~2009 年，而且呈现良好的发展态势。

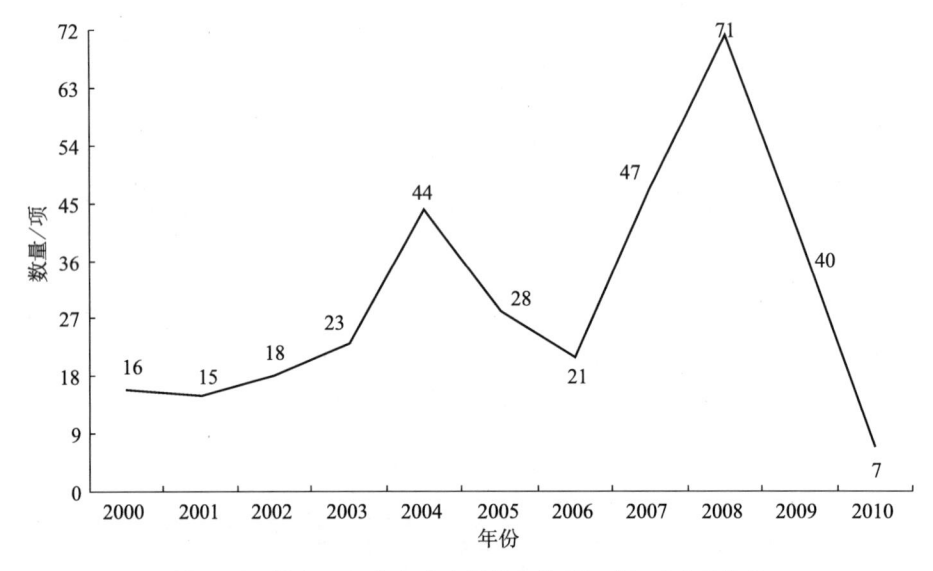

图 4-14 我国 TiAl 合金叶片科技成果登记的年度变化趋势

图 4-15 为 TiAl 合金叶片领域中主要成果完成机构的科技成果登记总量（科技成果登记总量大于等于 4 项）及其机构分布图。从科技成果登记总量来看，中国科学院是 TiAl 合金叶片技术领域主要科技成果的完成机构，达到 25 项，其次是大连理工大学，为 10 项，其余机构均在 9 项以下。

图 4-16 显示了空间固体润滑材料领域主要成果完成机构的科技成果登记总量（科技成果登记总量大于 3 项）。从科技成果登记总量来看，中国科学院是空间固体润滑材料领域主要科技成果的完成机构，在此领域的应用技术成果方面最多，达到 41 项。

图 4-17 给出了我国 SiC 科技成果登记的年度变化趋势。可以看出，在 2002~2008 年的科技成果登记量增长较其他年度显著，这显示出我国在 SiC 技术上科研投入主要分布在 2002~2009 年，整体呈现良好的发展态势。

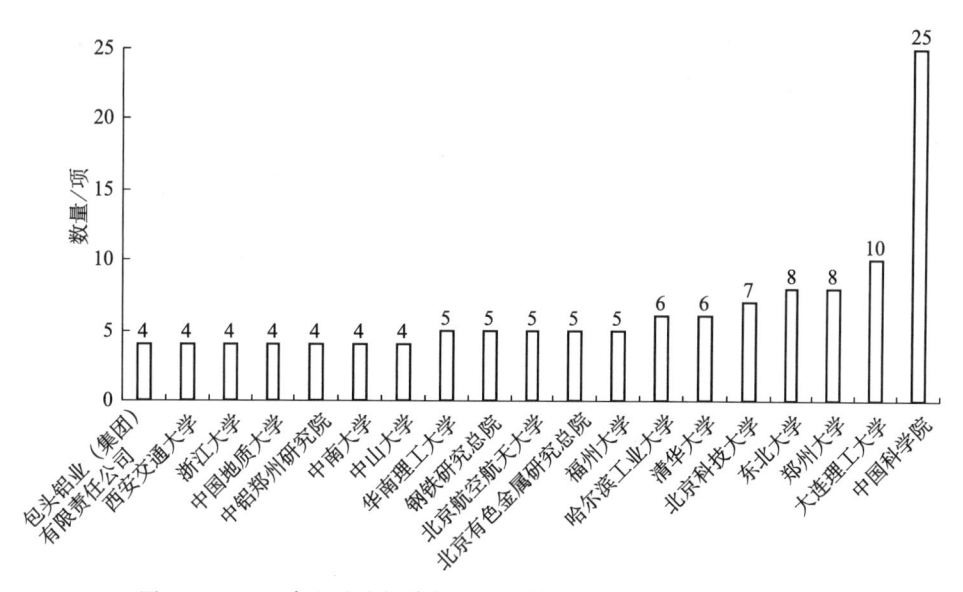

第4章 高端装备制造产业之关键材料分析

图 4-15 TiAl合金叶片领域主要成果完成机构的科技成果登记总量

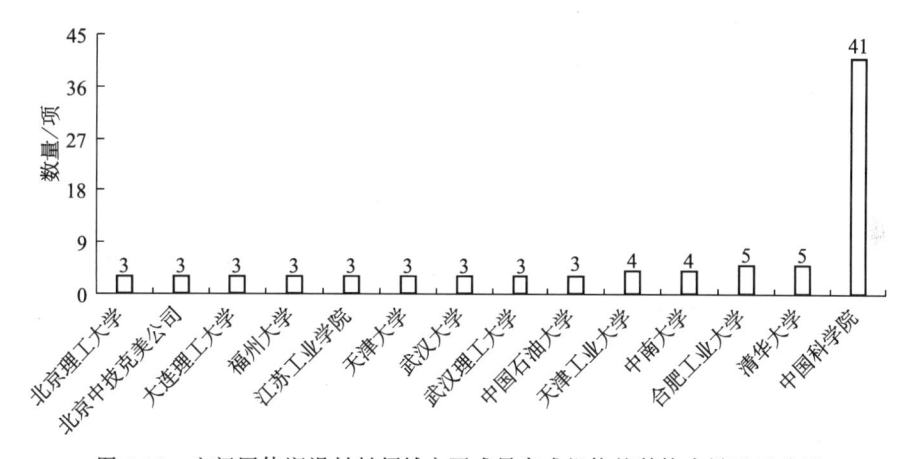

图 4-16 空间固体润滑材料领域主要成果完成机构的科技成果登记总量

图 4-18 显示了 SiC 领域主要成果完成机构的科技成果登记总量（科技成果登记总量大于 6 项）。从科技成果登记总量来看，中国科学院是 SiC 领域主要科技成果的完成机构。在 SiC 技术的应用技术成果方面最多，达到 86 项，其次是清华大学，为 21 项，其余机构少于 20 项。这表明中国科学院和清华大学是 SiC 技术的主要研究机构。

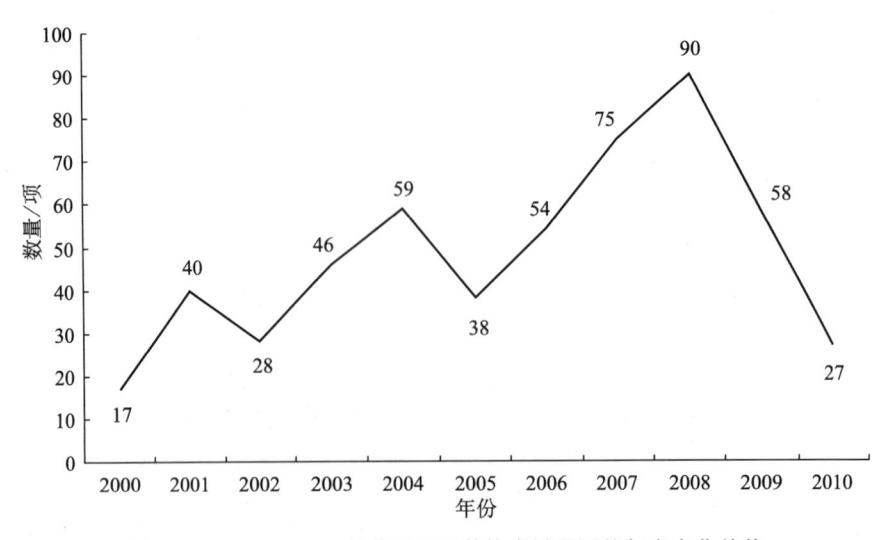

图 4-17 2000～2010 年我国 SiC 科技成果登记的年度变化趋势

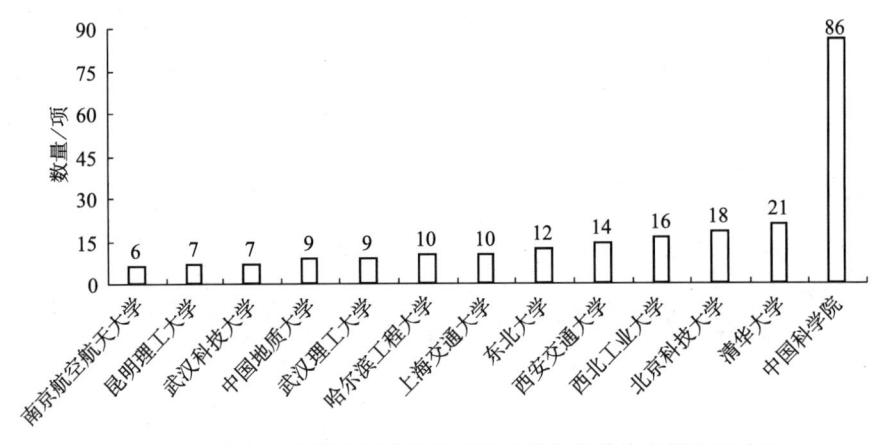

图 4-18 国内 SiC 领域主要成果主要完成机构的科技成果登记总量

图 4-19 显示了海洋腐蚀防护技术领域主要成果完成机构的科技成果登记总量（科技成果登记总量大于或等于 4 项）。从科技成果登记总量来看，中国科学院是海洋腐蚀防护技术领域主要科技成果的完成机构，多达 50 项，其次是武汉材料保护研究所，为 10 项，其余机构少于 10 项。

图 4-20 为固体激光材料领域主要成果完成机构的科技成果登记总量（科技成果登记总量大于等于 3 项）。从科技成果登记总量来看，中国科学院是固体激光材料技术领域主要科技成果的完成机构，是固体激光材料技术领域中的科技

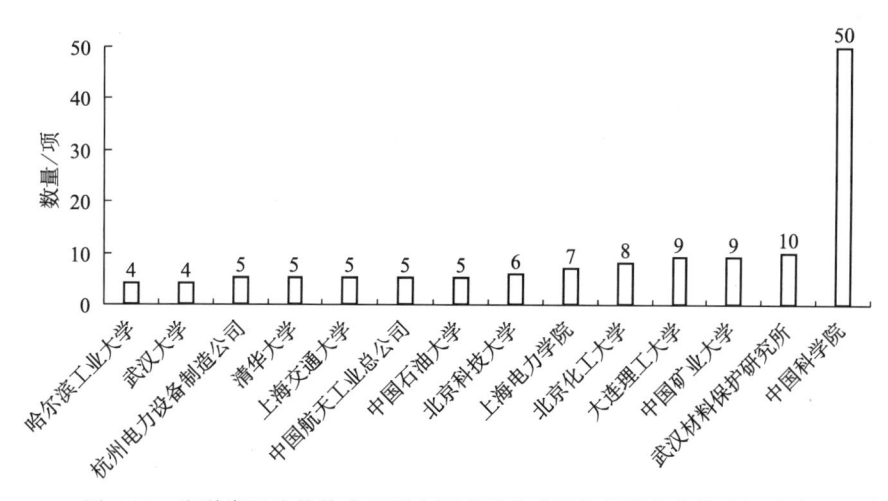

图 4-19 海洋腐蚀防护技术领域主要成果完成机构的科技成果登记总量

成果创造的活跃者，其科技成果数量多达 119 项。清华大学与天津大学分别为 10 项和 14 项，其余机构均在 10 项以下。

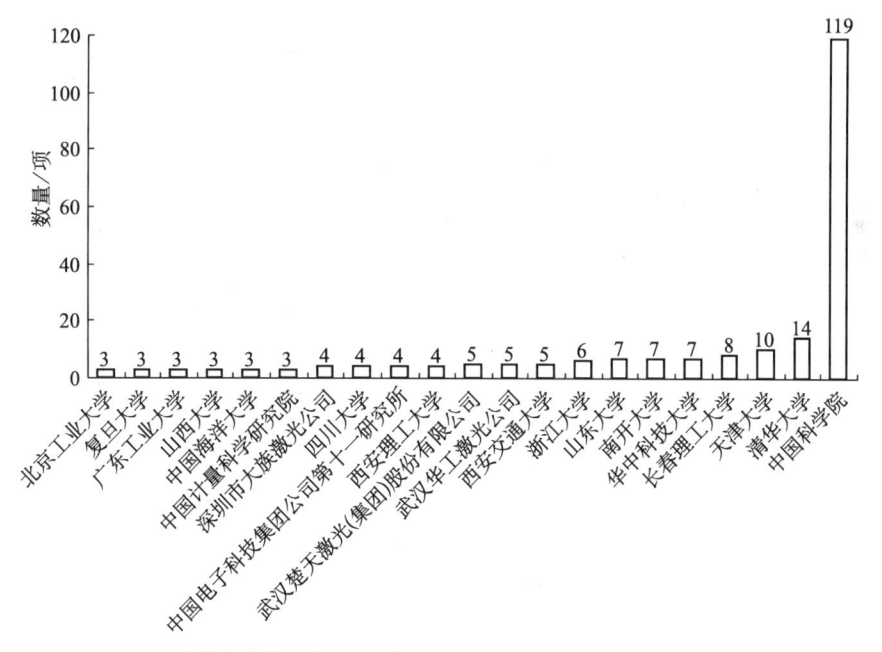

图 4-20 固体激光材料技术领域主要成果完成机构的科技成果登记总量

4.4.2 劣势分析

4.4.2.1 缺乏核心技术，对外依赖程度偏高

我国在高端装备大部分领域中未能掌握核心技术，对外依存度仍然偏高，科学仪器和精密测量仪器对外依存度达70％，高档数控机床中和高档数控系统的对外依赖程度分别为90％和95％，机器人和工厂自动控制系统仍主要依赖进口[82]。2009年我国装备制造业进口总额高达1746亿美元，基本是高端装备与核心关键基础件[82]。高端装备所需的关键零部件、元器件和配套设备仍需大量进口。

我国航空工业所需发动机、机载设备、原材料和配套件90％依赖进口；时速跨越160公里的动车组所用轴承100％进口；海洋工程装备80％以上的配套设备依赖进口[83,84]；大型工程机械所需30兆帕以上液压件全部进口[85]。而国产数控机床始终处于低档迅速膨胀、中档进展缓慢、高档依靠进口的局面。在产品设计精度、水平、质量、性能等方面落后国外先进水平5～10年；在高、精、尖技术方面则落后10～15年[86]。

4.4.2.2 产业链发展不均衡

现阶段，我国高端装备制造产业的发展过度依赖单机、单套的增长。而为用户提供系统设计、系统成套和工程承包、维修改造、回收再制造等的整体服务业未能得到很好的培育和发展。大多数企业仍处于产业链、价值链和技术链的低端（如加工装配环节），服务收入所占比重低于10％[83]。

4.4.3 机遇分析

4.4.3.1 多项政策扶持高端装备制造产业的材料发展

2010年9月，国务院常务会议审议并原则通过《国务院关于加快培育和发展战略性新兴产业的决定》。节能环保、新一代信息技术、生物、高端装备制造、新能源、新材料和新能源汽车七个产业被确定为战略性新兴产业。国家将

设立战略性新兴产业发展专项资金，建立稳定的财政投入增长机制，引导和鼓励社会资金投入战略性新兴产业。而在《中共中央关于制定国民经济和社会发展第十二个五年规划的建议》中更是将高端制造业作为发展战略性新兴产业的重点领域之一，被确定为我国"十二五"规划和资金投向的重点。

4.4.3.2 大力扶持高端装备制造发展，材料市场潜力巨大

在"十二五"规划中，航空、卫星及相关应用、轨道交通、海洋工程与智能装备等五大重点发展领域涉及众多的新材料，涵盖铝、镁、镍、钛及其合金材料、碳纤维材料、空间润滑材料、碳化硅材料、能量转换与储存材料、隔热材料、高强度结构材料、抗腐蚀涂料、新一代介构材料，固态强激光材料等。

材料与制造是密不可分的，新材料产业产值约占我国GDP的30%，发展空间巨大，正成为地方政府发展经济必须争取的新制高点。随着高端装备国内市场的不断扩大，必将拉动新材料的市场需求。

4.4.4 威胁分析

4.4.4.1 技术垄断及封锁

全球航空发动机设计、制造、装配技术被美国、欧盟垄断，形成以通用电气、罗尔斯罗伊斯和普拉特·惠特尼为代表的三巨头。民用客机则是波音、空客两家企业独大。多年来，我国的航空发动机技术多从俄罗斯、乌克兰等地引进，但苏/俄（乌）系航空发动机在推重比、耐用性和体积、油耗等指标上与西方国家的发动机相比，仍处于劣势。而现阶段，我国从西方引进先进发动机整体制造技术很少，在技术交流、知识产权等方面的话语权处于不利状态。例如，C919大型客机的发动机供应商CFM International，就不打算向我国转让Leap-X系列引擎的技术。

在高强度碳纤维材料方面，全球市场被日本东丽、东邦人造丝和三菱人造丝三家企业垄断。其中，东丽公司在全球碳纤维市场份额中占30%以上。碳纤维树脂复合材料是军民两用新型材料，属于技术密集型和政治敏感的关键材料。

以美国为首的西方国家对我国实行禁运封锁政策，引进先进的碳纤维树脂复合材料生产技术更无可能，特别是高性能聚丙烯腈（PAN）原丝制备技术。我国加入 WTO 后，形势也未发生变化。日本、德国、美国、韩国等国家对我国的碳纤维材料及制品的出口一直保持相当谨慎的态度，只有为数很少的国内企业能够与其建立合作关系，拥有其产品的进口渠道。因此，除了自力更生研发碳纤维树脂复合材料外，别无其他选择。

全球近 80% 的轴承是由 8 家跨国公司生产的，分布于美国、日本、欧洲，而中国注册轴承企业约 6000 家，排名前十位的轴承企业销售额合计仅占全行业近 40% 的份额。在作为高铁基础零部件的高速列车轴承领域，瑞典球磨（SKF）、德国舍弗勒（Schaeffler）旗下的 FAG、日本恩梯恩（NTN）等国际巨头牢牢占据着中国市场[84]。

在高端机床方面，我国大量的依赖进口，特别是依赖欧洲的进口。2010 年，我国机床的总体消费额达到 272.8 亿美元。而我国机床产品贸易逆差 80.42 亿美元，同比增长 81.07%[87,88]。

目前，我国的高端装备制造自主创新能力薄弱，缺乏核心技术。技术垄断、封锁、专利保护、贸易禁运等环境因素使得我国引进高端装备制造的先进技术困难重重。

4.4.4.2 市场竞争激烈

欧美等西方发达国家拥有高端装备制造的材料和技术优势，并以优势垄断市场。目前，我国高端装备制造缺乏核心技术和自主品牌，在国际和国内市场中基本处于劣势，且加入 WTO 后，人民币持续升值，中国市场的购买力正在变强，吸引更多外国企业进入我国市场，从而导致高端装备制造产业更加激烈的竞争。同时，通胀、美元疲软等因素使得我国企业进口核心部件的价格居高不下，对国内相关企业又造成新一轮的冲击，我国的研究机构和企业需承受技术垄断和市场的双重压力。

4.5 结　论

中国高端装备制造业虽然发展迅猛，但是存在如下问题：过度依赖投资增长；自主创新能力薄弱，缺乏核心技术和自主品牌；基础制造水平滞后，部分领域存在重复建设和产能过剩；能源资源利用率低，产品能耗高等。

因此，高端装备制造产业对各种新型材料的需求十分迫切，这种需求主要可分为三类。

（1）结构材料，如对强度要求较高的深海工程装备所使用的高强度结构钢，对轻量化要求较高的航空、航天、轨道交通装备（质量较轻可获得较高的燃料效率，在油价飙涨的背景下具有重要意义）等。

（2）功能材料，如海洋装备所需的防腐材料、智能装备制造业所需的信息功能材料等。

（3）使能材料，如固态强激光材料，其成套设备大功率激光器是高端装备制造中对材料进行焊接、切割、表面处理等工艺必需的。

建议我国将以下关键材料（表 4-14）作为未来的发展重点。

表 4-14　高端装备制造各领域关键材料

高端装备制造领域	关键材料	用途或特点
航空	轻量化材料	降低装备重量，提升燃料效率
	发动机和燃气轮机用叶片材料	抗热腐蚀性、高温下稳定的力学特性
	记忆材料和自愈合材料	在各种极端条件下，保持装备的安全性能
卫星及相关应用	空间润滑材料	典型空间环境（如极寒、失重）下润滑材料，保持功能
	轻量化材料	降低卫星发射重量
	轻量化碳化硅材料	密度低、强度及弹性模量高、低膨胀系数低、导热系数高
	能量转换与储存材料	为卫星提供稳定的能源支持
	隔热材料	极端温度条件下保持卫星内部器件的工作温度
轨道交通	轻量化材料	降低装备重量，提升燃料效率
海洋工程	高强度结构材料	深海压力条件下保持装备稳定
	抗腐蚀材料	抵抗海水的腐蚀作用
智能装备	新一代介构材料、碳基功能材料	智能化
高端装备制造使能材料	掺钕钇铝石榴石、KBBF、RBBF等固态强激光材料	装备制造必需的材料加工，如焊接、切割和表面处理等

参考文献

[1] 国务院办公厅. 国务院关于加快培育和发展战略性新兴产业的决定. 2010. http://www.gov. cn/zwgk/2010-10/18/content_1724848. htm [2011-03-15].

[2] 佚名. 高端装备制造产业之航空装备. 2011. http://www.ccidconsulting.com/portal/hyzx/hydt/hyyj/gy/webinfo/2011/02/1297472553378465.htm [2011-05-16].

[3] 吴戈. 雏鹰展翅——中国直升机的现实与前景. 兵器, 2011, (11): 56-59.

[4] 波音公司. Current Market Outlook 2010 to 2029. 2010. http://en-in.oscarseek.com/item/Boeing+Current+Market+Outlook [2011-04-28].

[5] 帕康姆·瑞维龙, 李炜. 尽管消费开支紧缩, 卫星电视平台仍保持增长. 卫星与网络. 2010, (2): 56-58.

[6] 赛迪顾问股份有限公司. 高端装备制造产业之高端智能装备. 2011. http://www.ccid-consulting.com/portal/hyzx/hydt/hyyj/gy/webinfo/2011/02/1297472553571299.htm [2011-04-28].

[7] 石坚. 新一代大型飞机材料技术. 航空科学材料技术, 2007, (6): 3-6.

[8] 何玉怀, 苏彬. 中国航空发动机涡轮叶片用材料力学性能状况分析. 航空发动机, 2005, 31 (2): 51-58.

[9] 师昌绪, 仲增墉. 中国高温合金40年. 金属学报, 1997, 33 (1): 1-8.

[10] Buhl H. Advanced Aerospace Materials. Berlin: Spring Verlag Press, 1993: 10.

[11] Jia T C, Wang B, Zou D X, et al. A study on long-term stability of $Ti_3AlNbVMo$ alloy. Materials Science and Engineering A, 1992, 153 (1-2): 422-426.

[12] 国家发展和改革委员会, 中国材料研究学会. 中国新材料产业发展报告 (2008). 北京: 化学工业出版社, 2009: 112.

[13] 傅恒志, 丁宏升, 陈瑞润, 等. 钛铝合金电磁冷坩埚定向凝固技术的研究. 稀有金属材料与工程, 2008, 37 (4): 565-570.

[14] 李雯霞. 定向凝固技术现状与展望. 中国铸造装备与技术, 2009, (2): 9-13.

[15] 赵永庆. 国内外钛合金研究的发展现状及趋势. 中国材料进展, 2010, 29 (5): 1-8.

[16] Boyer R R. An overview on the use of titanium in the aerospace industry. Mater Sci Eng,

1996，213：103-114.

[17] Li Y G, Loretto M H. Effect of heat treatment and exposure on microstructure and mechanical properties of Ti-25V-15Cr-2Al-0.2C. Acta Mate，2001，49：3011-3017.

[18] 蔡建明，曹春晓，叶俊春．高温钛合金盘件的热模锻工艺．锻造与冲压，2007，226(10)：56-62.

[19] 王涛，郭鸿镇，张永强，等．热锻温度对TG6高温合金显微组织和力学性能的影响．金属学报，2010，46(8)：913-920.

[20] 孙荣禄，孙权抆，郭立新，等．固体润滑技术在空间机械中的应用．宇航材料工艺，1999，(1)：17-22.

[21] 康嘉杰，李国禄，王海斗，等．层状固体润滑薄膜的研究进展．金属热处理，2007，32(4)：15-18.

[22] 曹同坤，邓建新，孙军龙，等．$Al_2O_3/TiC/CaF_2$自润滑陶瓷材料的研究．材料工程，2005，(3)：37-42.

[23] 刘家浚．材料磨损原理及其耐磨性．北京：清华大学出版社，1993.

[24] 冶银平，陈建敏，周惠娣．粘结石墨基固体润滑涂层的微动摩擦磨损性能．中南大学学报，2008，39(1)：103-107.

[25] 王桂平，李宁刚．MoS_2固体润滑膜的空间应用概述．红外，2005，(9)：33-37.

[26] 谢凤，朱江．固体润滑剂概述．合成润滑材料，2007，34(1)：31-33.

[27] 马国政，徐滨士，王海斗，等．空间固体润滑材料的研究现状．材料导报：综述篇，2010，24(1)：68-71.

[28] 姚志雄，黄立峰，黄健．影响空间液体润滑剂的环境因素．润滑与密封，2005，(3)：155-157.

[29] 王泽爱，陈国需．航天器用液体润滑剂润滑性能研究进展．润滑与密封，2008，33(1)：138-141.

[30] 韩杰才，张宇民．大尺寸轻型SiC光学反射镜研究进展．宇航学报，2001，22(6)：124-132.

[31] 韩媛媛，张宇民，韩杰才，等．国内外碳化硅反射镜及系统研究进展．材料工程，2005，(6)：59-63.

[32] 王旭．固着磨料加工碳化硅反射镜的围观理论模型．光学精密工程，2009，17(3)：513-518.

[33] 兰州化学物理研究所．宽温域空间机构用润滑油研制取得重要突破．2009．http：//

www. licp. cas. cn/xwzx/kydt/200912/t20091218_2711812. html［2011-05-12］.

［34］Carré D J, Kalogeras C G, Didziulis S V, et al. Recent experience with synthetic hydrocarbon lubricants for spacecraft applications. Aerospace Report, 1995, （3）: 177-183.

［35］NASA. Co-sputtered MoS2 for spacecraft lubrication. 2002. http: //materials. gsfc. nasa. gov/Uploads_materials_tips_PDFs/TIP%20065R. pdf［2011-04-12］.

［36］刘维民, 翁立军. 孙嘉奕, 等. 空间润滑材料与技术手册. 北京: 科学出版社, 2009: 44, 45.

［37］Induscrie M P A. Herschel: largest sic space mirror in the world brazed with mpa industrie technology lauched in 2009. 2010. http: //mpa. fr/a3-cvd-reactor-space-mirror-application. html［2011-05-08］.

［38］邢桂方. 海洋腐蚀及防腐蚀技术研究结出果. 2004. http: //www. syb. cas. cn/zt/sycx/200408/t20040824_1866118. html［2011-04-06］.

［39］陆长山. 海洋工程重防腐涂装现状简介. 涂料技术与文摘, 2008, 9: 28-32.

［40］侯宝荣. 腐蚀研究与防护技术. 北京: 海洋出版社, 1998: 5, 6.

［41］国际标准化组织. ISO 12944-2（1998）Paints and varnishes-Corrosion protection of stell structures by protective paint systems Part2: Classification of environments. 2008. http: //wenku. baidu. com/view/1794a6868762caaedd33d419. html［2011-06-03］.

［42］陆卫中, 李京, 李晓东, 等. SEBF/SLF 重腐蚀防护技术. 中国生漆, 2001, （3）: 16-28.

［43］高英, 李京, 史杰智. SEBF/SLF 系列重防腐涂料的特性和分析. 全面防腐控制, 2006, 820（4）: 35-38.

［44］陆卫中, 李京, 李晓东, 等. 埋地管道 SLF（双组份液体还氧）现场外补口技术. 管道技术与设备, 2001, （5）: 34-37.

［45］中国科学院沈阳金属研究所. SEBF/SLF 重腐蚀防护技术. 2009. http: //www. imr. cas. cn/ydhz/cgzhjcyh/ktgcg/200910/t20091021_2585809. html［2011-05-20］.

［46］邵怀启, 韩文礼, 王雪莹, 等. 海洋平台防腐蚀涂料技术进展. 中国海洋平台, 2007, 22（5）: 6-9.

［47］Bayliss D A, Deacon D H. Steelwork Corrosion Control. London: Spon Press, 2002.

［48］Smith M, Bowley C. In Situ Protection of Splash Zones 30 Years. Houston: NACE, 2002.

［49］Soer W J, Ming W, Koning C E. Barrier and adhesion properties of anti-corrosion coatings based on surfactant-free latexes from anhydride-containing polymers. Progress in Organic Coatings，2009，65（1）：94-103.

[50] Clayton P. Antifouling compositions comprising polymers with ammonium and/or phosphonium salt groups. WO2005/075581，2005.

[51] Mohseni M，Hashemi M，Thompson G E. Adhesion performance of an epoxy clear coat on aluminum alloy in the presence of vinyl and amino-silane primers. Progress in Organic Coatings，2006，57（4）：307-313.

[52] 吕建波，梁笑丛. 水性防腐涂料的发展现状. 信息记录材料，2009，10（6）：37-43.

[53] 阎明久. 重防腐涂料的发展动向. 中国涂料，1995，(3)：16，17，47.

[54] 张侃，冯华，潘智存，等. 氟乳液改性聚丙烯酸酯乳液的方法与胶膜性能. 清华大学学报（自然科学版），2001，41（12）：50-53.

[55] 苏毅，万敏. 高能激光系统. 北京：国防工业出版社，2004.

[56] 克希奈尔 W. 固体激光工程. 北京：科学出版社，1983.

[57] 李冬青，丁丽华，张庆礼，等. 尿素共沉淀法制备 Nd：YAG 纳米粉体. 量子电子学报，2010，(1)：110-115.

[58] 权纪亮，谢致薇，杨元致，等. Nd：YAG 激光晶体开裂与缺陷研究. 量子电子学报，2010，(3)：270-275.

[59] 姚立辉. 优质大尺寸 Nd：YAG 激光晶体的生长与物理研究. 长春：长春理工大学硕士学位论文，2008：37-39.

[60] Revital F，Golan Y，Burshtein Z. Strengthening of poly-crystalline（ceramic）Nd：YAG elements for high power laser applications. Optical Materials，2011，33（5）：695-701.

[61] Suárez M，Fernández A，Menéndez J L，et al. Hot isostatic pressing of optically active Nd：YAG powders doped by a colloidal processing route. Journal of the European Ceramic Society，2010，30（6）：1489-1494.

[62] 中国科学院理化技术研究所."KBBF 族深紫外非线性光学晶体的发现、生长和应用"通过成果鉴定. 2008. http：//www.ipc.cas.cn/xwzx/zhxw/200807/t20080728_19551.html［2011-05-23］.

[63] 佚名. 深紫外非线性光学晶体 KBBF 的发现、生长及其应用研究. 2011. http：//www.973.gov.cn/TenYear/cgz/cl/clly_szw.html［2011-05-20］.

[64] 任国光，黄吉金，美国高能激光技术 2005 年主要进展. 激光与光电子学进展. 2006，43（6）：3-9.

[65] 陈智慧. 钇铝石榴石纳米粉体及 YAG 透明陶瓷的制备研究. 北京: 中国科学院研究生院博士学位论文, 2007.

[66] Hreniak D, Strek W, Gluchouski P, et al. The concent ration dependence of luminescence of Nd: $Y_3Al_5O_{12}$ nanoceramics. J Alloys Compd, 2008, 451 (122): 549-552.

[67] Rabinovitch Y, Bogicevic C, Karolak F, et al. Freeze-dried nanometric neodymium-doped YAG powders for transparent ceramics. J Mater Process Technol, 2008, 199 (123): 314-320.

[68] Ikesue A, Aung Y L, Yoda T, et al. Fabrication and laser performance of polycrystal and single crystal Nd: YAG by advanced ceramic processing. Opt Mater, 2007, 29 (10): 1289-1294.

[69] Chaim R, Kalina M, Shen J Z. TransParent yttrium aluminum garnet (YAG) ceramics by sPark plasma sintering. J. Eur. Ceram., 2007, 27 (11): 3331-3337.

[70] Ikesue A. Polycrystalline Nd: YAG ceramics lasers. Opt Mate, 2002, 19 (1): 183-187.

[71] Li J, Wu Y S, Pan Y B, et al. Densification and microstructure evolution of Cr^{4+}, Nd^{3+}: YAG transparent. ceramics for self-Q-switched laser. Ceram Int, 2008, 34 (7): 1675-1679.

[72] 刘文斌, 寇华敏, 潘裕柏, 等. 高透光率 Nd: YAG 透明陶瓷的制备与性能研究. 无机材料学报, 2008, 23 (5): 1037-1040.

[73] Hikaru K, Yasuhiko K. Attaining 186nm light generation in cooledβ-aB_2O_4 crystal. Optics Letters, 1999, 24: 1230-1232.

[74] Zhang X, Wang Z M, Wang G L, et al. Widely tunable and high average power fourth harmonic generation of a Tisapphier laser with a KBe_2OF_2 prism-coupled device. Optics Letters, 2009, 34: 1342-1344.

[75] 郑俊娟, 秘国江, 王旭, 等. 193nm 深紫外固体激光技术探索. 激光与红外, 2010, 40 (10): 1068-1070.

[76] 郝二娟, 李特, 檀惠明, 等. 单频蓝光激光器的实现. 激光与红外, 2009, 39 (9): 925-927.

[77] 张玉峰, 王运谦, 马莹, 等. LD 端泵全固化紫外激光器. 激光与红外, 2007, 37 (12): 1262-1264.

[78] 陈玉明,张建松. 2020年我国卫星导航产业年产值预计将达4000亿元. 2011. http://finance. sina. com. cn/roll/20111231/081611109000. shtml [2011-05-20].

[79] 国家发展和改革委员会. 国家《中长期铁路网规划》内容简介. 2005. http://www. ndrc. gov. cn/fzgh/zhdt/t20050720_37592. htm [2011-05-20].

[80] 中国经济社会理事会. 中国矿产资源的基本国情与双向发展战略. 2005. http://www. china-esc. org. cn/news. asp? id=242 [2011-05-22].

[81] 马建明. 我国钛产品储量分布及特点分析. 2010. http://www. cnv168. com/tai/qkgb0fN69nrW1. html [2011-06-12].

[82] 广发证券. 高端装备瓶颈潜藏巨大商机"工控"两公司崛起抢食洋品牌. 2011. http://www. gf. com. cn/cms/newsContent. jsp? docId=825018 [2011-05-16].

[83] 赛迪顾问股份有限公司. 发展高端装备制造业面临的挑战. 2011. http://www. ccid-consulting. com/ei/gdcy/gdzb/sdpl/webinfo/2011/02/1301620378894915. htm [2011-05-16].

[84] 佚名. 中国今年高铁投资将达7000亿外资垄断轴承装备. 2011. http://finance. stock-star. com/SS2011010730024133. shtml,[2011-05-20].

[85] 屈贤明. 中国成为世界装备制造引领者尚需时间. 2011. http://finance. 21cn. com/newsdoc/zx/2011/08/23/8945274. shtml [2011-09-10].

[86] 甘惟楚. 新形势下数控机床势头正旺,高档数控机床前景独好. 2008. http://www. cnsb. cn/topic/zhuanlan/jichuan4/jichuan. asp [2011-11-20].

[87] 严曼青. 抢占高端 欧洲机床纵横中国市场. 2011. http://cn. made-in-china. com/info/article-1354044. html [2011-09-05].

[88] 佚名. 我国高端数控机床进口替代空间巨大. 2011. http://www. cnsb. cn/news/news_show. asp? info_id=615127 [2011-09-05].

第 5 章

新能源产业之关键材料分析

5.1 新能源产业概述

新能源又称非常规能源,指在新技术基础上,可系统开发利用的可再生能源,包含了传统能源以外的各种能源形式[1]。常规能源指技术上比较成熟且已经被大规模利用的能源,如传统的煤、石油、天然气及大中型水电。而新能源通常是尚未被大规模应用、正在积极研究开发的能源,包括太阳能、风能、生物质能、地热能、核聚变能、海洋能,以及由可再生能源衍生出来的生物燃料、氢能。

日益严峻的能源和环境危机迫使全球走向低碳之路,推动新能源产业的发展成为世界各国的普遍战略选择。新能源产业作为国民经济战略性、先导性产业,对拉动经济增长、调整产业结构、推动工业转型升级、突破能源瓶颈约束具有十分重要的作用[2]。因此,国家十分重视新能源产业的发展。2010年10月18日,《国务院关于加快培育和发展战略性新兴产业的决定》出台,把新能源产业作为战略性新兴产业予以重点发展,明确其发展重点方向和主要任务如下:"积极研发新一代核能技术和先进反应堆,发展核能产业。加快太阳能热利用技术推广应用,开拓多元化的太阳能光伏光热发电市场。提高风电技术装备水平,有序推进风电规模化发展,加快适应新能源发展的智能电网及运行体系建设。因地制宜开发利用生物质能。"[3]根据该决定,新能源产业将着力发展核能、太阳能、风能和生物质能四大产业领域。目前,《新兴能源产业发展规划》和《"十二五"新能源产业发展规划》均已上报国务院,《可再生能源发展"十二五"规划》于2011年年底出台,依据对以上规划的政策解读,结合《国务院关于加快培育和发展战略性新兴产业的决定》提出的发展重点,提出新能源产业四个主要细分领域的具体发展方向(图5-1)。

伴随相关政策的相继出台,新能源产业在"十二五"期间将得到强有力的扶持,产业发展前景广阔。《新兴能源产业发展规划》中将发展目标进一步细

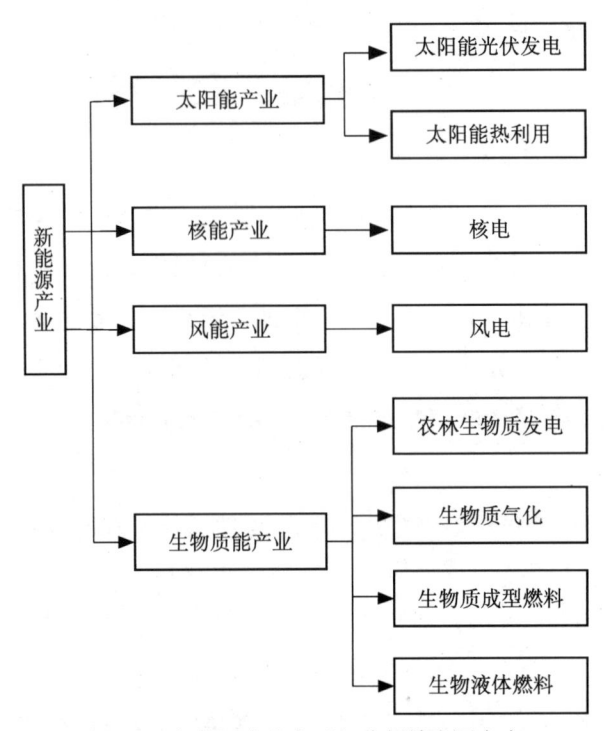

```
                    ┌──→ 太阳能光伏发电
         ┌─ 太阳能产业 ─┤
         │          └──→ 太阳能热利用
         │
         ├─ 核能产业 ──→ 核电
新能源产业 ─┤
         ├─ 风能产业 ──→ 风电
         │
         │          ┌──→ 农林生物质发电
         │          ├──→ 生物质气化
         └─生物质能产业─┤
                    ├──→ 生物质成型燃料
                    └──→ 生物液体燃料
```

图 5-1 新能源产业主要细分领域发展方向

化："初步计划到 2020 年中国的风电装机容量 1.5 亿千瓦，核电装机容量达到 7000~8000 万千瓦，生物质发电装机容量 3000 万千瓦，太阳能发电装机容量达到 2000 万千瓦。"[4] 未来核电将有大的提速，而在装机容量上风电仍为主体（表 5-1）。

表 5-1　2020 年我国新能源发电发展目标预测

电源	2009 年 装机容量/万千瓦	2010 年 装机容量/万千瓦	同比增长/%	2020 年 装机容量/万千瓦	2010~2020 年均增长/%
风电	2580.5	3700	43	15000	17.35
光伏发电	30.5	30	30	2000	46.27
核电	908	1170	29	7000~8000	21.87
生物质能发电	384	550	43	3000	20.55

资料来源：中国电力企业联合会。

5.2 新能源产业的产业链与技术链分析

5.2.1 核能产业链与技术链

5.2.1.1 核能产业链

核能的产业链主要分为上游的核燃料、原材料生产，中游的核电核心设备制造（核岛、常规岛）及核电辅助设备制造，下游的核电站建设及运营维护（图5-2）。整个产业链涉及材料/燃料供应商、设备供应商、电力辅业集团、发电企业和输配电企业等多个环节。在我国，上游核燃料及原材料生产环节尚无上市公司；中游的核电设备制造环节技术壁垒高、垄断程度高，企业具有较强的定价能力，毛利润普遍较高；产业链下游环节得益于国家政策倾斜等因素，赢利能力较强。

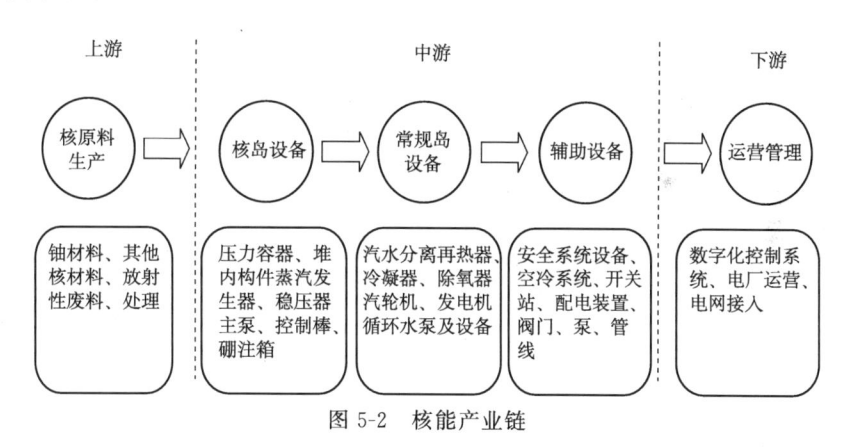

图 5-2 核能产业链

资料来源：国家发展和改革委员会中国经济导报社，北京世经未来投资咨询有限公司.2010年核电行业风险分析报告.2010.51，52。

5.2.1.2 核能技术链

对应核能产业链的上、中、下游三个环节，核能产业的关键技术如图 5-3 所示。

图 5-3 核能技术链

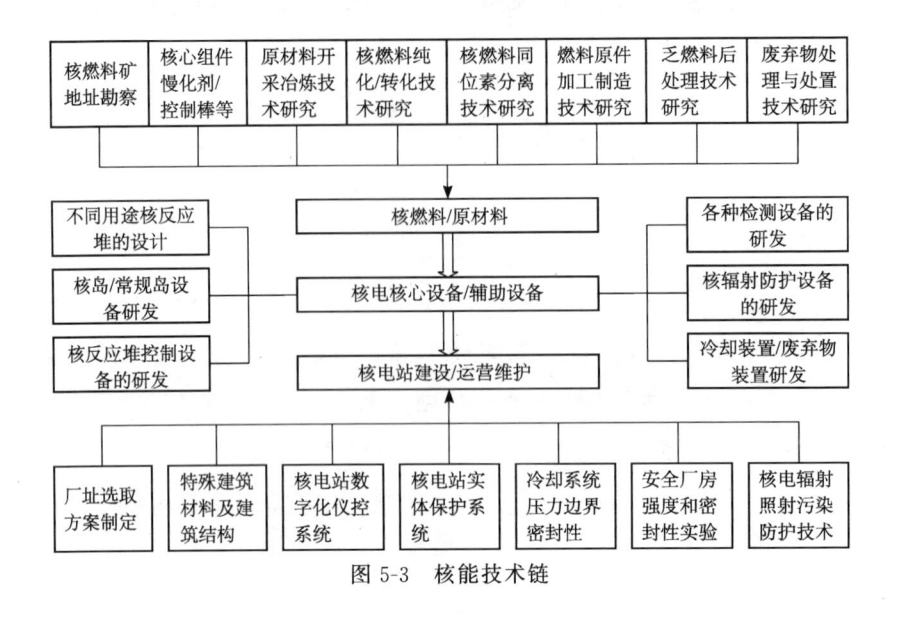

5.2.2 太阳能产业链与技术链

5.2.2.1 太阳能产业链

太阳能作为一种资源丰富、分布广泛且可永久利用的可再生能源，具有极大的开发利用潜力[5]。进入 21 世纪后，太阳能光伏产业发展尤为迅猛，真正成为世界经济发展中的一个独立分支，规模超过数十亿美元[6,7]。太阳能光伏产业链涉及多晶硅原料生产，硅棒、硅锭生产，太阳能电池制造，组件封装，光伏产品生产，光伏发电系统设计、检测、服务等多个环节（图 5-4），而太阳能电池的生产是最重要的环节[8]。

太阳能光伏产业链所呈现出的特性有三点：①产业链上游多为寡占，主要由于上游原材料的建厂成本高、周期长等因素对资本实力要求较强，进入门槛较高，但该行业享有较高的毛利润；②伴随太阳能电池产能的扩充，对上游原材料的需求更加殷切；③与专业化生产相比，产业链垂直整合趋势明显[9]。

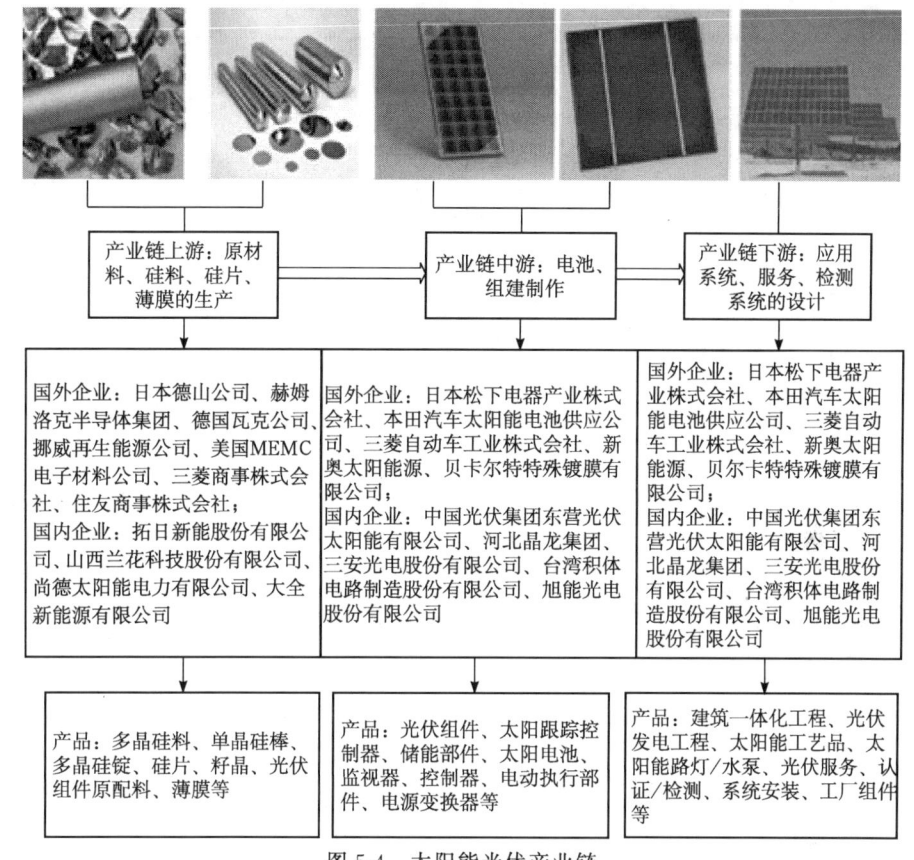

第5章 新能源产业之关键材料分析

产业链上游：原材料、硅料、硅片、薄膜的生产	产业链中游：电池、组建制作	产业链下游：应用系统、服务、检测系统的设计
国外企业：日本德山公司、赫姆洛克半导体集团、德国瓦克公司、挪威再生能源公司、美国MEMC电子材料公司、三菱商事株式会社、住友商事株式会社；国内企业：拓日新能股份有限公司、山西兰花科技股份有限公司、尚德太阳能电力有限公司、大全新能源有限公司	国外企业：日本松下电器产业株式会社、本田汽车太阳能电池供应公司、三菱自动车工业株式会社、新奥太阳能源、贝尔卡特特殊镀膜有限公司；国内企业：中国光伏集团东营光伏太阳能有限公司、河北晶龙集团、三安光电股份有限公司、台湾积体电路制造股份有限公司、旭能光电股份有限公司	国外企业：日本松下电器产业株式会社、本田汽车太阳能电池供应公司、三菱自动车工业株式会社、新奥太阳能源、贝尔卡特特殊镀膜有限公司；国内企业：中国光伏集团东营光伏太阳能有限公司、河北晶龙集团、三安光电股份有限公司、台湾积体电路制造股份有限公司、旭能光电股份有限公司
产品：多晶硅料、单晶硅棒、多晶硅锭、硅片、籽晶、光伏组件原配料、薄膜等	产品：光伏组件、太阳跟踪控制器、储能部件、太阳电池、监视器、控制器、电动执行部件、电源变换器等	产品：建筑一体化工程、光伏发电工程、太阳能工艺品、太阳能路灯/水泵、光伏服务、认证/检测、系统安装、工厂组件等

图5-4 太阳能光伏产业链

5.2.2.2 太阳能技术链

对应太阳能光伏产业链的上、中、下游三个环节，列举出太阳能光伏产业的关键技术如图5-5所示。

5.2.3 风能产业链与技术链

5.2.3.1 风能产业链

与其他能源相比，风能分布广泛且永不枯竭，是一种重要的可再生能源形式，极具经济性和发展前景。我国风电产业发展迅速，2007年以来，风电装机

图 5-5　太阳能技术链

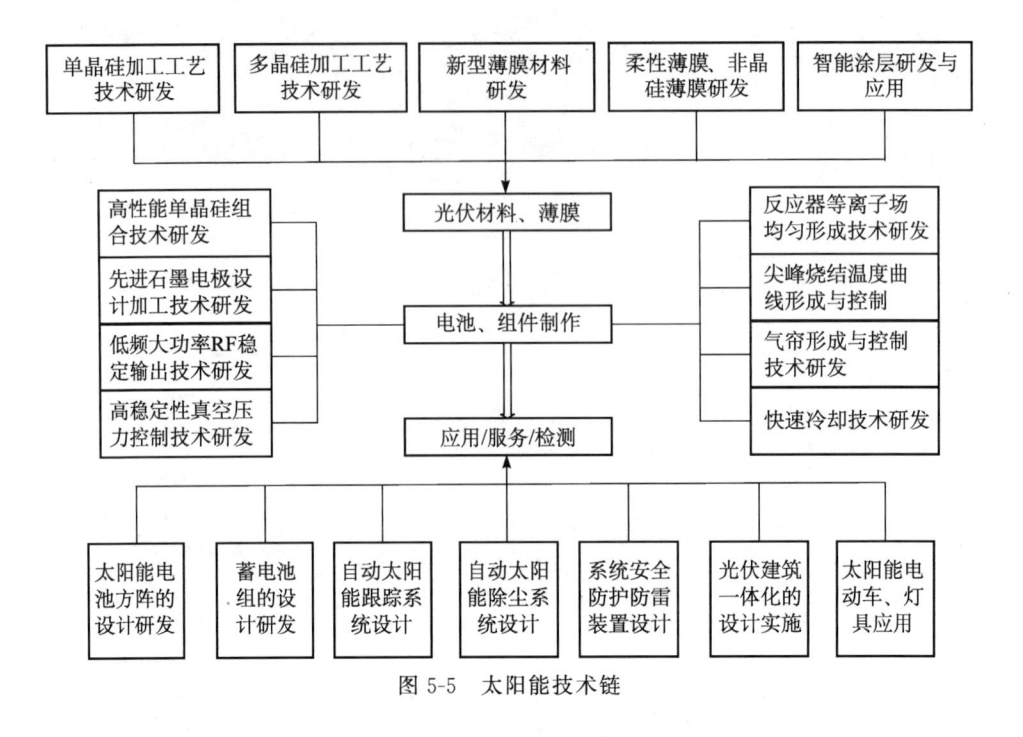

年均增长速度超过70%，成为全球风力发电增速最快的市场[10]，已经形成了一套完整的风电产业链条。风电产业链的上、中、下游三个环节分别是零部件制造、整机组装和吊装、风电场运营[11]（图5-6）。

5.2.3.2　风能技术链

风电技术是决定风电产业健康发展的关键因素之一，我国的风电技术由依靠"引进采购"逐步发展为目前的"引进消化＋自主研发"[12]。从风电产业链上游到下游的关键技术涉及零部件设计及制造、风电基础设计与施工、输电并网技术等。风力发电离不开风电机组，在选定机组前要首先保证风资源评估结果的准确性，这主要由于风资源评估直接影响到风电机组的选型、布置、发电量估算等，是风电场建设过程中的重要依据[13]。因此，风电项目前期的风能资源评估技术也是风能技术链（图5-7）中的关键技术。

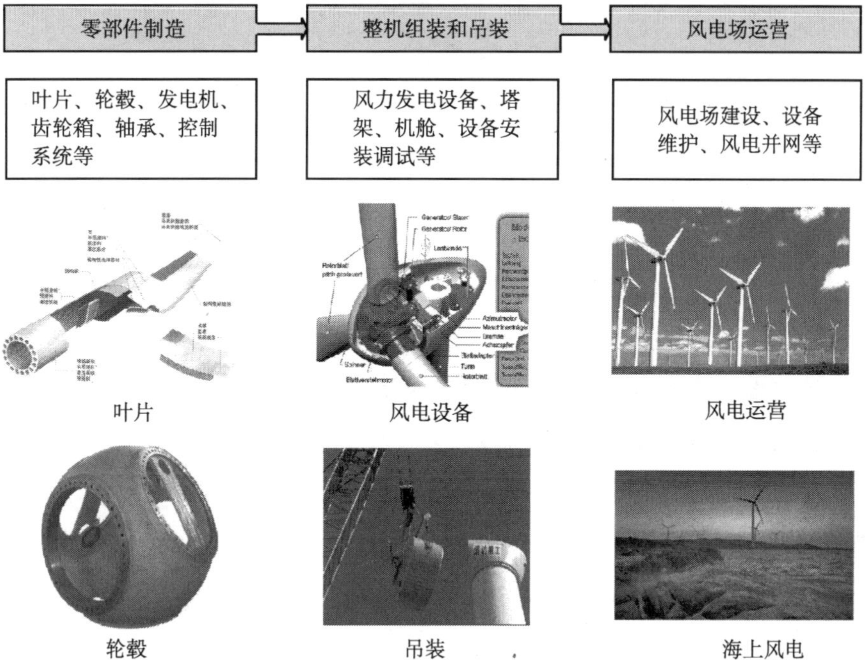

第5章 新能源产业之关键材料分析

```
┌─────────────┐    ┌─────────────┐    ┌─────────────┐
│ 零部件制造  │──▶ │整机组装和吊装│──▶│ 风电场运营  │
└─────────────┘    └─────────────┘    └─────────────┘
┌─────────────┐    ┌─────────────┐    ┌─────────────┐
│叶片、轮毂、 │    │风力发电设备、│    │风电场建设、 │
│发电机、齿轮 │    │塔架、机舱、 │    │设备维护、风 │
│箱、轴承、控 │    │设备安装调试 │    │电并网等     │
│制系统等     │    │等           │    │             │
└─────────────┘    └─────────────┘    └─────────────┘
```

叶片　　　　　　　风电设备　　　　　　风电运营

轮毂　　　　　　　吊装　　　　　　　　海上风电

图 5-6　风电产业链

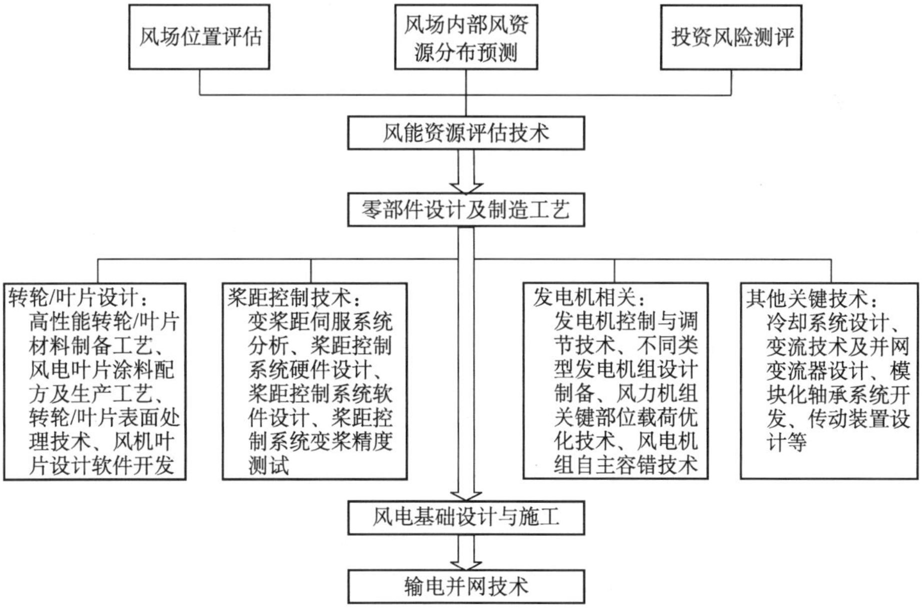

```
┌──────────┐   ┌──────────┐   ┌──────────┐
│风场位置评估│   │风场内部风资│   │投资风险测评│
│          │   │源分布预测 │   │          │
└──────────┘   └──────────┘   └──────────┘
        │           │            │
        └───────────┼────────────┘
                    ▼
          ┌──────────────────┐
          │ 风能资源评估技术 │
          └──────────────────┘
                    ▼
          ┌──────────────────┐
          │零部件设计及制造工艺│
          └──────────────────┘
```

| 转轮/叶片设计：高性能转轮/叶片材料制备工艺、风电叶片涂料配方及生产工艺、转轮/叶片表面处理技术、风机叶片设计软件开发 | 桨距控制技术：变桨距伺服系统分析、桨距控制系统硬件设计、桨距控制系统软件设计、桨距控制系统变桨精度测试 | 发电机相关：发电机控制与调节技术、不同类型发电机组设计制备、风力机组关键部位载荷优化技术、风电机组自主容错技术 | 其他关键技术：冷却系统设计、变流技术及并网变流器设计、模块化轴承系统开发、传动装置设计等 |

```
          ┌──────────────────┐
          │ 风电基础设计与施工│
          └──────────────────┘
                    ▼
          ┌──────────────────┐
          │   输电并网技术   │
          └──────────────────┘
```

图 5-7　风能技术链

5.2.4 生物质能产业链与技术链

5.2.4.1 生物质能产业链

生物质能产业是指利用化学或生物技术，通过工业化把能源植物和农业废弃物等生物质原料转化为高附加值的生物质能源、生物材料、石油产品替代品及副产品等环境友好产品的全过程[14]。我国的生物质能产业发展粗具规模，"十二五"期间将迎来产业快速发展期。《可再生能源"十二五"发展规划》中有关生物质能源部分规划内容已初步定稿，提出"十二五"期间生物质能源发展目标是[15]：到 2015 年年底，生物质发电装机容量将达 1300 万千瓦，到 2020 年将达 3000 万千瓦，在 2010 年年底 550 万千瓦的基础上分别增长 1.36 倍和 4.45 倍。生物质能产业链条逐步完善，形成从上游生物质能原料到下游生物质能制造与应用的完整产业（图 5-8）。

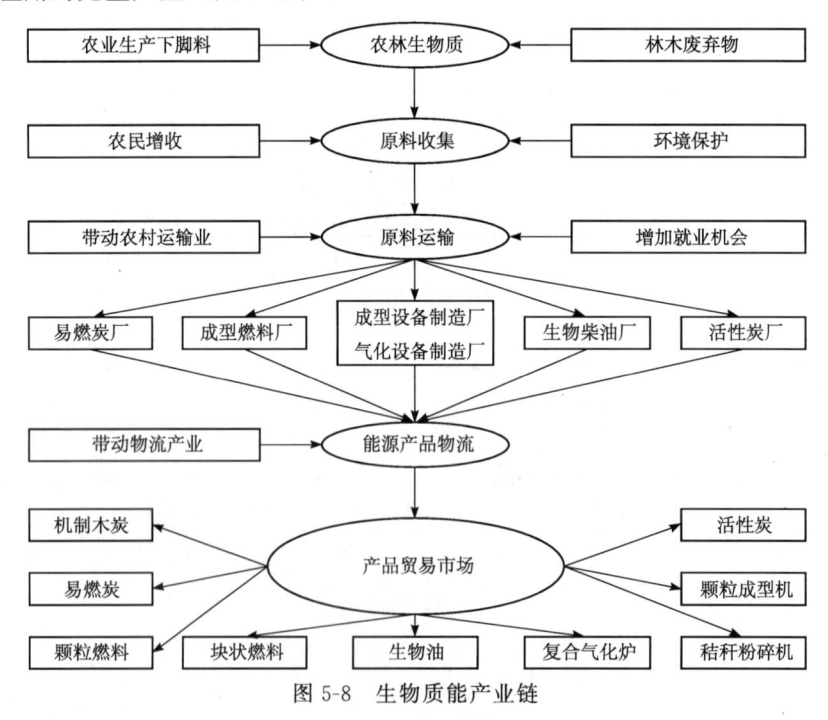

图 5-8 生物质能产业链

5.2.4.2 生物质能技术链

目前，生物质能的转化与利用技术（图 5-9）主要有直接燃烧法、热化学转化法、生物化学法、化学法、物理化学法。我国生物质能利用技术的重点将集中于四个领域：农林生物质发电、生物液体燃料、沼气及沼气发电、生物固体成型燃料技术[16]。

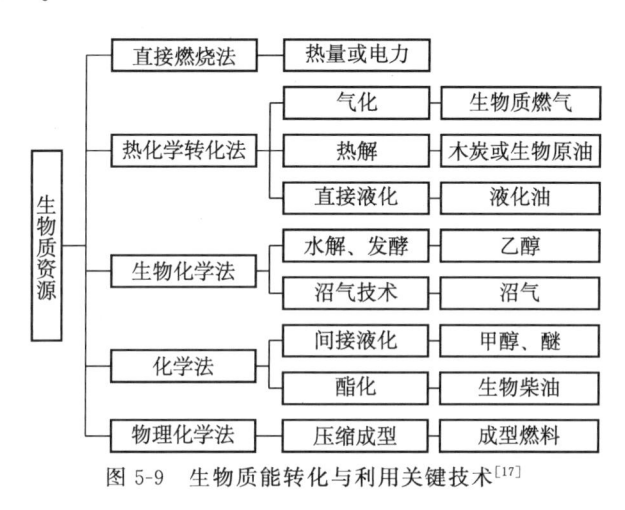

图 5-9 生物质能转化与利用关键技术[17]

5.3 新能源产业中的关键材料分析

在新能源领域尚存的投资机会中，产业链上游新能源材料成为众多投资机构追逐的焦点。为促进我国可再生能源和新能源技术及相关产业的发展，我国政府也较为重视新能源材料的开发和应用，在新能源关键材料的研究开发和产业化方面均有一定投入。

新能源材料是指实现新能源的转化和利用以及发展新能源技术中所要用到的关键材料，它是发展新能源的核心和基础，包括太阳能电池材料、锂离子电池材料、镍氢电池材料、燃料电池材料、核能材料、生物质能材料、风能材料等[18]。这些新能源材料主要应用于照明、供电、供热等领域。具体的新能源关键材料分类，如表 5-2 所示。

表 5-2 新能源关键材料分类

材料类别	相关材料
太阳能电池材料	单晶硅、多晶硅、非晶硅、砷化镓（GaAs）、砷铝化镓（GaAlAs）、磷化铟（InP）、硫化镉（CdS）、碲化镉（CdTe）等
锂离子电池材料	正极材料（锰酸锂、钴酸锂、镍钴锰酸锂、磷酸铁锂等）、隔膜（金属复合膜）、负极材料（碳、电解铜箔等）、有机电解液（六氟磷酸锂等）、电池外壳（钢、铝、镀镍铁、铝塑膜等）
镍氢电池材料	正极板（泡棉镍、氢氧化镍、氢氧化钴、铁氟龙等）、负极板（负极合金粉、镍粉、镀镍铜板、聚四氟乙烯、苯乙烯-丁二烯橡胶等）、电解液（氢氧化钾、氢氧化锂、氢氧化钠、水等）
燃料电池材料	磷酸盐型燃料电池 煤气、天然气、甲醇、磷酸水溶液、多孔质石墨、铁氟龙等
	熔融碳酸盐型燃料电池 煤气、天然气、甲醇、KLiCO$_3$ 熔盐、多孔质镍、多孔氧化锂等
	固体氧化物型燃料电池 煤气、天然气、甲醇、金属陶瓷等
	聚合物离子膜燃料电池 纯 H$_2$、离子膜、多孔质石墨或镍、Pt 催化剂等
核能材料	先进核燃料、高性能燃料元件材料、新型核反应堆材料、铀浓缩材料、反射层材料、结构材料、控制材料和屏蔽材料等
生物质能材料	生物质重组料、生物质复合材料、生物质胶黏剂、生物质基塑料、生物质化工品等
风能材料	先进复合材料（碳纤维、碳纳米管、石墨）、电缆材料、绝缘材料、不锈钢等

5.3.1 太阳能电池材料

太阳能电池材料又称光伏材料，是指用在太阳能发电组件上给光伏发电提供支持的化学材料，主要使用在太阳能发电设备的背板、前板、密封部位和反射表面[19]。可用做光伏材料的主要材料有单晶硅、多晶硅、非晶硅、砷化镓、砷铝化镓、磷化铟、硫化镉、碲化镉等半导体材料。部分主要光伏材料的技术性能及产业化现状如表 5-3 所示。当前太阳能电池材料领域的研究热点包括晶体硅太阳能电池材料、非晶硅薄膜电池材料、化合物薄膜电池材料、染料敏化电池材料等。

表 5-3 主要光伏材料技术性能及产业化现状

光伏材料	转换效率/%		主要原材料供应现状	产业化现状
	实验室	批量		
单晶硅	24.7	16～20	高纯硅料、玻璃，资源丰富	已商业化量产，我国拥有完善的产业链和国际领先企业
多晶硅	20.3	14～16	高纯硅料、玻璃，资源丰富	已商业化量产，我国拥有完善的产业链和国际领先企业

续表

光伏材料	转换效率/% 实验室	转换效率/% 批量	主要原材料供应现状	产业化现状
非晶硅	13.0	6~8	硅烷、玻璃，资源丰富	逐步商业化量产，国内企业大规模介入，设备及高纯原料为国外厂商垄断
碲化镉	16.50	8~16	镉（Cd）为有毒金属，需要回收	已商业化量产，整条产业链被国外公司垄断，国内公司未涉足
砷化镓	42.3	20~30	砷化镓价格昂贵聚光精度是瓶颈	少量商业化试点，国内零星介入
铜铟镓砷	20.3	8~15.7	铟（In）储量不足限制了行业规模	正逐步量产，国内企业少量介入

资料来源：中国大唐集团技术经济研究院，《专题研究》，2010年5月6日。

太阳能电池按材料可以分为五类，如表5-4所示。

表5-4 五类太阳能电池及其特点

电池分类	主要材料	特点
硅太阳能电池	单晶硅	太阳能电池转换效率最高，技术也最为成熟，在实验室里最高的转换效率为24.7%，规模生产时的效率为15%
	多晶硅	与单晶硅比较，成本低廉，而效率高于非晶硅薄膜电池，其实验室最高转换效率为18%，工业规模生产的转换效率为10%
	非晶硅	非晶硅薄膜太阳能电池成本低重量轻，转换效率较高，便于大规模生产，有极大的潜力
多元化合物薄膜太阳能电池	硫化镉、碲化镉	电池的效率较非晶硅薄膜太阳能电池效率高，成本较单晶硅电池低，并且易于大规模生产
	砷化镓III-V化合物	电池的转换效率可达28%，抗辐照能力强，对热不敏感，适合于制造高效单结电池
	铜铟硒	电池适合光电转换，不存在光致衰退问题，转换效率和多晶硅一样，具有价格低廉、性能良好和工艺简单等优点
聚合物多层修饰电极型太阳能电池	有机材料	具有柔性好、制作容易、材料来源广泛、成本低等优势，对大规模利用太阳能、提供廉价电能具有重要意义
纳米晶太阳能电池	纳米TiO_2晶体	光电效率稳定在10%以上，制作成本仅为硅太阳能电池的1/10~1/5，寿命达到20年以上
有机太阳能电池	有机材料	由有机材料构成电池的核心部分，与聚合物多层修饰电极型太阳能电池有极大的相似度

太阳能电池材料发展至今，主要经历了三代演进。第一代太阳能电池材料主要采用晶体硅材料，包括单晶硅、多晶硅、非晶硅。其中，单晶硅使用较为普遍，一个主要原因是其光电转换效率较高，在最佳角度光照充足下，单晶硅电池的光电总转换效率可以达到20%~24%，且有可能提高到25%[20]，而多晶硅的转换效率明显不及单晶硅[21]；第二代太阳能电池以铜铟硒太阳电池（CIS）

为代表,其核心是一种可黏接的薄膜材料,这种材料可以大规模低成本生产,且有助于更好地利用太阳能;第三代太阳能电池材料试图通过在单晶硅中掺入杂质而获取额外光电势能,目前科学家仍在研究这种新材料,但存在难度[22]。总体看来,目前太阳能电池材料仍以硅材料为主。

5.3.2 锂离子电池材料

锂离子电池是指分别用两个能可逆地嵌入与脱嵌锂离子的化合物作为正负极构成的二次电池[23]。相对于镍镉、镍氢电池而言,锂离子电池具有能量密度高、循环寿命长、自放电率小等优点,具体如表5-5所示。基于以上优点,锂离子电池在便携式电子设备、电动汽车、空间技术、国防工业等多方面展示了广阔的应用前景和潜在的巨大经济效益,成为广泛关注的热点。

表5-5 镍镉、镍氢、锂离子电池性能对比

技术参数	镍镉电池	镍氢电池	锂离子电池
工作电压/伏	1.2	1.2	3.6
重量比能量/(瓦时/千克)	50	65	105~140
体积比能量/(瓦时/升)	150	200	300
充放电寿命/次	500	500	1000
自放电率/(%/月)	25~30	30~35	6~9
有无记忆效应	有	有	无
有无污染	有	无	无

资料来源:中银国际.锂离子电池材料有望呈爆炸式增长.锂电池材料研究报告,2010-09-08,3。

锂离子电池材料主要包括四个部分:正极材料、负极材料、隔膜和电解液。

锂电池正极材料及其性能比较如表5-6所示。

表5-6 锂离子电池主要正极材料性能比较

正极材料	钴酸锂	三元材料	锰酸锂	硝酸铁锂
应用领域	小型电池	小型电池(主) 动力电池	动力电池(主) 小型电池	动力电池
材料成本	高	低	很低	低
加工性能	最好	较好	差	最差
压实密度	3.7~4.3	3.5~3.7	2.8~3.1	2.1~2.4
比容量/(毫安时/克)	145	155 (4.4伏)	110	130
放电电压/伏	2.7~4.3	2.7~4.3	2.7~4.3	2.5~3.8
放电倍率比	0.95	0.9	0.95	

续表

正极材料	钴酸锂	三元材料	锰酸锂	硝酸铁锂
150次循环容量/%	>90	>90	>80	>80
首次不可逆损失/%	5	10	5	15
安全性	差	好	好	好

资料来源：中银国际．锂离子电池材料有望呈爆炸式增长．锂电池材料研究报告，2010-09-08：13.

锂离子电池的负极材料一般是天然的石墨、人工石墨或者石油焦炭等材料。具体如表5-7所示。

表 5-7 锂离子电池主要负极材料性能比较

炭材料分类	一级细分	二级细分
石墨	天然石墨	天然鳞片石墨
		微晶石墨
	人造石墨	石墨化中间相炭微球
		石墨化石油焦
非石墨	易石墨化碳	焦炭
		中间相炭微球
	难石墨化碳	

锂离子电池一般采用聚丙烯（PP）、聚乙烯（PE）单层微孔膜以及由聚丙烯和聚乙烯复合的多层微孔膜作为隔膜材料。聚乙烯、聚丙烯微孔膜具有较高孔隙率、较低的电阻、较高的抗撕裂强度、较好的抗酸碱能力、良好的弹性及对非质子溶剂的保持性能[24]。

电解液重量占锂离子电池材料的15%，体积占32%[25]。电解液包括电解质、有机溶剂和部分添加剂，其构成材料如表5-8所示。

表 5-8 锂离子电池电解液主要构成及其材料

电解液主要构成	主要材料	原材料
电解质	六氟磷酸锂	主要原材料为五氯化磷、高纯氟化锂、无水氢氟酸等
有机溶剂	低黏度溶剂和高介电常数溶剂混合	主要有碳酸二甲酯、碳酸甲乙酯等低黏度溶剂和碳酸乙烯酯、丙烯碳酸酯等高介电常数溶剂
添加剂	SEI成膜添加剂	气体成膜添加剂、液体成膜添加剂、固体成膜添加剂
	提高电解液电导率添加剂	冠醚、穴状化合物等
	阻燃添加剂	有机磷系阻燃剂、有机氟系阻燃剂、复合阻燃添加剂
	过充电保护添加剂	联苯、环乙苯、吡咯等
	控制电解液中酸和水含量的添加剂	碳酸盐等
	多功能添加剂	具有上述两种以上功能的添加剂

5.3.3 燃料电池材料

燃料电池是一种将储存在燃料和氧化剂中的化学能直接转化为电能的装置[26]。它由正负两个电极以及电解质组成，工作时的燃料和氧化剂由外部供给，燃料电池本身并不工作，只是催化转换元件，需要一系列辅助系统，包括反应剂供给系统、散热系统、排水系统、电性能控制系统及安全装置等。燃料电池的主要种类及其构成材料、应用如表5-9所示。

表5-9 燃料电池种类、主要材料及应用

燃料电池	主要材料	应用
碱性燃料电池	合成树脂、铂、钯、碳载铂、雷尼镍、石棉、聚苯硫醚、聚四氟乙烯等	航空、航天
磷酸盐燃料电池	磷酸、多孔碳、Pt催化剂等	发电站等
熔融碳酸盐燃料电池	熔融碳酸盐、多孔陶瓷阴极、多孔陶瓷电解质隔膜、多孔金属阳极、金属板等	燃料电池堆、发电站等
固体氧化物燃料电池	氧化锆、镍粉、镧系钙钛矿型复合氧化物等	电池堆、电厂等
质子交换膜燃料电池	固体高分子膜、全氟硫酸基聚合物、铂、碳材料等	电厂等
其他燃料电池	甲醇燃料电池、直接肼燃料电池、直接二甲醚燃料电池、直接乙醇燃料电池、直接乙酸燃料电池、直接乙二醇燃料电池等	

在至今已有的燃料电池种类中，质子交换膜燃料电池工作温度最低，目前的发展规模最大，是最接近商业化的一种燃料电池，且最有希望作为未来电动汽车的发动机，从1990年至今取得了长足的发展[27]。质子交换膜燃料电池主要材料及其功能、代表厂商如表5-10所示。

表5-10 质子交换膜燃料电池主要材料及其功能、代表厂商

材料	功能	代表厂商
质子交换膜	质子交换膜燃料电池的核心组件之一，它既是分割正极与负极的一种隔膜，又是传递质子的电解质	美国杜邦公司、美国道化学公司、日本Asahi公司、加拿大巴拉德动力系统公司
铂/碳或铂/钌/碳粉催化剂	燃料电池中使用铂作为催化剂材料，通过铂的表面吸附氢分子，同时在吸附点由分子状态分裂成原子状态，在低温下也容易发生反应	美国杜邦公司、美国3M公司、美国联合技术公司（UTC）、加拿大巴拉德动力系统公司

续表

材料	功能	代表厂商
碳、碳复合材料或钛材极板	收集电流,传递反应气体,并排出反应生成物,是影响电池功率密度和制造成本的重要因素	德国西门子公司、德国IFC合成材料有限责任公司、加拿大巴拉德动力系统公司

资料来源:国都证券,掘金新能源材料技术突破与市场加速时代.新能源研究报告,2010-12-20,25。

5.3.4 先进核能材料

发展核能的第一要务是确保安全性,材料是保障核能产业安全发展的基础与关键要素。我国核电设备用关键金属材料的国产化水平低。由于没有核电站整体设计权和核关键设备的知识产权,我国在核电关键设备用材料的选用、制造、标准体系建设等方面没有话语权,主要依靠从国外企业采购,所以核电关键设备用材料的国产化存在一定难度[28]。以在核电反应堆中作为燃料包壳和堆芯结构的关键应用材料——锆材为例,我国核级锆合金加工生产还没有形成完整的工业体系,与国外先进水平相比仍存在较大差距[29]。当前,中国核电工业面临大的发展机遇,为了提高中国核电工业的自主设计建造和研究开发能力,增大核电设备和核电材料的国产化比例,先进核能相关材料的基础研究和应用研究已经提上议事日程。

核能产业中关键材料主要有核燃料、结构材料、包壳材料、核废料封存材料等。传统材料石墨和陶瓷需要进一步开发其性能,材料功能退化方面需要进行建模与仿真研究。要实现核裂变能的应用前景,需要在先进核能系统材料方面开展持续的研究项目,包括基础研究和应用研究。表5-11总结了六种先进核能系统的基本特点及各主要部件可能采用的材料,同时将现有的二代轻水反应堆——压水堆(PWR)和沸水堆(BWR)纳入了比较范围[30]。

表5-11 两种现有轻水反应堆与六种先进核能反应堆堆芯环境及各主要部件可能采用的材料

系统	冷却剂	核燃料	包壳	结构材料	
				堆芯内	堆芯外
压水堆	水(单相)	UO_2(或MOX)	锆合金	不锈钢、镍基合金	不锈钢、镍基合金
沸水堆	水(双相)	UO_2(或MOX)	锆合金	不锈钢、镍基合金	不锈钢、镍基合金

续表

系统	冷却剂	核燃料	包壳	结构材料 堆芯内	结构材料 堆芯外
超临界水冷堆	超临界水	UO_2	F-M（12Cr、9Cr等）、Fe-35Ni-25Cr-0.3Ti、Incoloy 800、ODS、Inconel 690、625和718	与包壳材料相同，加上低膨胀不锈钢	F-M、低合金钢
超高温气冷堆	氦	UO_2、UCO	石墨包裹及覆盖的SiC或ZrC	石墨、PyC、SiC、ZrC 容器：F-M	镍基超耐热合金：Ni-25Cr-20Fe-12.5W-0.05C、Ni-23Cr-18W-0.2C、热屏障F-M、低合金钢
气冷快堆	氦、超临界CO_2	MC	陶瓷	难熔金属与合金、陶瓷、ODS 容器：F-M	镍基超耐热合金：Ni-25Cr-20Fe-12.5W-0.05C、Ni-23Cr-18W-0.2C、热屏障F-M
钠冷快堆	钠	MOX、U-Pu-Zr、MC或MN	F-M或F-M ODS	管道：F-M 栅板：316SS	铁素体、奥氏体
铅冷快堆	铅或铅-铋	MN	高硅F-M、ODS、陶瓷或难熔合金	高硅F-M、ODS	高硅奥氏体、陶瓷或难熔金属
熔盐反应堆	熔盐（如FLiNaK）	铀、钍及其他锕系元素融入高温熔盐		陶瓷、难熔金属、高Mo、镍基合金（如INOR-8）、石墨、Hastelloy N合金	高Mo、镍基合金（如INOR-8）

注：F-M，铁素体-马氏体不锈钢（典型的如含9%～12%Cr的不锈钢）；ODS，氧化物弥散强化钢（典型的如铁素体-马氏体）；MC，混合碳化物［(U, Pu) C］；MN，混合氮化物［(U, Pu) N］；MOX，混合氧化物［(U, Pu) O_2］。

5.3.5 生物质能材料

生物质能是绿色植物通过光合作用将太阳能转化为化学能并储存在生物质内部的能量，它是植物体内的叶绿素在太阳能的作用下吸收空气中的二氧化碳和土壤中的水，最终合成碳水化合物，转化为化学能而固定下来的一种自然资源[31]。按原料来源的不同，生物质能资源可以分为林业生物质资源、农业生物质资源、生活污水、城市固体废物和畜禽粪便等五大类，具体如表5-12所示。

表5-12 生物质能资源类型及相关材料

生物质能资源	具体内容	相关材料
林业生物质资源	森林生长和林业生产过程提供的生物质能源	薪炭林、木材、林业副产品的废弃物等
农业生物质资源	农业作物、农业生产过程中的废弃物	农作物秸秆、农业加工废弃物、能源植物等
生活污水	城镇居民生活、商业和服务业的排水等	生活污水、工业有机废水等
城市固体废物	在生产、消费、生活和其他活动中产生的固态、半固态废弃物质	固体颗粒、垃圾、炉渣、污泥、动物尸体、变质食品等
畜禽粪便	畜禽排泄物	畜禽粪便、尿及其垫草等

2011年7月9日，"全国农村能源工作会议"召开，生物质能"十二五"规划目标基本确定："十二五"末，我国生物质发电装机容量达到1300万千瓦，成型燃料年利用量达到2000万吨，生物燃料乙醇年利用量达到300万吨，生物柴油年利用量达到150万吨。生物质能产业发展前景广阔，对原材料的需求将更加紧迫，势必带动上游生物质能材料行业的发展。

5.3.6 风能材料

风力发电是现代利用风能的主要方式。风力发电的原理是利用风力带动风车叶片旋转，再通过增速机加快旋转速度，带动发电机发电。风力机和发电机是风力发电系统的主要组成部分[32]。风力发电机的结构材料是风能的关键材料。具体风电结构和相关材料如表5-13所示。

表 5-13　风电结构、功能及相关材料

风电结构	结构功能	相关材料
机舱	包裹风力发电的关键设备	织物增强体复合材料、涂层材料等
转子叶片	捕获风,并将风力传送到转子轴心	不饱和树脂、环氧树脂、碳纤维、增强材料、基体材料、夹层泡沫、胶黏剂和各种辅助材料等
轴心	转子轴心附着在风力发电的低速轴上	不锈钢等
低速轴	轴中有用于液压系统的导管,来激发空气动力闸的运行	合金结构钢锻件、42CrMo 等
齿轮箱	驱动发电机	渗碳钢、低碳合金钢、20CrMnTi、20CrMnMo 等
发电机	感应电机或异步发电机	永磁材料、碳刷/电刷材料等
电子控制器	控制偏航装置	芯片材料等
液压系统	重置风力发电机的空气动力闸	密封材料、涂料、液压油等
冷却元件	冷却发电机	风扇扇叶材料
塔	装载机舱及转子	镀锌钢材、喷塑钢材、不锈钢等

据世界风能协会（WWEA）统计，全球风力发电能力在 2011 年前 6 个月增长了 9.3%，比 2010 年同期增长 22.9%。相比之下，2010 年的年增长率为 23.6%。中国、美国、德国、西班牙、印度装机容量占全球风电装机容量的 74%，成为全球风电五大市场。中国仍将占据世界风电市场的主导地位。

风电市场的扩展必然带动产业链上游材料产业的发展，尤其是风电叶片用材料。"十二五"期间，叶片需求将以 1.5 兆瓦的 40.25 米以上的大叶片为主，海上风电的开发对叶片行业提出了更高的要求，将推动国内叶片行业的产业升级[33]。

5.4　新能源产业及其关键材料技术的 SWOT 分析

5.4.1　优势分析

5.4.1.1　国家重视与政策扶持

我国政府十分重视新能源产业的发展，把该产业的发展视为新的经济增长点，并出台一系列配套的产业政策、规划给予重点支持（表 5-14）。新能源材料作为新能源产业发展的基础与核心，在实现能源转化、储存和利用以及发展新能源技术中发挥关键作用，是新材料产业中最具活力与发展潜力的领域之一。新能源产业的发展将拉动对其关键材料的需求，进一步推动新能源材料行业的发展。

表 5-14 新能源产业政策规划

时间	政策规划名称
2006 年 1 月	《中华人民共和国可再生能源法》 《可再生能源发电价格和费用分摊管理试行办法》
2006 年 2 月	《可再生能源发电有关管理规定》
2007 年 1 月	《核电中长期发展规划》
2007 年 7 月	《电网企业全额收购可再生能源电量监管办法》 《农业生物质能产业发展规划（2007—2015 年）》
2007 年 8 月	《可再生能源中长期发展规划》
2007 年 11 月	《新能源汽车生产准入管理规则》
2008 年 3 月	《可再生能源"十一五"规划》
2008 年 8 月	《风力发电设备产业化专项资金管理暂行办法》
2008 年 11 月	《秸秆能源化利用补助资金管理暂行办法》
2009 年 2 月	《节能与新能源汽车示范推广财政补助资金管理暂行办法》
2009 年 3 月	《关于加快推进太阳能光电建筑应用的实施意见》 《太阳能光电建筑应用财政补助资金管理暂行办法》
2009 年 7 月	《关于完善风力发电上网电价政策的通知》
2009 年 8 月	《中华人民共和国可再生能源法（修订）》

伴随着政府的重视与扶持，我国在新能源材料技术领域的研究热接踵而至。以核能关键材料为例（图 5-10），中国受理的核能关键材料的专利数量自 1990 年以来总体呈现上升趋势，特别是 2007 年以来发展迅速。

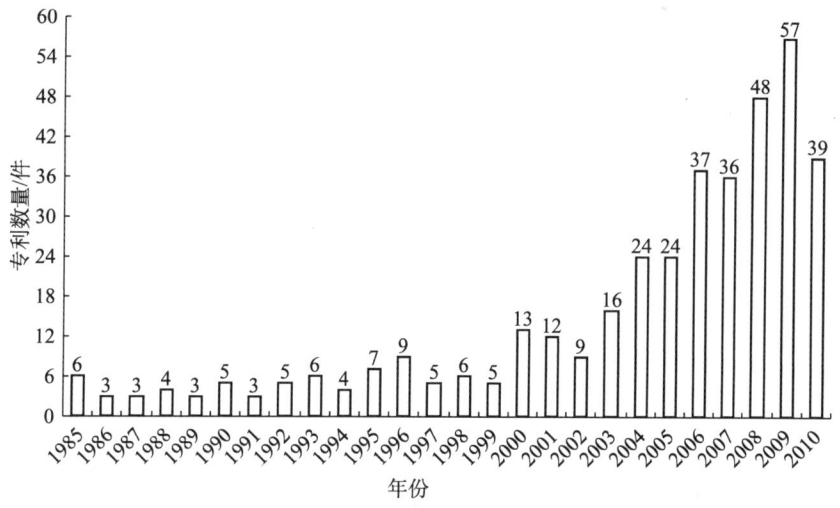

图 5-10 中国先进核能关键材料专利数量年度分布

资料来源：德温特专利数据库。

5.4.1.2 部分材料具有产业基础优势

我国镍氢电池、锂电池关键材料和技术已形成了从上游产品、原料制备、设备制造、电池加工和出口贸易到下游产品的产业链条。2003年,国家发改委决定支持我国锂离子动力电池产业化示范基地的建设,以推动我国锂离子动力电池的发展。早在2002年,科学技术部国家重点基础研究发展计划(973计划)就批准了"绿色二次电池新体系"的立项,该立项以电池材料的创新研究为重点,进行绿色二次电池新体系及相关重大技术问题的研究。在小功率镍氢电池产业化方面,我国取得了很大进展,镍氢电池的出口保持了30%的年均增长率。可见,我国部分新能源关键材料已具有一定的产业化基础优势,在相关政策激励下将得到进一步发展。

5.4.1.3 中国科学院研发优势

中国科学院在新能源产业相关材料的研发及应用方面处于国内领先位置。以太阳能电池和固体氧化物燃料电池为例(图5-11、图5-12),中国科学院的专利数量分别达到194件和231件,领先于国内的其他企业和高校。在新能源产业关键材料的科技成果方面,中国科学院也具有领先优势:在先进核能领域中国科学院拥有科技成果13项,仅次于清华大学,明显高于中国原子能科学研究院、西安交通大学、南开大学等机构(图5-13)。而在风能、燃料电池领域,中国科学院的科技成果产出数量均在国内排名第一,领先于其他机构(图5-14、图5-15)。

5.4.2 劣势分析

5.4.2.1 关键材料核心技术竞争力不足

从全球来看,我国新能源上游关键材料的核心技术缺乏竞争力。以核能关键材料为例(图5-16),专利申请量在30件以上的前18个机构中无一家中国机

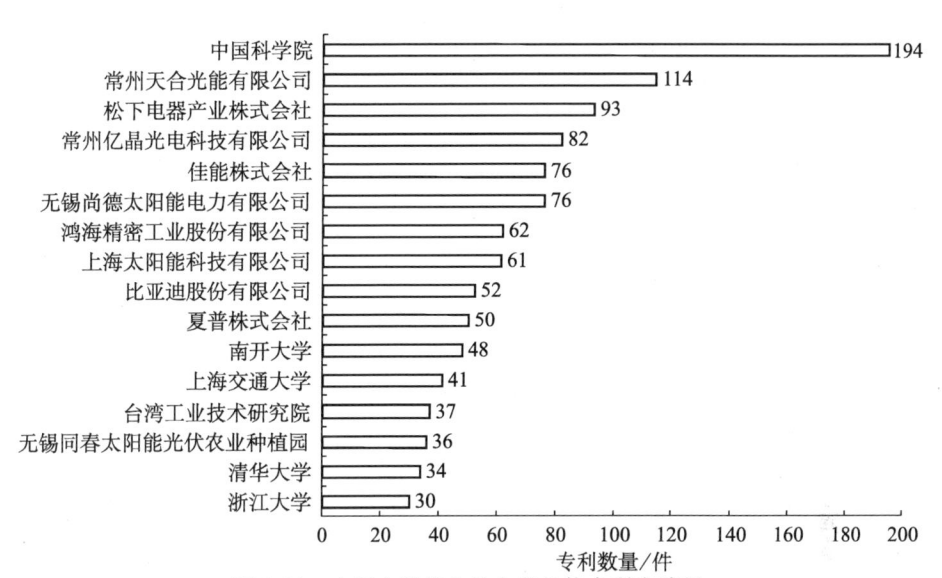

第5章 新能源产业之关键材料分析

机构	专利数量/件
中国科学院	194
常州天合光能有限公司	114
松下电器产业株式会社	93
常州亿晶光电科技有限公司	82
佳能株式会社	76
无锡尚德太阳能电力有限公司	76
鸿海精密工业股份有限公司	62
上海太阳能科技有限公司	61
比亚迪股份有限公司	52
夏普株式会社	50
南开大学	48
上海交通大学	41
台湾工业技术研究院	37
无锡同春太阳能光伏农业种植园	36
清华大学	34
浙江大学	30

图 5-11 中国太阳能电池主要机构专利申请量

资料来源：国家知识产权局中外专利数据库服务平台。

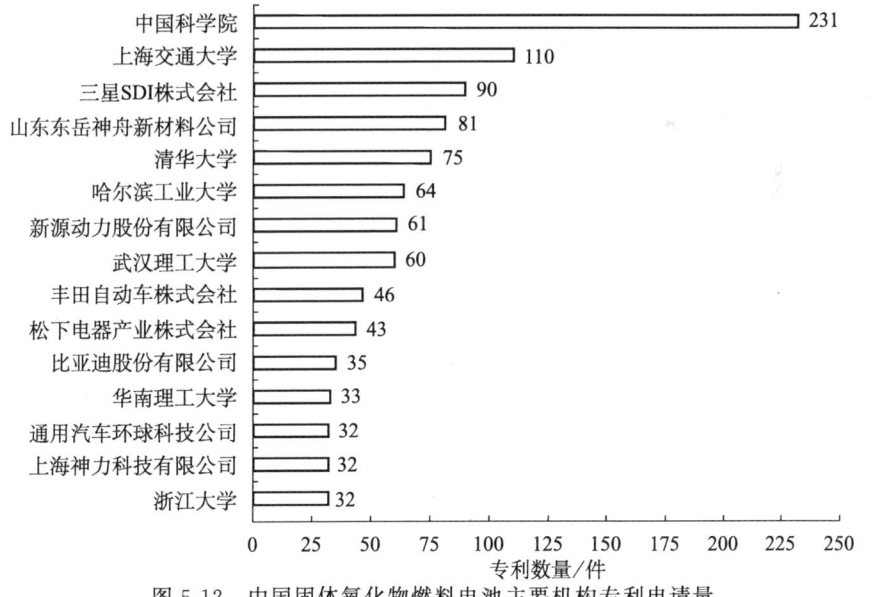

机构	专利数量/件
中国科学院	231
上海交通大学	110
三星SDI株式会社	90
山东东岳神舟新材料公司	81
清华大学	75
哈尔滨工业大学	64
新源动力股份有限公司	61
武汉理工大学	60
丰田自动车株式会社	46
松下电器产业株式会社	43
比亚迪股份有限公司	35
华南理工大学	33
通用汽车环球科技公司	32
上海神力科技有限公司	32
浙江大学	32

图 5-12 中国固体氧化物燃料电池主要机构专利申请量

资料来源：国家知识产权局中外专利数据库服务平台。

战略性新兴产业新材料报告

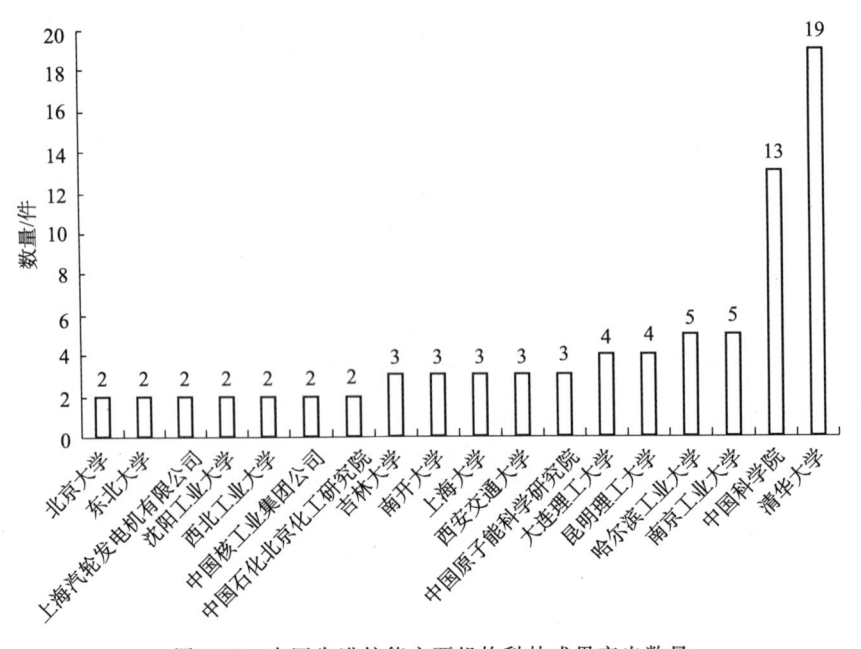

图 5-13 中国先进核能主要机构科技成果产出数量

资料来源：国家科技成果数据库。

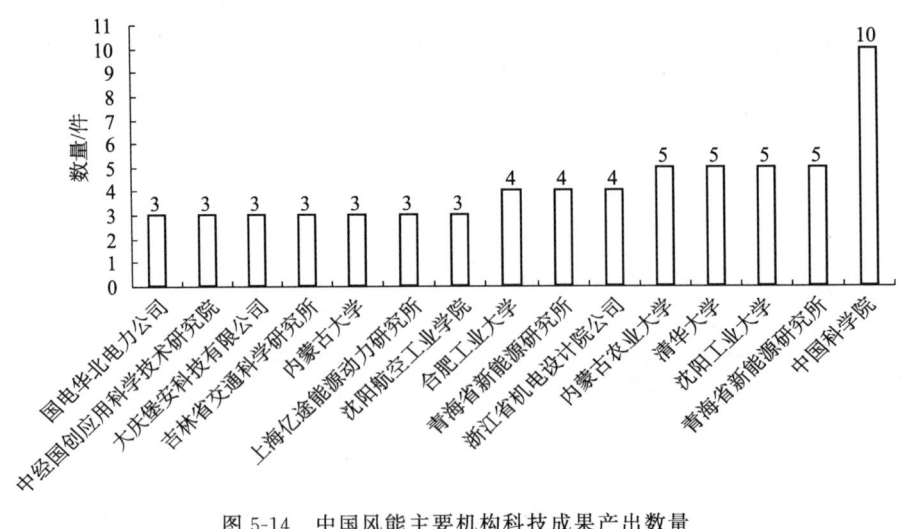

图 5-14 中国风能主要机构科技成果产出数量

资料来源：国家科技成果数据库。

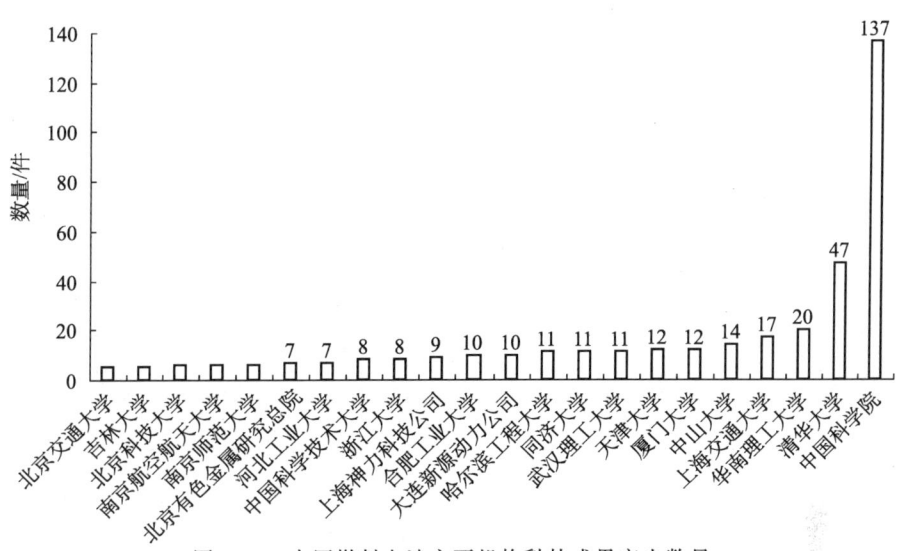

图 5-15　中国燃料电池主要机构科技成果产出数量

资料来源：国家科技成果数据库。

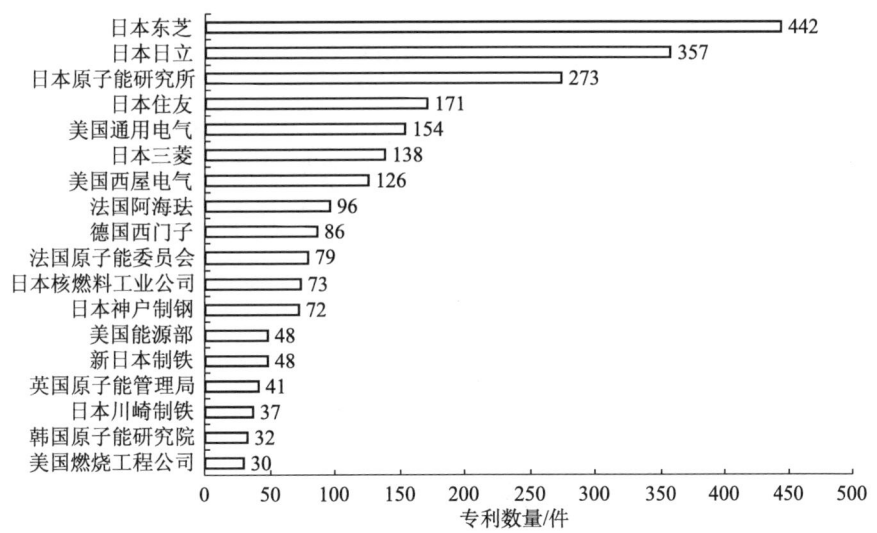

图 5-16　全球先进核能关键材料主要机构专利申请量

资料来源：德温特专利数据库。

构，而日本的机构则有 9 家。另如多晶硅及其加工设备铸锭炉、碳纤维、动力锂电池的隔膜与电解质、高温碳化炉、核电大型铸锻件、非晶合金变压器的非晶带材等关键材料大多依赖进口。这种关键材料核心技术匮乏的局面，严重影响了中国新能源厂商的市场竞争力与赢利空间。

5.4.2.2 行业准入政策和技术标准不完善

我国新能源产业缺乏相应的行业准入政策和规范的行业技术标准，致使在进入行业时没有相应的环保和技术门槛，大量低质中小企业涌入新能源领域，造成行业的高能耗和高污染。以多晶硅和风电设备制造为代表的新能源产业重复建设尤为突出，国内尚未建立多晶硅准入标准，导致大批多晶硅项目上马，同样，由于没有完善的风电技术标准和检测认证体系，风电设备制造商如雨后春笋般出现。行业准入标准的缺失导致了低水平产能过剩和高水平产品不足等一系列问题。

5.4.3 机会分析

5.4.3.1 应对能源危机与气候变化的关键环节

能源、材料和信息产业并称为21世纪三大支柱产业。其中，能源和材料，是支撑人类文明和推动社会发展最重要的物质基础。尤其在当今全球面临能源危机、气候变化及资源约束等主要发展问题的情况下，开发新能源及其关键材料技术已成为世界各国重要科技攻关方向与产业投资领域，各国希望通过突破新能源材料这一关键环节来应对能源危机与气候变化等问题。

5.4.3.2 新能源材料成长空间广阔

新能源系统生产成本主要包括材料、生产能源、人工及折旧费用等，其中材料在整个新能源系统成本中占比过半，因此对关键材料进行技术攻关以降低成本为众多企业所关注，政府和相关研发机构对新能源关键材料的研发投入也逐步加大。材料部件是新能源产业链的上游环节，矿产资源的天然垄断性、研发与产业化技术的高壁垒，使得材料行业集中度较高，竞争优势明显，产品供不应求，毛利率较高，赢利较为稳定，尤其是在终端需求快速增长的推动下，中下游厂商产能扩张迅猛，进一步加剧了上游材料市场的紧俏局势。总体看来，新能源材料产业的成长空间广阔。

5.4.4 威胁分析

5.4.4.1 电能短缺形势严峻

随着近年来电能短缺的形势严峻，电能的贮存及有效利用变得十分重要。把低谷电储存起来，待到用电高峰时使用可以有效提高电能使用效率。同时，建立分散的能源体系是解决未来能源危机的有效途径之一，而分散能源体系的建立和完善涉及贮能电池、太阳能电池、燃料电池的开发和应用研究，虽然我国在以上三种电池方面都有一定的基础，但与发达国家相比仍差距较大，不能满足发展需求，需要进一步加强应用研究和工程研究。

5.4.4.2 国际新能源材料市场竞争激烈

由于材料在新能源发展中的关键地位以及在新能源产业中的重要战略地位，世界上主要国家都十分重视新能源相关材料的研发和应用，市场竞争十分激烈。从专利分析中可以看出我国新能源相关材料的研发和应用的竞争力仍不及美国、日本等国家。国内相关企业起步较晚，企业间竞争十分明显，新能源关键材料的核心技术水平与国际水平尚有一定差距。

5.5 结　　论

开发新能源是降低碳排放、优化能源结构、实现人类社会可持续发展的重要途径。在新能源的发展过程中，新能源材料起到了不可替代的重要作用，引导和支撑了新能源的发展。多晶硅材料的发展为太阳能产业提供了重要的基础，储能材料是发展节能的清洁交通和新型储能器件的重要支撑，核能材料的发展为先进核能的发展提供了必要条件。总之，新能源材料是推动新能源快速发展的重要保障。

根据《新材料产业"十二五"发展规划》,"十二五"期间,我国风电新增装机6000万千瓦以上,建成太阳能电站1000万千瓦以上,核电运行装机达到4000万千瓦。预计共需要稀土永磁材料4万吨、高性能玻璃纤维50万吨、高性能树脂材料90万吨、多晶硅8万吨、低铁绒面压延玻璃6000万平方米,需要核电用钢7万吨/年、核级锆材1200吨/年、锆及锆合金铸锭2000吨/年。如何针对新能源发展的重大需求,解决相关新能源材料的材料科学基础研究和重要工程技术问题,将成为未来科技工作的重要研究课题。

参考文献

[1] 网集,秉忠. 走近新能源. 华北电业,2011,(04): 53, 54

[2] 杭州市人民政府办公厅. 杭州市新能源产业发展规划(2010-2015年). 2010. http://www.hangzhou.gov.cn/main/zwdt/ztzj/shierwu/zxsj/T339098.shtml [2011-11-10].

[3] 国务院. 国务院关于加快培育和发展战略性新兴产业的决定. 2010. http://www.gov.cn/zwgk/2010-10/18/content_1724848.htm [2010-10-10].

[4] 詹铃. 十二五可再生能源发展规划:水核风三电并举. 2011. http://www.ce.cn/cysc/ny/xny/201106/03/t20110603_20987035.shtml [2011-11-06].

[5] Perezagua E, Demarcq F, Alferov Z L, et al. A vision for photovoltaic technology. Photovoltaic Technology Research Advisory Council, European Commission, 2005: 22.

[6] Kazmerski L L. Solar photovohaics R&D at the tipping point: a 2005 technology overview. Journal of Electron Spectroscopy and Related Phenomena, 2006, 150: 105-135.

[7] Shah A, Torres P, Tscharner R, et al. Photovohaic technology: the case for thin-film solar cells. Science, 1999, 285 (10): 692-695.

[8] 王晓宁. 中国太阳能光伏产业链剖析及其对产业的影响. 电器工业,2008,(07): 44, 45.

[9] 佚名. 光伏产业链的探索之路. 电源世界,2011,(03): 2, 3.

[10] 回彩娟. 冷静发展构建风能产业链访中国电工技术学会名誉理事长周鹤良. 电气制造,2009,(09): 14.

[11] 佚名. 风力发电机产业链和国内外厂商竞争力分析. 2009. http：//www. chuandong. com/publish/report/2009/11/report_1_5433. html［2011-11-08］.

[12] 薛一景，Kanstrup H，JФrgensen H K. 风电技术对风电产业发展的影响. 电器工业，2009，（06）：54，55.

[13] 于汉启. 风电技术的发展及风机选型. 电网与清洁能源，2009，25（12）：85.

[14] 冯丽敏. 生物质能产业前景分析. 农业科技与装备，2010，（02）：9-11.

[15] 郭力方，刘向东. 生物质能"十二五"目标或年底前出台. 2011. http：//www. sgcc. com. cn/ztzl/newzndw/zndwzx/gnzndwzx/2011/11/258137. shtml［2011-11-02］.

[16] 王丰华，陈庆辉. 生物质能利用技术研究进展. 化学工业与工程技术，2009，30（03）：32.

[17] 管数园，李艳红. 生物质能的转化和利用技术研究. 新能源与新材料，2007，（05）：27-30.

[18] 陈立泉. 我国新能源材料产业化现状（上）. 新材料产业，2005，（08）：30，31.

[19] 章勇. 全球光伏材料市场分析. 中国科技财富，2011，（03）：38，39.

[20] 马文会，戴永年，杨斌，等. 加快太阳能级硅制备新技术研发促进硅资源可持续发展. 中国工程科学，2005，（08）：91-94.

[21] Goetzberger A，Hebling C. Photovoltaic materials past present future. Solar Energy Materials and Solar Cells，2000，62（1/2）：1-19.

[22] 殷志刚. 太阳能光伏发电材料的发展现状. 可再生能源，2008，26（05）：17-20.

[23] 周恒辉，慈云祥. 锂离子电池电极材料研究进展. 化学进展，1998，10（01）：85，86.

[24] 黄友桥，管道安. 锂离子电池隔膜材料的研究进展. 船电技术，2011，31（01）：26.

[25] 高菲，戴永年，姚耀春. 锂离子电池非水电解液添加剂的研究进展. 电池工业，2005，（05）：309.

[26] 孔宪文，桂敏言，冯玉全. 关于燃料电池发电技术调研报告. 2006. http：//www. china5e. com/dissertation/newenergy/0058. htm［2011-11-07］.

[27] 刘志祥，钱伟，郭建伟，等. 质子交换膜燃料电池材料. 化学进展，2011，23（03）：487-491.

[28] 张汉谦，刘孝荣，陆匠心. 核电关键装备用金属材料的开发和应用进展. 2010. http：//demators. cn/NucelarWeb/Download. aspx？id＝21［2011-11-12］.

[29] 蒋利军，张向军，刘晓鹏，等. 新能源材料的研究进展. 中国材料进展，2009，28（08）：50，51.

[30] 黄健，姜山，万勇，等．核能材料面临的机遇和挑战．新材料产业，2009，(07)：57-59．
[31] 王亮，尚会建，郑学明，等．生物质能开发利用研究进展．河北工业科技，2009，26（05）：383．
[32] 王英武，孙祝寿．新能源发展背景下我国风能产业现状及前景分析．能源经济，2011，(09)：81．
[33] 佚名．风电叶片行业仍将保持快速增长．2011．http：//www.frponline.com.cn/news/detail_38634.html［2011-08-08］．

第 6 章

新能源汽车产业之关键材料分析

6.1 新能源汽车产业概述

6.1.1 新能源汽车的分类

随着全球能源日趋紧张,生态环境日益恶化,新能源汽车的开发和应用已经成为全球汽车工业研究的重点和热点。从环境资源及汽车工业发展的角度来看,新能源汽车是低碳的必然选择和汽车产业的发展趋势。

国务院颁布的《国务院关于加快培育和发展战略性新兴产业的决定》指出:"新能源汽车产业要着力突破动力电池、驱动电机和电子控制领域关键核心技术,推进插电式混合动力汽车、纯电动汽车推广应用和产业化。同时,开展燃料电池汽车相关前沿技术研发,大力推进高能效、低排放节能汽车发展。"[1]

2009年7月1日由工业和信息化部颁布的《新能源汽车生产企业及产品准入管理规则》指出:"新能源汽车是指采用非常规的车用燃料作为动力来源(或使用常规的车用燃料、采用新型车载动力装置),综合车辆的动力控制和驱动方面的先进技术,形成的技术原理先进、具有新技术、新结构的汽车。"[2] 具体分类如表6-1所示。

表6-1 新能源汽车的分类

新能源汽车		基本定义
清洁替代燃料汽车		使用非石油提炼的液化天然气、压缩天然气、醇类燃料(甲醇及乙醇)、醚类燃料(二甲醚)、生物柴油、煤制油及氢气等作为直接燃料
混合动力汽车		装有两种动力源,采用复合方式驱动。车载动力源包括内燃机机组、蓄电池、燃料电池、太阳能电池等。当前的混合动力汽车一般由内燃机和蓄电池共同驱动
电动汽车	纯电动汽车	以车载电源(高性能蓄电池)为动力,用电机驱动行驶。目前,车用蓄电池有铅酸电池、镍氢电池、锂离子电池等
	燃料电池汽车	以氢气、甲醇等为燃料,通过化学反应产生电流,依靠电机驱动

6.1.2 新能源汽车产业市场容量

6.1.2.1 国外市场容量

全球及部分汽车工业发达国家的新能源汽车市场容量如表 6-2[3,4]所示。

表6-2 全球及部分汽车工业发达国家的新能源汽车市场容量

地区/国家	市场容量
全球	据美国摩根大通集团预测,全球混合动力汽车年销量在 2020 年将增加至 1128 万辆,占全球汽车总销量 13.3%。从地区分布来看,北美洲 349 万辆、欧洲 346 万辆、中国 197 万辆、日本 70 万辆
日本	据日本瑞穗金融集团预测,日本的混合动力车产量在 2015 年可达到 150 万辆,插电式混合动力车产量可达到 25 万辆,纯电动车可达到 10 万辆
美国	美国政府计划在 2015 年力争实现国内插电式混合动力车年销量 100 万辆的目标。另据日本瑞穗金融集团预测,到 2015 年,混合动力汽车仍将是美国新能源汽车市场的主流,销量可达到 250 万辆
欧洲	据日本瑞穗金融集团预测,到 2015 年,欧洲混合动力汽车销量将达到 160 万辆,新能源汽车将达到 60 万辆,其中插电式混合动力汽车 40 万辆,纯电动汽车 20 万辆。2009 年 8 月 19 日,德国政府颁布了《国家电动汽车发展计划》,在该计划中提出到 2020 年实现 100 万辆电动汽车上路投入使用的目标

6.1.2.2 国内市场容量

根据 2011 年 4 月上报国务院的《节能与新能源汽车产业规划(2011—2020年)》,到 2020 年,我国新能源汽车累计产销量要达到 500 万辆,其中,中、重度混合动力乘用车保有量将达到 100 万辆以上,占乘用车年产销量的 50%以上[5]。

不同的机构也分别对我国的新能源汽车市场做出了预测。贝恩公司预测:2011~2013 年,全球纯电动汽车的潜在市场有望达到 150 万辆,其中中国将以 20 万辆的份额占据全球最大潜在市场。而日本有关机构对我国的新能源汽车市场的预测为:到 2015 年,混合动力汽车年产量达到 130 万辆,插电式混合动力汽车年产量达到 40 万辆,纯电动汽车达到 20 万辆[3]。

2010 年 1~8 月,国内共生产新能源汽车约 1.35 万辆,同比增长 2.7 倍,其中,乘用车 9197 辆,商用车 4281 辆。销售新能源车约 1.28 万辆,同比增长

2.45倍,其中乘用车8524辆,商用车4308辆。具体如表6-3所示。

表6-3 国内新能源汽车市场容量

车型		前8月累计生产量/辆		前8月累计销售量/辆	
		2010年	2009年	2010年	2009年
乘用车	基本型	9 197	1 735	8 524	1 815
	MPV	0	0	0	0
	SUV	0	0	0	0
	交叉型	0	0	0	0
	小计	9 197	1 735	8 524	1 815
商用车	载货车	0	20	0	20
	货非完整	61	8	10	3
	半挂牵引车	35	53	41	45
	客车	3 300	1 386	3 330	1 374
	客非完整	885	453	927	465
	小计	4 281	1 920	4 308	1 907
合计		13 478	3 655	12 832	3 722

资料来源:中国汽车工业协会2010年统计数据。

6.2 新能源汽车产业的产业链分析

新能源汽车的发展将带动一条崭新的产业链条,涉及上中下游众多领域。并且还带动了产业链延伸业务,如电池回收、充电设施等。

6.2.1 产业链上游

产业链上游主要包括电池行业原材料和电机行业原材料。电池行业原材料主要包括锂、镍、稀土、铂;电机行业的主要原材料是稀土资源。

6.2.2 产业链中游

产业链中游包括单体电池、动力电池组、驱动电机、控制系统及其他汽车配件。其中,电驱动系统的价值构成了新能源汽车价值的主体。插电式混合电动汽车电池电机及相关组件价值相当于传统燃油汽车动力系统及相关部件的两倍；纯电动汽车电力驱动系统价值占整车成本的50%以上[6]。

通常情况下，动力电池成本约占电力驱动系统成本的50%，而另外50%的成本由单体的成组、管理系统和封装占据。一辆纯电动汽车需要使用大量的锂电池正极材料，从而带动了锂矿及其原材料产业的发展[6]。因此，电池材料对新能源汽车而言是一类重要的材料。

在新能源汽车中，驱动电机和电控系统的成本相当，比例约为1∶1。它们分别带动精密制造业、电子产业的发展，电机及相关部件制造对铜、铁、稀土等原材料产业具有较强的拉动作用[6]。因此，驱动电机材料也是新能源汽车中比较重要的材料。

6.2.3 产业链下游

新能源汽车下游产业链主要是整车制造。本土新能源汽车企业在商用车领域优势明显，而且地方政府对当地汽车企业的倾向性补贴，使得新能源汽车市场出现了地区性的垄断现象。国内如北汽福田、东风电动、金龙客车等大型汽车企业在新能源汽车商用车领域处于领先地位，一些小型汽车厂商也占有一定市场份额，所以竞争比较激烈。在乘用车领域，合资企业依靠成熟的车型和技术，处于领先地位，而国内汽车企业如一汽、比亚迪、奇瑞等与国外同行相比，在技术等方面仍有一定的差距[7]。

6.3 新能源汽车产业中的关键材料分析

6.3.1 新能源汽车关键材料概述

材料是汽车产业的基础，一辆汽车由许多零部件组装而成，这些零部件又是由上千种不同的材料加工制造而成的，如图6-1所示。汽车的主要材料包括六大类：钢、铁、塑料、铝、橡胶、玻璃，占整车质量的90%。有色金属（铜、铅、锌、锡等）、液体（燃油、润滑剂、其他油品和水基液等）、油漆、纤维制品等材料占 10%[8]。

生铁	汽缸体、发动机零件
普通钢	车体、机架、车轴
特殊钢	齿轮、前桥、后桥、车轴

纸	滤纸
纤维	座椅、内饰件、安全带
木材	车厢
石棉	衬里、衬片、气密垫
陶瓷器	火花塞、废弃净化
玻璃	窗
皮革	座椅、垫床
合成树脂	转向盘、散热器格栅、保险杠

| 弹簧 |
| 轴承 |
| 泵等机加工零件 |
| 轮胎、管子 |
| 蓄电池 |
| 窗玻璃 |
| 千斤顶等随车工具 |

汽车

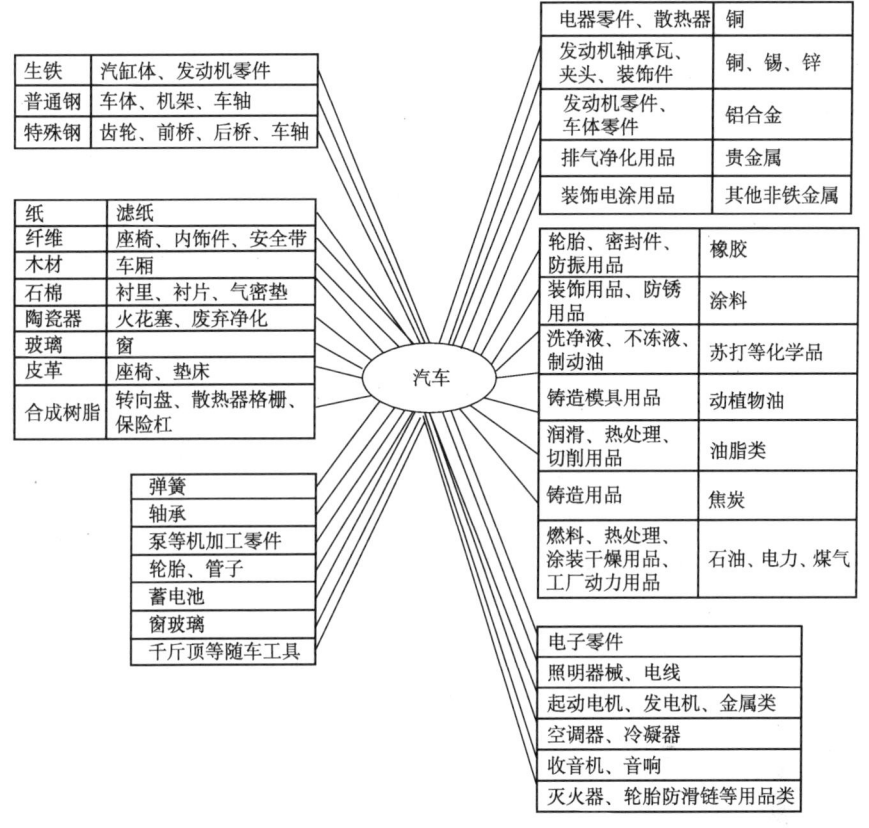

电器零件、散热器	铜
发动机轴承瓦、夹头、装饰件	铜、锡、锌
发动机零件、车体零件	铝合金
排气净化用品	贵金属
装饰电涂用品	其他非铁金属

轮胎、密封件、防振用品	橡胶
装饰用品、防锈用品	涂料
洗净液、不冻液、制动油	苏打等化学品
铸造模具用品	动植物油
润滑、热处理、切削用品	油脂类
铸造用品	焦炭
燃料、热处理、涂装干燥用品、工厂动力用品	石油、电力、煤气

| 电子零件 |
| 照明器械、电线 |
| 起动电机、发电机、金属类 |
| 空调器、冷凝器 |
| 收音机、音响 |
| 灭火器、轮胎防滑链等用品类 |

图 6-1 汽车材料构成图

资料来源：杨忠敏.聚焦汽车材料的轻量化技术.城市车辆，2008，8：54，55.

新能源汽车产业链的上、中、下游，涉及多种材料。从上面产业链的分析可以看出，动力电池材料和驱动电机材料是新能源汽车中比较重要的材料。

6.3.1.1 动力电池材料

目前，新能源汽车中使用的动力电池主要有镍氢电池和锂电池。我国的电池工业近年来发展迅速，我国已经成为全球电池产业的主要生产国之一，特别是在车用动力电池方面，已经形成了一条完整的产业链，配套能力也相对完善，从而对整个电池产业具有良好的支撑作用。特别是在原材料领域，我国矿产资源丰富，其支撑作用更加明显。以锂电池为例，我国的锂矿资源储量居世界第三，为锂电池的发展提供了坚实的资源基础和保障。

6.3.1.2　驱动电机材料

在各种新能源汽车驱动电机中，永磁同步电机比较符合电动轿车对高功率、大密度电机的要求[6]。永磁材料是永磁电机的重要组成部分，稀土中的钕元素是制造高功率轻质磁铁——钕铁硼永磁体的重要原料，该磁体已被应用于混合动力汽车和电动车的驱动电机制造中。另外，将稀土中的铽和镝元素添加到磁体中可以使钕元素在高温下仍然保持磁性，从而使驱动电机性能稳定。我国的稀土资源储量丰富，居世界首位，在资源供给上具有明显的优势，这为我国新能源汽车驱动电机的发展提供了良好的资源保障。

除上述两种材料外，随着汽车工业的发展，轻量化材料作为新能源汽车中一类非常重要的材料，应用也越来越广泛。

6.3.1.3　轻量化材料

目前，国内外汽车上应用较多的轻量化材料有铝合金、镁合金、高强度钢、塑料及复合材料等。新能源汽车产业链、主要轻量化材料及其主要技术对应关系如图 6-2 所示。

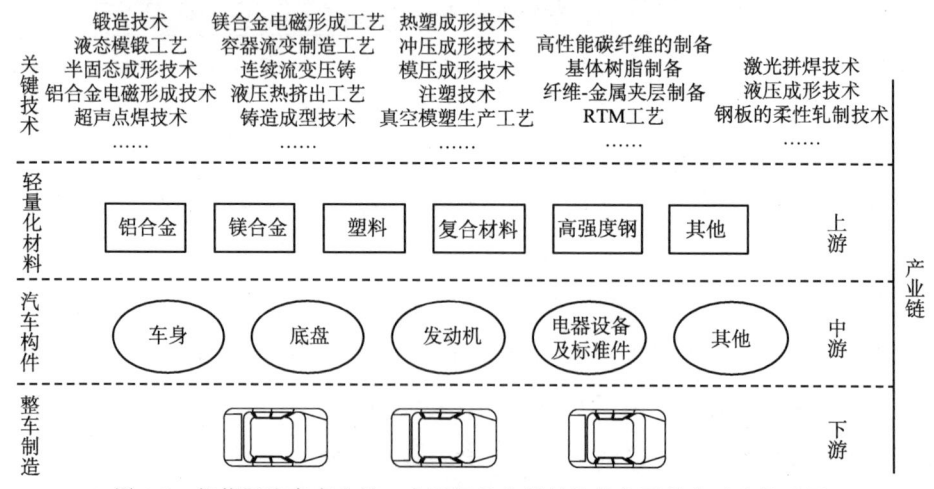

图 6-2　新能源汽车产业链、主要轻量化材料及其主要技术对应关系图

1. 铝合金

目前，用于汽车制造的铝合金材料主要有铸造铝合金、变形铝合金和铝基复合材料三大类，其中铸造铝合金用量约占80%[9]。以铸造铝合金生产的汽车零部件有发动机缸体、缸盖、离合器壳、保险杠、轮毂、发动机托架等。变形铝合金主要应用在车身零件及结构件上，如车厢顶盖、发动机罩、提升式后车门、前端翼子板、保险杠、车厢底板结构件、热交换器、轮毂等[10]。

铝合金主要加工技术有锻造技术、液态模锻工艺技术、半固态成形技术、铝合金电磁形成技术和超声点焊技术等[11,12]。

2. 镁合金

镁是比铝更轻的金属材料，能在铝合金轻量化的基础上再减重15%～20%。目前，镁合金已在汽车零部件上大批量应用，主要应用范围包括仪表盘骨架与横梁、座椅骨架、转向盘、进气歧管、各种支架罩盖等[10]。

镁合金主要加工技术有电磁形成技术、容器流变制造工艺、连续流变压铸工艺、液压热挤出工艺、铸造成型技术等[12-14]。

3. 高强度钢

相对于普通钢，高强度钢具有高强度、轻质量、低成本和高安全性等特点。用高强度钢代替普通钢制造车身构件，能够减重30%～40%。高强度钢中的低碳合金钢适用于制造需要冷成形或需要焊接的结构件，如车架、支架、箱体、吊臂等；中碳合金钢适用于机加工和焊接件，焊接量大时需要进行预热，如轴类、支座、车架等；高碳合金钢适用于机加工件，如轴类、支座、弹簧、铺垫的型材等[15]。

高强度钢主要加工技术有激光拼焊技术、液压成形技术和钢板的柔性轧制技术等[12,16]。

4. 塑料

汽车用塑料的主要类型包括通用工程塑料、塑料合金和增强塑料[10]。使用量居前7位的品种分别是聚丙烯、聚氨酯（PU）、聚氯乙烯（PVC）、热固性复合材料、丙烯腈-丁二烯-苯乙烯共聚物（ABS）、尼龙（PA）和聚乙烯[10]。塑料在汽车中最开始应用于仪表板、车门内板、顶棚、副仪表板、杂物箱盖、座椅及各类护板等。随着塑料工业的发展和技术的成熟,逐渐从内装件向外装件、结构件和功能件扩展,如车身外板、后阻流板、保险杠、车轮罩、前后翼子板、举升门,以及油箱、散热器水室、风扇叶片、发动机进气管、气门室罩盖等[10,17]。

汽车用塑料的主要加工技术有热塑成形技术、冲压成形技术、模压成形技术和注塑技术等[12,17]。

5. 复合材料

复合材料由基体材料(包括树脂、金属、陶瓷等)和增强剂(包括纤维状、晶须状和颗粒状等)复合而成,具有刚度大、强度高、耐热、耐磨和质量轻等特点,能满足各种特殊用途,也可作为新能源汽车轻量化材料。复合材料在汽车中可应用于发动机罩、翼子板、车顶、行李箱、门板、底盘等结构件[18]。

与复合材料加工相关技术主要包括高性能碳纤维的制备技术、基体树脂制备技术、低成本复合技术、纤维缠绕与编制技术、纤维-金属夹层制备工艺、树脂传递模塑(RTM)工艺、真空模塑生产工艺、零件表面模内装饰技术、A级表面与抗擦伤表面制备技术等。

轻量化材料在新能源汽车中的应用范围、可用做新能源汽车轻量化材料的主要原因及替代瓶颈如表6-4所示。

表6-4 轻量化材料在新能源汽车中的应用范围、应用原因及替代瓶颈

轻量化关键材料	应用范围	可用作新能源汽车轻量化材料的原因	替代瓶颈
铝合金	发动机缸体、缸盖、离合器壳、保险杠、车轮、发动机托等	(1)铝的密度较小,约为钢的1/3; (2)高强度、耐侵蚀、热稳定性好、易成型	(1)铝合金中有较高含量的硅和铁,使之回收再利用成为新的难题,从而影响铝合金的更大规模使用; (2)提高整车成本
镁合金	仪表盘骨架与横梁、座椅骨架、转向盘、进气歧管、各种支架、罩盖等	(1)质量轻,刚性好,具有一定的耐蚀性和尺寸稳定性,抗冲击,耐磨,衰减性能好; (2)易于回收; (3)高的导热和导电性能、无磁性、屏蔽性好、无毒	(1)镁是一种稀缺金属,价格昂贵; (2)镁合金加工成型较为困难,缺乏技术支撑; (3)弹性模量和屈服强度较低

续表

轻量化关键材料	应用范围	可用作新能源汽车轻量化材料的原因	替代瓶颈
塑料	仪表板、车门内板、顶棚、副仪表板、杂物箱盖、座椅及各类护板等	(1) 密度小； (2) 成型容易； (3) 塑料的弹性变形特性能吸收大量碰撞能量，对强烈撞击产生缓冲作用，保护车辆； (4) 耐腐蚀性强，局部受损不会腐蚀	塑料的弹性模量、抗拉强度、屈服强度远低于其他几种材料
复合材料： (1) 纤维增强材料（包含碳纤维复合材料）； (2) 聚合物基（树脂）复合材料	发动机罩、翼子板、车顶、行李箱、门板、底盘等	(1) 质量轻； (2) 抗撞凹性能强； (3) 表面质量优良； (4) 刚性高； (5) 耐蠕变与耐腐蚀性能良好	(1) 合成材料生产制造工艺节奏需加快； (2) 缺少适应高产量生产的复合材料； (3) 碳纤维价格较高
高强度钢	车架、支架、箱体、吊臂等	(1) 抗碰撞性能好； (2) 耐腐蚀； (3) 成本较低	(1) 国内自主开发能力有待提高； (2) 品种少，产品系列不健全； (3) 国内产品质量水平有待提高

6.3.2 发展轻量化材料重要性分析

低碳经济模式的提出，不仅促进汽车工业向节能环保方向方展，也促使汽车材料产业向轻量化、节省资源化、高性能和高功能方向发展。近年来，发达国家对汽车工业的发展提出了节能环保以及改进汽车安全性等主要目标。这些目标的提出反映了当今的汽车存在的问题[19]。

(1) 消耗燃油过多。图 6-3 显示，近 20 年石油的消耗量逐年攀升，而全球石油储量和供应告急，汽车的发展受到制约。

(2) 汽车尾气的有害成分污染大气环境，对人们生活环境和城市环境产生不利影响，同时也是地球气候变暖的重要因素之一。

(3) 汽车保有量大。较高的汽车保有量使得每年报废车辆的物资回收不完全，致使汽车废弃物严重污染了环境，汽车产业的发展受到环保制约。

归结看来，人们对汽车燃料的经济性和环保性要求日益增高。

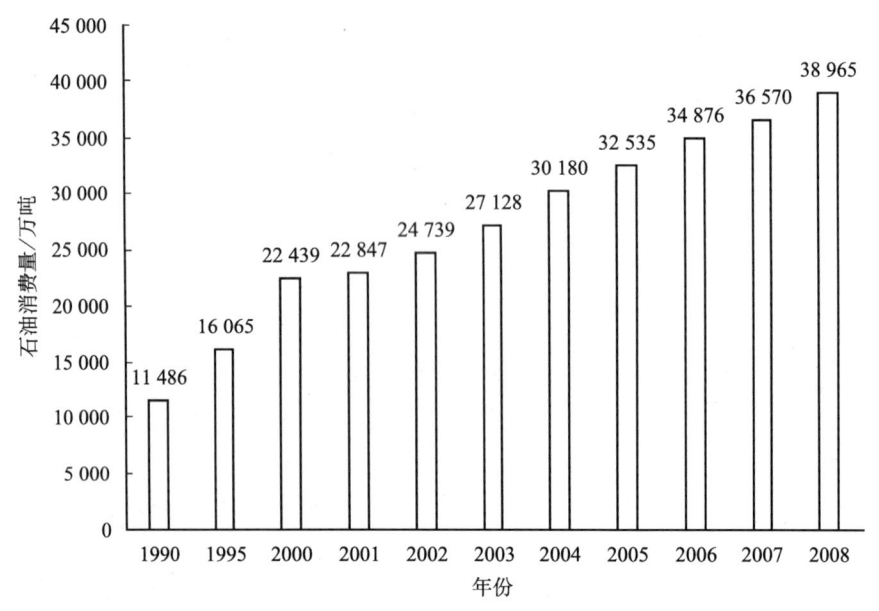

图 6-3 石油消费量年度趋势图

资料来源：国家信息中心。

燃料经济性是汽车的重要指标，汽车车身轻量化是燃料经济性的关键因素，大约70%的油耗用在车身质量上[20]。汽车自身质量每减轻45千克，1升汽油能增加6公里的行程，据另一种计算方法，车身每减轻100千克，每百公里可节省燃油0.4~1.0升[20]。

目前降低油耗的主要方法包括减轻重量（轻量化）、提高发动机效率和降低行驶阻力，其中最有效的方法是汽车轻量化，而使用轻量化材料又是减轻汽车重量的最有效方法之一[21]。汽车自身重量的构成比例大致为白车身（20%）、动力系统（18%）、悬架系统（12%）、轮毂（7%）、覆盖件（6%）、制动转向系统（3%）[22]。减轻汽车重量，应当主要从以上部件的减重出发，轻量化材料的使用对减轻车身重量的效果如表6-5[23]所示。

表 6-5 轻量化材料减重效果对应表

零部件		减重幅度
铸铁	铸铁	比较基准
	铝铸件	50%~60%
	镁铸件	65%~75%

续表

零部件		减重幅度
车身构件	软钢	比较基准
	高强度钢	10%
	铝合金	40%～50%
	玻璃纤维增强复合材料	25%～35%

资料来源：AlicJohn, et al. Advanced Automotive Technology: Visions of a Super-Efficient Fanuly Car, OTA—ETI-638, 1995.

轻量化材料的使用顺应新能源汽车发展趋势。然而，大面积地推广普及新能源汽车还面临着诸多阻碍和发展瓶颈，特别是新能源汽车高成本导致的高价格问题。

新能源汽车价格高昂的原因归结于以下三点。①新能源汽车的动力系统和结构不同于传统燃料汽车，其早期的科研投入和基础设施投入都较大，从而导致新能源汽车成本增加。②由于新能源车的配套设施还不完善，在很长一段时间内，仍然属于小众使用车型，不能大批量生产，这也导致了成本的增加。③作为新能源汽车动力源的电池价格较贵。比如，为满足180公里的续驶里程需求，一辆中型新能源电动轿车需要携带的电池质量达450千克左右，电池的价格约为车价的50%。在配备更多的电池组的同时也增加了更多的成本，而且电池自重的增加也会加重新能源汽车的能耗，从而影响续航里程[24]。

由此可见，大力推广和使用轻量化材料对未来新能源汽车产业的发展意义重大。

6.3.3 碳纤维复合材料重点分析

6.3.3.1 碳纤维复合材料特点及性能优势

复合材料是一类极为重要的轻量化材料，其中，纤维增强型材料一直是人们关注的焦点和研究热点。由碳纤维和高性能树脂基体复合而成的碳纤维树脂复合材料是目前使用最广泛的结构复合材料之一，随着技术的成熟，其在新能源汽车轻量化中的应用也越来越广泛。

碳纤维是一种直径范围在6～8微米内、含碳量高于90%的无机高分子连续细丝纤维材料,其中含碳量高于99%的称为石墨纤维[25-27]。碳纤维具有轴向强度和模量高、无蠕变、耐疲劳性好、比热及导电性介于非金属和金属之间、热膨胀系数小、耐腐蚀性好、密度低、X射线透过性好等特点,但其耐冲击性较差,易损伤,在强酸作用下易发生氧化反应,与金属复合时会产生金属碳化、渗碳以及电化学腐蚀现象。因此,在使用前须进行表面处理[25,27]。

碳纤维复合材料和部分金属或其他工程材料性能如表6-6所示[26]。

表6-6 多种碳纤维复合材料和金属材料的性能对比

材料	密度(ρ)/(克/立方厘米)	弹性模量(E)/吉帕	抗拉强度(σ)/兆帕	比模量(E/ρ)/(吉帕·立方厘米/克)	比强度(σ/ρ)/(吉帕·立方厘米/克)
钢SAE1010(冷轧)	7.87	207	365	26.30	0.05
钢AISI4340(调质)	7.87	207	1722	26.30	0.22
铝6061-T6	2.70	68.9	310	25.52	0.11
高强度碳纤维-环氧基(单向)	1.55	137.8	1550	88.90	1.00
高模量碳纤维-环氧基(单向)	1.63	215	1240	131.90	0.76
玄武岩纤维-环氧基(单向)	1.90	70	1000	36.84	0.53
E玻璃纤维-环氧基(单向)	1.85	39.3	965	21.24	0.52
芳纶49纤维-环氧基(单向)	1.38	75.8	1378	54.93	1.00
碳纤维-环氧基(准各向同性)	1.55	45.5	579	29.35	0.37
薄板成型(SMC)复合材料(各向同性)	1.87	15.8	164	8.45	0.09

与金属材料或其他工程材料性能相比,碳纤维树脂复合材料的以下性能具有优势。

1)比强度和比模量高

由表6-5可看出,高强度碳纤维-环氧基复合材料(单向)的比强度是钢SAE1010(冷轧)的20倍,是铝6061-T6的9倍多。而使用碳纤维树脂复合材料(CFRP)替代钢或铝可减重20%~40%。由于以上特点,碳纤维树脂复合材料被广泛应用于航空航天、汽车等领域[26]。

2)材料性能的可剪裁性

大多数碳纤维树脂复合材料可以通过设计增强纤维的取向和用量来对结构材料性能实行剪裁,以达到最佳性能。这样不仅可以提高材料的使用效率,还能简化制造程序,降低制造成本[26]。

3）成型工艺的多选择性

目前复合材料成型工艺有热压罐、模压、纤维缠绕、树脂传递模塑（RTM）、拉挤、注射、喷塑、搓管，以及大型复杂部件的共固化整体成型等，实际应用时可以根据构件的性能、材料种类、产量规模和成本等因素综合选用最适合的成型方案[26]。

4）良好的耐疲劳性能

层压的碳纤维树脂复合材料对疲劳裂纹扩张有"抑制"作用，这是因为当裂纹由碳纤维树脂复合材料表面向内层扩展时，裂纹会在某一层面内按该层的纤维取向呈现断裂发散。这种特性使得碳纤维树脂复合材料的抗疲劳强度大为提高。研究表明：钢和铝的疲劳强度约占其静力强度的50%，而碳纤维树脂复合材料则达到90%[26]。

5）良好的抗腐蚀性

碳纤维树脂复合材料的表面是一层高性能的环氧树脂或其他树脂塑料，因而具有良好的耐酸、耐碱和抵抗其他化学腐蚀性介质的能力。这种优点使碳纤维树脂复合材料在新能源汽车或其他有抗腐蚀要求的领域具有很大的优势[28,29]。

6.3.3.2 碳纤维的应用领域分析

1. 主要应用领域分析

由于具有高强度、高弹性模量及低密度等特性，碳纤维和碳纤维增强复合材料具有广泛的应用前景（表6-7[30]）。碳纤维在航空航天、国防军事和体育休闲用品等领域应用较为广泛。在压力容器、建筑补强、风力发电叶片、摩擦材料、海洋开发等新领域的应用也正在发展。而汽车零部件、医疗机械等是碳纤维待开发的市场[31]。综上看来，碳纤维复合材料具有较大的研究价值和发展空间。

表6-7 我国碳纤维主要应用领域

类别	应用领域
成熟市场	航空、航天及国防领域：飞机、卫星、火箭、导弹、雷达等
	体育休闲用品：高尔夫球、渔具、网球拍、羽毛球拍、箭杆、自行车、赛艇等
新兴市场	碳纤维基增强工程塑料、压力容器、建筑补强、风力发电叶片、摩擦材料、深海油田的钻井平台等
待开发市场	汽车零部件、医疗机械等

目前，碳纤维材料和碳纤维增强复合材料在豪华跑车、F1赛车和概念车的零部件上应用较多，如传动轴、刹车片、尾翼和引擎盖等。随着碳纤维成本的降低及技术的逐渐成熟，在新能源汽车上的应用将会越来越广泛。

2. 碳纤维在新能源汽车中的应用实例

1）宝马 Vision Efficient Dynamics 概念车

该车采用柴油加电力插电式（一台柴油机、前后混合动力系统）动力，车身采用碳纤维材料，部分覆盖件采用铝合金等轻质材料制造，车顶和车门采用了聚碳酸酯，整体质量仅为1395千克。动力系统最大输出功率356马力，峰值扭矩800牛顿·米，续航里程达到640公里，百公里油耗仅3.7升，碳排放量为99克/公里。充电时间为44分钟（380伏）或2.5小时（220伏）。电能消耗为17.5千瓦时/100公里。电力插电技术能极大减少汽车对环境的污染。而对于使用者，该产品在实际性能不变的情况下，能耗和使用成本显著降低。此外，该车还大量应用了可回收的材料。

2）宝马 Megacity Vehicle 碳纤维电动车

Megacity Vehicle 碳纤维电动车是宝马公司预定2013年投放市场的电动汽车。该车采用 CFRP 成型的驾驶室及铝合金底盘，符合宝马"必须用较轻的材料来抵消电动车驱动所需的锂离子电池的重量"的设计思想。该车采用的"Life Drive"构架由两个完全独立的模块构成：Life 模块由 CFRP 制成的高强度、超轻量化车身构成；Drive 模块则将电池、驱动系统、力学构架和碰撞防护功能整合在底盘中，构成一个独立的模块。

3）奥迪 e-tron 概念车

奥迪 e-tron 车身基于 ASF 奥迪空间构造结构，采用混合材质，车门、盖罩、侧围板和车顶均采用强化碳纤维材料打造。轮毂采用铝合金和碳纤维轻质材料，配以轻量化陶瓷刹车盘，动力系统装备了包括4个轮毂电机在内的综合驱动系统及高容量电池组，整车质量控制在1600千克。

4）兰博基尼 Sesto Elemento 概念车

兰博基尼 Sesto Elemento 概念车的基础结构是碳纤维单体硬壳车架，同时具备坚固、安全和轻盈等特性。整个前副车架、外面板、传动轴和防撞箱均以 CFRP 制成。主要悬架系统元件和轮圈采用碳纤维制作。排气管由"Pyrosic"

玻璃陶瓷复合材料制成，能耐受900℃的高温。

6.3.3.3　国内外碳纤维研究进展

1. 国外研究进展

世界碳纤维的生产主要集中在日本、英国、美国等发达国家和我国的台湾地区。以聚丙烯腈（PAN）为原料的碳纤维技术主要掌握在日本的东丽（Toray）、东邦人造丝（Toho）、三菱人造丝，以及美国卓尔泰克（ZOLTEK）、阿克苏（AKZO）、阿尔笛拉（ALDILA）等公司手中。以黏胶丝及沥青为原料的技术，主要由美国的联合碳化物公司（UCC）掌握[32]。

目前，PAN基碳纤维向两个方面发展：一是提高小丝束碳纤维（1~24K）的质量，二是增加大丝束碳纤维（48~540K）的产量，以降低成本[33]。世界小丝束碳纤维生产基本上被日本的东丽、三菱造丝、东邦造丝三大碳纤维生产企业控制，而大丝束碳纤维的主要生产企业是美国的阿克苏、卓尔泰克和阿尔笛拉。大丝束碳纤维对前驱体要求较低，所以产品成本也比较低，而小丝束碳纤维因为强调高性能，所以成本相对较高，但同时也代表了国际碳纤维发展的最前沿水平[32]。国外部分机构研究进展如表6-8所示。

表6-8　国外部分机构碳纤维研究进展

国家/机构	研究进展
美国橡树岭国家实验室	（1）开发出一种新的高速氧化方法，这种方法在交联PAN腈基碳纤维加工过程中，使其固有的独特直链能经受住高温加工过程； （2）开发出一种微波等离子体装置，组合典型独立和有序的碳化以及石墨化过程，简化生产工艺，每千克可节省成本2.2美元
美国卓尔泰克公司	开发出用一般纺织用的丙烯腈原丝来生产碳纤维的技术。该技术使用专门的催化剂与添加剂，促进碳化交链和取向过程，使氧化时间缩短了1/5~1/3，从而有效降低了原丝成本
美国Hexecl公司	用硝酸铵、丙烯酸甲酯和丙烯腈或衣康酸与甲基丙烯酸在硫氰酸钠水溶液中聚合，再经干喷湿纺、水浴拉伸和高压水蒸气拉伸制得PAN原丝，然后再经预氧化、碳化，最后可制得直径为3.6微米、强度为8.0吉帕、模量为333吉帕的高性能碳纤维
麻省理工学院机械工程系	研究在陶瓷纤维表面高效培养线形碳纳米管（CNT），并控制其产品形态，以作为结构材料的多功能增强体。该方法采用廉价的盐基催化剂溶液和大气压下的热化学气相沉积法，在5厘米×10厘米的氧化铝纤维布上均匀地培养出致密的线形CNT，其中催化剂的溶液浓度决定了纤维表面上碳纳米管的均匀性和密度。用这些含有CNT绒毛的氧化铝纤维所制成的复合材料可以作为增强防弹和抗冲击材料。该材料未来的研究方向是将气相沉积法延伸至碳纤维复合材料体系，以便用于汽车的结构材料

续表

国家/机构	研究进展
日本东丽公司	(1) 采用以二甲基亚砜（DMSO）为溶剂的间歇溶液聚合技术开发出 PAN 原丝的产业化技术； (2) 开发出强度为 3.0 吉帕左右的 T300 级碳纤维及原丝工业化技术，在此基础上开发出强度为 5.5 吉帕的 T800 级碳纤维和强度为 7.1 吉帕的 T1000 碳纤维产业化技术； (3) 开发出 30~100K PAN 大丝束的烧成方法，可以使长度较短的大丝束进行连续碳化； (4) 研制出一种三叶形断面的 PAN 原丝及碳纤维，可以改进与树脂的黏合性、压缩强度和抗弯强度； (5) 研发出了具有力学特性和优良成形性能的碳纤维强化树脂。该树脂由长度为数毫米的短纤维和热可塑性树脂复合而成，除了具有现有碳纤维强化树脂所没有的力学特性之外，还具有各向同性，可以作为飞机和汽车等的轻量化材料
日本东邦人造丝	(1) 采用以氯化锌水溶液为溶剂的溶液聚合技术，开发出高性能碳纤维用 PAN 原丝的生产技术，该技术生产的碳纤维性能相当于 T800 产品的水平； (2) 开发出超高强碳纤维"Tenax-EUTS5524K"以及在 500℃下也能保持极好热稳定性的短切碳纤维"Tenax-AHTCT236 mm"，后者适用于增强聚苯硫醚（PPS）和聚醚醚酮（PEEK）
日本三菱人造丝	(1) 开发出两步法 PAN 原丝的生产技术，该技术生产的碳纤维性能相当于 T800 产品的水平； (2) 研发出一种新型碳化炉，可有效抑制碳化反应产生的分解物附着和堆积于炉壁和纤维上，从而能够稳定高效地生产高性能碳纤维
日本森林综合研究所、北海道大学	(1) 通过熔纺技术将杉树等针叶林木的木质素制成了原丝，并在此基础上成功制成碳纤维，其性能达到了以石油为原料的通用级碳纤维水平，而成本与传统工艺相当。具体方法是在粉碎的木材中加入乙二醇、聚乙二醇等溶剂，使其中的木质素单独分离出来，并进行改质，使其具有优良的热流动性，可进行熔纺； (2) 用制造生物乙醇等的副产物——木质素作为原料来生产碳纤维
德国纺织技术与化纤研究所（ITCF）、SGL 公司	利用 Fourne 聚合物技术公司所提供的实验室设备研发出一种新型聚合物原丝，并用这种新型聚合物原丝制备适用于飞机的新型高性能碳纤维
比利时 Vynocolit 公司	研制出了一种新的可成型加工的短碳纤维增强酚醛树脂配混料"Vyntec"。这种新材料的性能同价格昂贵的碳纤维增强 PEEK 和 PEI（聚醚酰亚胺）热塑性材料的性能相当（或比其更优）。Vyntec 的密度为 1.35~1.55 克/立方厘米，是相对刚性较高的高性能材料，其磨耗量仅为碳纤维增强 PEEK 的 3%~6%。Vyntec 在高温下仍然可以保持原有的低摩擦因数，在 150℃下连续使用后表面没有任可变化，机械性能也没有下降

2. 国内研究进展

我国从 20 世纪 60 年代后期开始研制碳纤维，历经 40 多年的发展历程，在国家大力投入和重点扶持下，国内碳纤维的研究开发和生产呈现出令人鼓舞的发展趋势。部分研究进展如表 6-9 所示。

表 6-9　国内部分机构碳纤维研究进展

机构	研究进展
中国科学院宁波材料技术与工程研究所	研发出低成本碳纤维复合材料结构件制造技术，该方法采用了较为先进的快速液体成型制造技术来研制大面积复合材料异型构件。该方法主要工艺包括纤维预成型体的编织和定型、树脂流动工艺设计和优化、低黏度树脂可控快速固化工艺等。在降低成本方面，采用了低成本树脂体系，并在碳纤维织物中采用大丝束碳纤维，还采用了多轴向多层非屈曲经编织物
中国石化上海石油化工股份有限公司	研发出一种新的 PAN 基碳纤维原丝生产技术。该技术以水相悬浮聚法合成 PAN，然后再用两步法生产 PAN 基原丝，这种技术能有效去除来自引发体系的碱金属杂质，从而使产品更加纯化，提高产品性能
湖南大学、北京海通瑞利公司	开展低成本中间相沥青的研制、熔纺及原丝的稳定化和碳化的新技术研究，用该技术生产的碳纤维模量约为 700~800 吉帕，导热系数高达 700~900 瓦/（米·开尔文），可用于军工和民用领域
东华大学	研究了不同静电纺丝法制得的 PAN 基碳纳米纤维非织造布的空气含量。通过实验验证，当 DMF 中的聚合物浓度为 8%、施加的电压为 20 千伏、喷丝孔端头至接收器的距离为 15 厘米时，所制得的纳米纤维（NF）非织造布空气含量为 99% 左右
中国电力科学院	研发出一种适用于特高压大跨越架空输电的新型碳纤维复合芯导线。该产品具有重量轻、热膨胀系数小、强度高、容量大、耐高温、低弛度、耐腐蚀、低线损的特点

6.3.3.4　碳纤维的发展趋势分析

当今全球碳纤维有如下发展趋势：①产品趋向于高性能化、低成本化；②在航天航空和文体用品领域用量稳定增加，民用工业领域用量增幅较大，已超过前两者。特别是随着大丝束碳纤维的大规模生产，产品价格将不断降低，在民用工业领域用量将继续保持大幅度的增长趋势[33]。

目前，碳纤维的市场需求基本分布在北美洲、欧洲、亚洲这三个地区。聚丙烯腈基碳纤维主要用于宇航、文体休闲用品和其他工业等领域，其总体消费占比分别为 25.2%、31.4%、43.4%，不同地区略有不同[30]。

在 2010 年 9 月 30 日召开的国际碳纤维会上，美国卓尔泰克公司依据目前增长迅速的风电叶片和汽车市场对全球碳纤维市场进行预测，在 2010~2013 年，全球碳纤维市场需求将以每年 30% 的速度增长；到 2017 年，全球碳纤维的产能将达到 40 万吨/年，相当于 2010 年全球产能的 8 倍[34]。另据国际航空运输协会（IATA）预测：到 2020 年，采用碳纤维材料制造的飞机，燃料使用效率可望提高 1.5%，到 2050 年，飞机所排放的 CO_2 将比 2005 年减少 50%[35]。

如图 6-4[36] 所示，碳纤维复合材料在汽车工业中的前景广阔，将成为汽车轻量化制造的重要材料。由碳纤维作为轻量化材料制造的汽车具有更好的燃料效率、更好的刚性，在高风阻力下同样具有良好稳定性，这些优点对提高赛车和运动型车的性能有很大的帮助作用。碳纤维材料成功应用于大型商用飞机、高性能汽车以及 F1 赛车的主要承力结构件表明：碳纤维材料可以替代金属材料用于飞机和汽车主承力结构件制造。随着碳纤维技术的成熟和成本的不断降低，其应用领域将不再局限于飞机和高级车型，在大众车型上也将会得到广泛应用并逐步实现批量化生产。

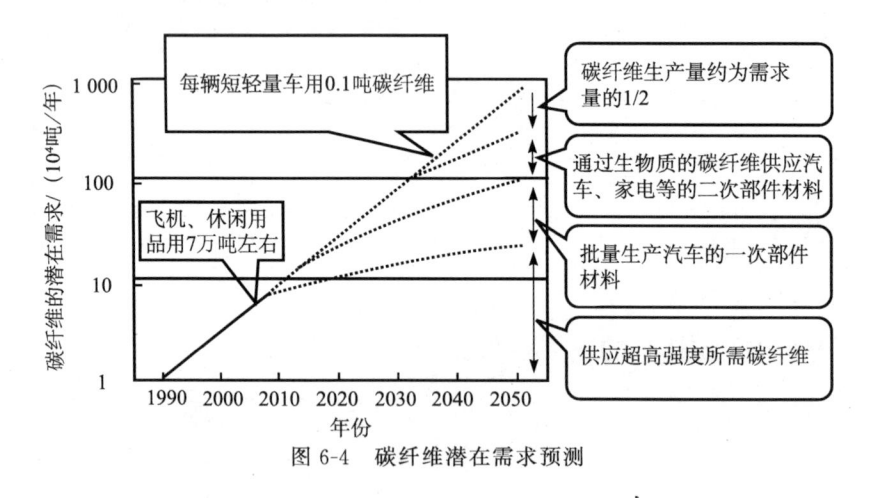

图 6-4 碳纤维潜在需求预测

6.3.4 我国碳纤维瓶颈科技问题分析

虽然我国在高性能纤维的研发领域取得了一些突破，但至今很少有自主研发的产品投产，军工和民用领域所需要的高性能纤维大多数依赖进口。与世界先进水平相比，我国的高性能纤维产业无论是在产品质量和品种数量，还是在生产规模等方面都存在相当大的差距。为此，2010 年 11 月，中国纺织工业协会公布的《纺织工业"十二五"科技进步纲要》特别指出我国高性能纤维急需解决的关键技术问题：突破 T300 级碳纤维原丝、碳化装备和上浆剂等关键技术；加快芳纶 1313 高端产业链开发和市场应用拓展，突破万吨级产业化技术；实现聚苯硫醚纤维级切片和长丝产业化；突破玄武岩纤维熔融拉丝组合炉和浸润剂关键技术；解决超高分子量聚乙烯蠕变性能，优化湿法工艺，实现干法工艺产业化；对T400、T700、M40级碳纤维，芳纶1414，芳纶Ⅲ和耐高温聚酰亚胺完成产业化研发等[37]。

目前制约我国碳纤维产业发展的瓶颈问题有以下四个方面。

1）原丝生产技术落后

PAN原丝要求高纯化、高强化、细旦化、致密化、均质化，是生产高性能碳纤维的关键材料。目前国产PAN原丝在纯度、强度以及均质化方面与国外产品相比还存在较大的差距，导致国产碳纤维强度低、均匀性差、稳定性差、毛丝多，严重制约了国产碳纤维产品质量的提高[38,39]。

2）缺少耐高温材料及大型高温炉

目前，国产碳化炉采用碳化硅作为发热体，操作温度在1400℃以下。在高温环境下，碳化硅的抗负荷强度低，不能用来制作大尺寸工业规模的碳化炉，无法实现1500℃的最佳碳化工艺。国外采用高纯石墨材料制作的高温碳化炉，操作温度在1800℃以上，但严格限制对我国的出口，而中等规模的高温碳化炉进口价格昂贵，导致建设国产碳纤维装置的成本过高，从而使国产碳纤维在与国外同类产品的竞争中处于劣势[38,39]。

3）成本过高

2010年我国碳纤维消费量约5000吨，约占世界总消费量的15.6%，但约90%依赖进口。我国碳纤维生产企业由于缺乏核心自主技术知识产权和碳纤维核心关键技术，不仅产品质量无法与国外产品相比，而且生产成本也远高于进口产品，这也严重影响了我国碳纤维产业的发展[39]。

4）回收循环利用刚刚起步

碳纤维复合材料的回收循环利用不仅符合低碳经济的发展趋势，而且具有显著的经济效益。国外已经有许多关于碳纤维复合材料回收利用的研究。日本的Nakagawa等[40]研究出一种通过使用苯甲基乙醇和催化剂，在氮气条件下对碳纤维-环氧树脂复合材料进行回收利用的新方法。英国是在碳纤维复合材料回收利用领域研究最多的国家之一，在英国，复合材料的可持续发展及循环利用已被列为复合材料产业的三大主要目标之一[41]。而目前,我国在碳纤维复合材料废弃物回收再利用领域尚处于探索起步阶段,这也是影响我国碳纤维产业发展的因素之一。

此外,高性能树脂基体材料开发,高性能碳纤维复合材料应用技术的产业化,制定和完善高性能碳纤维生产、产品和应用的相关标准也是需要重点关注的领域[42]。

6.3.5　中国科学院碳纤维材料相关专利和科技成果分析

本部分专利分析基于 CNIPR 中外专利数据库,通过国家科技数据库(CSTAD)等科技成果信息网站系统收集的科技成果相关信息进行分析。

6.3.5.1　中国科学院碳纤维相关专利分析

如图 6-5 所示,在碳纤维材料领域,我国的专利申请量逐年增多,总体呈现出增长态势,专利申请量在 2001~2008 年处于稳步增长期;2009 年,申请量快速增长,可见在该材料领域的研发力度大幅增长。

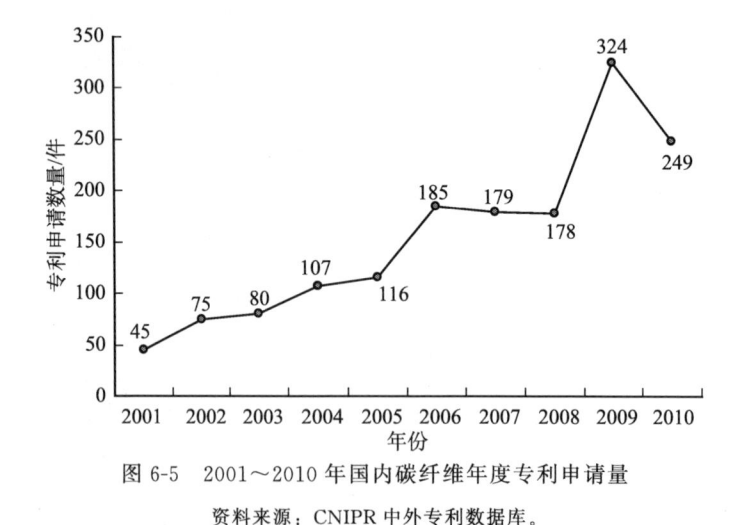

图 6-5　2001~2010 年国内碳纤维年度专利申请量

资料来源:CNIPR 中外专利数据库。

如图 6-6 所示,在国内研究机构碳纤维相关专利申请数量中,中国科学院在碳纤维材料领域的专利申请数量排名第一,达到 69 件。

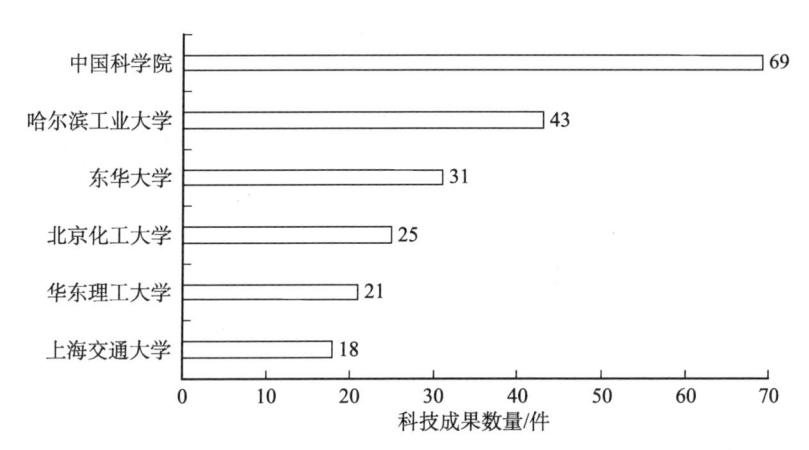

图 6-6　国内研究机构碳纤维相关专利申请数量对比

资料来源：CNIPR 中外专利数据库。

图 6-7 所示为中国科学院院属研究所碳纤维相关专利申请数量，中国科学院的西安光学精密机械研究所、山西煤炭化学研究所、金属研究所、化学研究所、兰州化学物理研究所、长春应用化学研究所等在碳纤维材料领域均有研究。中国科学院西安光学精密机械研究所的专利申请量排名第一，达到 16 件。

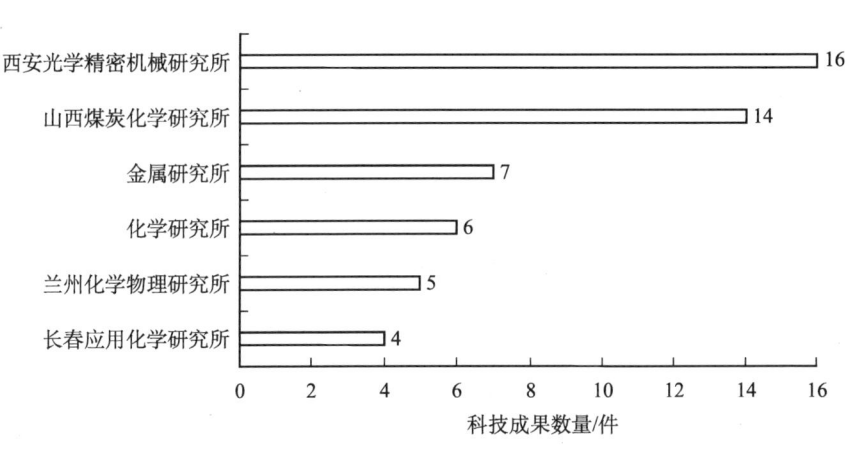

图 6-7　中国科学院院属研究所碳纤维相关专利申请数量对比

资料来源：CNIPR 中外专利数据库。

6.3.5.2 中国科学院碳纤维相关科技成果分析

图 6-8 给出了我国各主要科研机构在碳纤维技术领域产出的科技成果数量。可以看出，我国的碳纤维技术科技成果主要来自中国科学院与一些高等院校，其他机构分布较散。从其他机构碳纤维技术科技成果的数量上来看，哈尔滨工程大学拥有我国碳纤维技术很大一部分科技成果。从整体分布情况来看，我国的碳纤维技术科技成果数量在各机构分布不均，但在所有的科研机构里，科技成果在 20 件以上的机构数目还是偏少，大部分科研机构只有零星的科技成果产出，只有数量很少的机构多年来保持着可观的科技成果产出数量。

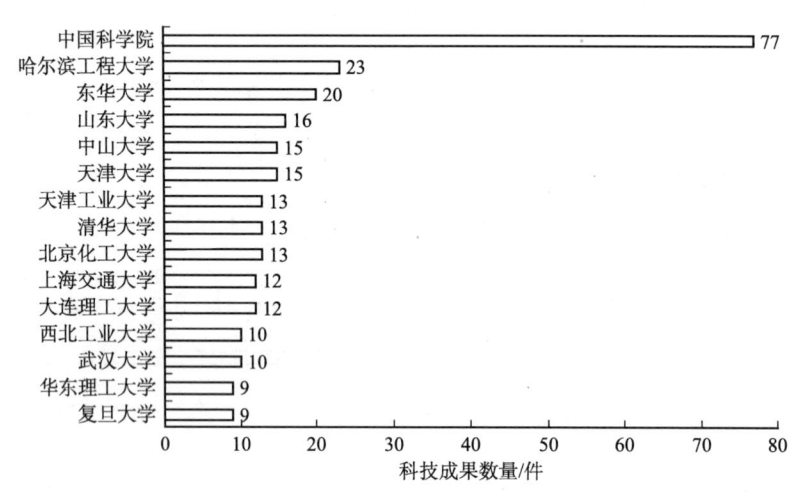

机构	科技成果数量/件
中国科学院	77
哈尔滨工程大学	23
东华大学	20
山东大学	16
中山大学	15
天津大学	15
天津工业大学	13
清华大学	13
北京化工大学	13
上海交通大学	12
大连理工大学	12
西北工业大学	10
武汉大学	10
华东理工大学	9
复旦大学	9

图 6-8 碳纤维技术成果完成单位及产出数量分布

资料来源：国家科技成果数据库。

中国科学院院属研究所中，共有 18 个研究机构在碳纤维技术领域拥有较多科技成果，图 6-9 给出的是中国科学院碳纤维材料科技成果数量大于 2 件的研究单位及其科技成果数量。其中，沈阳金属研究所和山西煤炭化学研究所是碳纤维技术科技成果的主要产出机构。另外，北京化学研究所在碳纤维技术领域产出较多（8 件）。从各研究所科技成果的数量，可以看出，排在前三位的研究所总计贡献了 44 项科技成果，占中国科学院碳纤维材料科技成果总产出的 57%。

第 6 章 新能源汽车产业之关键材料分析

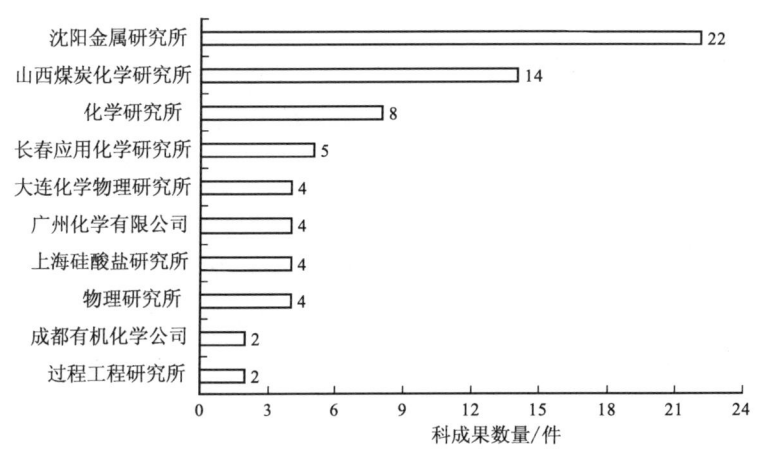

图 6-9 中国科学院院属研究单位碳纤维技术成果数量分布

资料来源：国家科技成果数据库。

6.4 新能源汽车产业及其关键材料技术的 SWOT 分析

6.4.1 优势分析

6.4.1.1 市场优势

新能源汽车通过材料轻量化，不仅节省了能源消耗，还可在保持续航里程不变的情况下降低车载电池的数量和重量，显著降低成本。

到 2012 年，我国新能源汽车将达到年产 100 万辆的规模，到 2015 年，新能源汽车产量将达到 250 万辆左右。新能源汽车产业的发展壮大必将带动轻量化材料产业的发展。

6.4.1.2 产业基础优势

我国的铝矿产资源丰富，原铝产量位居世界第一，并拥有完整的铝工业体系。目前，国内铸造铝合金的生产技术基本上能满足汽车工业的需要。此外，在耐热铝合金、高强高韧铝合金、铝基复合材料等新材料的研究与应用方面也取得了较大进展[43]。

国家发改委将"镁合金产业化"列为高新技术产业化示范项目。其中"镁合金开发应用及产业化"项目对推动镁合金在汽车上的应用起到了重要作用，初步形成了一条从高品位镁合金生产，镁合金关键工艺与装备，汽车镁合金零件开发、生产到产业化环境与示范基地建设的完整产业链[43]。

相对于普通钢，高强度钢的诸多优点已使其成为重要的汽车轻量化材料之一。国内在汽车用高强度钢的开发与应用方面取得较大进展，国内各大钢铁公司，也将高强度钢作为重点发展方向，投入大量的资金和力量进行开发和研究。

塑料及其复合材料可以同时减少约40%的零部件质量和成本[44]。我国汽车塑料件用量占汽车自身质量的7%～10%，而德国、美国、日本等汽车产业发达国家，汽车产品塑料件的用量已达到10%～15%，有些甚至达到了20%以上[45]，所以在塑料及其复合材料领域中，我国还有很广阔的发展空间。

6.4.1.3　中国科学院的优势

由中国科学院碳纤维相关专利分析结果可以看出，中国科学院在碳纤维材料的研发及应用领域处于国内领先位置。在全国碳纤维科技成果数量排名中，中国科学院排名第一。作为国家主要研发机构的中国科学院，可为我国未来碳纤维材料的研究和发展提供技术支撑。

6.4.2　劣势分析

6.4.2.1　部分轻量化材料价格昂贵抬高整车成本

成本问题是制约轻量化材料大规模使用的重要因素之一。铝合金、镁合金、钛合金和碳纤维的高成本是导致我国汽车轻量化材料使用量低下的主要因素。汽车生产厂家更倾向于选择价格低廉的传统材料，导致轻量化材料在汽车上的广泛应用受到影响。

6.4.2.2 轻量化材料的开发、应用技术仍有待提高

在轻量化材料方面，我国处于跟踪国外技术的层面，在轻量化材料的开发、应用等技术上仍有待提高。轻量化材料技术要求具备多方面的技术支撑，如材料检测与试验技术、先进制造技术、零部件开发设计技术、材料回收再生技术等。在这些技术上我国存在诸多不足。例如，对镁合金的特性缺乏深层次的理解，镁合金零件的防蚀技术未取得突破，缺乏镁合金工艺性能数据等[10]；在复合材料方面，高性能碳纤维的制备技术、基体树脂制备技术、低成本复合技术等技术问题都有待解决。

6.4.2.3 新能源汽车材料轻量化缺乏统一标准

汽车轻量化有多种途径，轻量化材料的应用是实现轻量化的重要方式之一。不同的轻量化材料具有不同的性能特点、减重比率、使用量度和加工技术，从而导致材料技术规范及标准复杂。我国急需制定规范、明确的新能源汽车材料轻量化标准。

6.4.3 机遇分析

6.4.3.1 政策扶持汽车轻量化材料的发展

目前，我国对汽车轻量化材料发展方面的政策扶持多体现在研发和标准法规制定环节，直接或间接起到了鼓励的作用。2007年12月，由中国汽车工程学会发起并建立了汽车轻量化技术创新战略联盟，该联盟将安排1亿元的资金支持汽车轻量化技术项目的研发。此外，《中国汽车产业"十一五"发展规划纲要》中提出"扩大新材料和轻量化技术应用范围"。《产业结构调整指导目录（2007年本）》将"轻量化车身材料"列为鼓励项目，外方投资目录以及一些地方鼓励类产业目录也将轻量化汽车列入其中。我国已实施的一些标准法规，也积极促进汽车轻量化技术的提升和轻量化产品的应用。例如，《乘用车燃料消耗量限值》以整车整备质量来确定汽车的耗油量。《汽车燃料消耗量标识》、《道路

运输车辆燃料消耗量检测和监督管理办法》等规章，对汽车燃料消耗量进行严格限制，促进汽车生产企业通过使用轻量化材料等途径降低油耗。

6.4.3.2 新材料技术的发展为轻量化材料的发展提供技术支持

新材料技术的发展不仅促进了信息技术和生物技术的革命，而且对汽车及其零部件制造业产生了重大的影响。目前，新材料技术正朝着研制生产小型化、智能化、多功能化、环保型以及可定制的器件等方向发展，为新能源汽车轻量化材料的发展提供了有力的技术支持。目前，轻量化材料中复合材料的研究重点主要分布在纤维增强塑料、碳/碳复合材料、陶瓷基复合材料、金属基复合材料等领域。

6.4.4 威胁分析

6.4.4.1 国外先进汽车材料技术和产品影响我国汽车材料发展

目前，我国汽车材料体系虽然已初步形成，但与国外相比整体水平仍较落后。国外的先进汽车材料技术和产品，对我国自主品牌造成了很大的竞争压力，压缩了自主品牌的生存空间。而且对很多关键技术和产品，只能通过引进国外技术和仿制国外同类产品来实现生产，这也严重制约了我国汽车材料技术和产品的发展。因此，我国汽车材料技术和产品的发展面临着国外同行业较大的威胁和竞争。

6.4.4.2 加入 WTO 使汽车市场国际化，市场竞争环境更加激烈

加入 WTO 对改善我国汽车市场环境、调整产业结构等都起到了积极的推动作用。但是加入 WTO 以后，我国汽车市场更加国际化，市场竞争更加激烈，国内汽车工业发展面临前所未有的挑战。在新能源汽车领域，我国与国际水平尚有一定的差距，不论是整体计划还是技术产品开发，以及市场组织等方面都相对落后。欧美汽车企业的研究方向主要集中在氢能和燃料电池等比较长期的研究上，而且这些企业不仅拥有资金和市场优势，还得到政府的大力支持。而

我国，在新能源汽车方面的政策还不够完善，新能源汽车发展还处于起步阶段。因此，我国新能源汽车产业市场整体竞争环境激烈，面临着国外同行业较大的威胁。

6.5 结 论

新能源汽车的发展，是未来汽车发展的必然趋势。新能源汽车通过轻量化，不仅降低了能源消耗，还使车载电池的重量大大降低，有效地节约了成本。使用轻量化材料是实现新能源汽车轻量化的主要途径之一，轻量化材料主要有高强度钢、铝合金、塑料、复合材料、镁合金等。轻量化材料的使用量不断攀升是汽车轻量化技术不断发展的主要表现。新能源汽车产业的不断发展，必然会带动轻量化材料产业的发展。

纤维增强树脂基复合材料是一类极为重要的轻量化材料。碳纤维是碳纤维树脂复合材料中最重要的材料。随着人们对环保节能要求的提高以及新能源汽车产业的快速发展，碳纤维材料在汽车领域的应用也会越来越广泛。尽管我国在碳纤维研发领域取得了一些突破，但是和世界先进水平相比，我国的碳纤维材料无论在产品质量、品种方面，还是在生产规模等方面都有着相当大的差距，军工和民用所需碳纤维材料很多都依赖进口。因此我国应加强产业化和研发两条战线布局，力争在国产碳纤维的核心关键技术和装备上有所突破，为国产化、大规模化发展碳纤维材料产业提供有力的技术支持。

参考文献

[1] 国务院办公厅. 国务院关于加快培育和发展战略性新兴产业的决定. 2010. http://www.gov.cn/zwgk/2010-10/18/content_1724848.htm [2011-05-13].

[2] 工业和信息化部. 新能源汽车生产企业及产品准入管理规则. 2009. http://www.gov.cn/gzdt/2009-06/25/content_1350379.htm [2011-05-14].

[3] 李艳娇. 国内外节能与新能源汽车市场展望. 2010. http：//www.d1ev.com/news-1917 [2011-05-13].

[4] 李丰. 日本混合动力汽车产业现状及发展策略. 2011. http：//www.c-ncap.org/autoinfo_cn/qjnyqc/xzlm/hhdlzs/webinfo/2011/06/1306764391128609.htm [2011-05-16].

[5] 方家喜. 新能源汽车产业路线图敲定. 2011. http：//news.xinhuanet.com/fortune/2011-04/07/c_121274319.htm [2011-06-03].

[6] 徐长明. 我国新能源汽车发展与产业链分析. 2011. http：//auto：163.com/photoview/4N2B0008/140265.htm [2011-06-05].

[7] 佚名. 国内新能源车的政策与产业体系以及发展. 2009. http：//www.autoinfo.gov.cn/autoinfo_cn/phb/webinfo/2009/10/1254213207962609.htm [2011-05-23].

[8] 杨忠敏. 聚焦汽车材料的轻量化技术. 城市车辆，2008，8：54-58.

[9] 张志民，栗新. 铝合金材料在现代汽车轻量化制造技术中的应用. 专用汽车，2007，7：40-42.

[10] 冯美斌. 汽车轻量化技术中新材料的发展及应用. 汽车工程，2006，28（3）：213-220.

[11] 姜超，张悦. 汽车轻量化材料及成形技术. 汽车工艺与材料，2008，12：9-14.

[12] 李桂华，熊飞，龙江启. 车身材料轻量化及其新技术的应用. 材料开发与应用，2009，2：87-93.

[13] 赵文元，夏兰廷. 镁合金成形技术现状及展望. 铸造设备研究，2005，2：47-51.

[14] 冯美斌，褚东宁，敖炳秋. 世界汽车镁合金材料技术的新进展. 汽车工艺与材料，2008，3：1-6.

[15] 佚名. 专用汽车轻量化高强度钢多给力. 专用汽车，2011，3：56-58.

[16] 孙永飞. 汽车轻量化技术及其应用. 技术与应用，2010，28（6）：32-35.

[17] 周一兵. 汽车塑料发展现状及趋势. 国外塑料，2008，26（1）：30-35.

[18] 高亚楠，温龙飞. 浅谈汽车材料的轻量化发展态势. 汽车工业研究，2007，3：33-35.

[19] 永清. 金属材料在现代汽车制造中的应用及发展方向. 金属世界，2004，2：34-38.

[20] 佚名. 轻100kg百公里节油0.4-1.0L详解车身轻量化. 2010. http：//auto.qq.com/a/20101115/000205.htm [2011-05-25].

[21] 石秀忠. 轻量化材料在汽车领域的应用趋势. 辽宁科技学院学报，2009，11（4）：10-14.

[22] 刘正，史文方. 镁、铝合金及塑料轻量化竞争与挑战. 中国金属通报，2009，39：17-19.

[23] Bedewi N，Digges K，Ewing C，et al. Advanced automotive technology：visions of a super—efficient fanuly car. OTA—ETI-638，1995.

[24] 佚名．汽车新能源与复合材料．2010. http：//www.jx108.cn/news/zixun/hybzh/20101127112656.html［2011-05-18］.

[25] 良友．聚丙烯腈基碳纤维的生产应用与市场分析．精细化工原料及中间体，2008，(2)：20-25.

[26] 唐见茂．碳纤维树脂基复合材料发展现状及前景展望．航天器环境工程，2010，21 (3)：269-280.

[27] Lee S. A review of newly developed composite materials. NRCC，NAE ST 358，1984.

[28] Mazumdar S K. Composites. manufacturing：materials，product，and process engineering. Boca Raton：CRC Press Ltd，2002：214-218.

[29] Lee S. An overview of advanced composite materials and their industrial applications. Inter Forum on High Performance Fibres and Composites Materials. Nanjing，China，2003.

[30] 张家杰．国内外碳纤维生产现状及发展趋势．化工技术经济，2005，23 (4)：12-19.

[31] 钱伯章．国内外碳纤维应用领域、市场需求以及碳纤维产能的进展 (1)．高科技纤维与应用，2009，34 (5)：38-55.

[32] 李涛．国际大小丝束碳纤维产业发展回顾．2010. http：//frponline.com.cn/news/detail_33940_2.html［2011-05-13］.

[33] 李莹．碳纤维技术进展及发展趋势．2010. http：//frponline.com.cn/news/detail_31032.htm［2011-05-28］.

[34] 林刚，冯军，申屠年．掌握前沿创新理念科学发展——中国碳纤维及其复合材料发展之我见．高科技纤维与应用，2010，35 (5)：20-25.

[35] 罗益锋．全球碳纤维新形势、对策与未来发展．新材料产业，2010，9：32-35.

[36] 罗益锋．碳纤维复合材料新动向．高科技纤维与应用，2009，34 (3)：1-6.

[37] 中国产业用纺织品工业协会．纺织工业"十二五"科技进步纲要．2011. http：//www.cnita.org.cn/xingyexinwen/xingyedongtai/zhengcefagui/2011-04-02/6808.html［2011-06-13］.

[38] 姜润喜．碳纤维的发展现状．合成技术及应用，2010，25 (1)：28-33.

[39] 余黎明．我国碳纤维行业现状和发展趋势分析．新材料产业，2011，6：14-21.

[40] Nakagawa M，Shibata K，Kuriya H. Characterization of CERP using recovered carbon fibers from waste CFRP. 2009.

［41］BIS. The UK Composites strategy. The 5th International Symposium on Feedstock Recycling of Polymeric Materials. Chengdu，China，2009：241-244.

［42］国家发展和改革委员会办公厅．国家发展改革委办公厅关于请组织申报高性能纤维复合材料高技术产业化专项的通知．2007. http：//www.ndrc.gov.cn/zcfb/zcfbtz/2007tongzhi/t20071229_182610.htm［2011-08-13］.

［43］冯美斌，褚东宁，敖炳秋．我国汽车新材料技术发展现状分析与建议．汽车工艺与材料，2007，5：41-45.

［44］白爱英．塑料在汽车制造业中的应用与发展．科技情报开发与经济，2006，16（14）：135-139.

［45］汪卫东．我国汽车塑料应用现状及思考．汽车工业研究，2008，8：24-26.